山东省齐鲁文化人才课题项目（鲁宣干字〔2014〕53号）

WENHUA ZIXIN YU WANGLUO WENHUA
HUIMIN GONGCHENG

文化自信与网络文化惠民工程

宋协娜 刘煜昊 董云峰◎著

知识产权出版社
全国百佳图书出版单位

图书在版编目（CIP）数据

文化自信与网络文化惠民工程 / 宋协娜，刘煜昊，董云峰著 .——北京：知识产权出版社，2018.10
ISBN 978-7-5130-5769-1

Ⅰ.①文… Ⅱ.①宋… ②刘… ③董… Ⅲ.①网络文化—文化事业—研究—中国
Ⅳ.① G122

中国版本图书馆 CIP 数据核字（2018）第 187794 号

内容提要

党的十九大明确提出要"深入实施文化惠民工程"的战略新要求。在互联网影响日趋深化、网络化生存方式逐渐普及的时代背景下，文化惠民的内涵极大丰富，网络文化惠民成为文化惠民的重要形式和载体。山东省在全国率先提出并推动实施网络文化惠民工程，走出了一条"网络文化惠民"的新路子。

本书对网络文化惠民工程的发展及所面临的现实问题、文化自信定位、现实支撑、文化自信对网络文化惠民工程建设提出新要求、建设的路径等，以山东省为例，进行了深入的分析。

责任编辑：安耀东　　　　　　　责任印制：孙婷婷

文化自信与网络文化惠民工程

宋协娜　刘煜昊　董云峰　著

出版发行：知识产权出版社有限责任公司	网　　址：http://www.ipph.cn
	http://www.laichushu.com
电　　话：010-82004826	
社　　址：北京市海淀区气象路 50 号院	邮　　编：100081
责编电话：010-82000860 转 8534	责编邮箱：anyaodong@cnipr.com
发行电话：010-82000860 转 8101	发行传真：010-82000893
印　　刷：北京中献拓方科技发展有限公司	经　　销：各大网上书店、新华书店及相关专业书店
开　　本：880mm×1230mm　1/16	印　　张：17.25
版　　次：2018 年 10 月第 1 版	印　　次：2018 年 10 月第 1 次印刷
字　　数：240 千字	定　　价：65.00 元

ISBN 978-7-5130-5769-1

前　言

　　党的十九大明确提出要"深入实施文化惠民工程"的战略新要求。随着互联网影响的深入和网络化生存方式的逐渐普及，文化惠民的内涵大大丰富，网络文化惠民成为文化惠民的重要形式和载体。文化惠民不仅是文化建设的重要途径，更是其目的及意义的体现。山东省在全国率先提出并推动实施网络文化惠民工程，走出了一条"网络文化惠民"的新路子。"文化自信是一个国家、一个民族发展中更基本、更深沉、更持久的力量。"①立足于"文化自信"，深入推进"网络文化惠民工程"，成为社会主义文化大发展、大繁荣，用文化的力量托起实现中华民族伟大复兴中国梦的时代课题。

一、网络文化惠民工程是文化自信的现实实践

　　网络文化"惠民"具有丰富内涵，其实质是提升全民族的文化自信度。文化自信涵盖文化内容、文化解释力、文化表达和文化传播等方面，文化自信必须考虑文化中包含的各种因素以及它们之间的因果关系。网络文化惠民工程通过自身特有的"惠民"内容和路径，实现文化认同，应对文化挑战，促成文化交流，引领文化创新，凸显文化解释力，逐步增强、实现人们的文化自信。

　　在网络文化惠民中彰显社会主义核心价值观，实现文化自信。在中国特色社会主义文化的矛盾系统中，社会主义核心价值观居于主要矛盾的地位，决定着文化的质的规定性和方向，对其他矛盾具有引领和统帅的作用。"一

---

① 习近平. 决胜全面建成小康社会夺取新时代中国特色社会主义伟大胜利 [M]. 北京：人民出版社，2017：23.

个不属于任何文明的、缺少一个文化核心的国家""不可能作为一个具有内聚力的社会而长期存在"。①在社会主义核心价值观的支撑之下，中国特色社会主义文化自成体系，与其他国家的文化相区别，文化具有了真正意义上的"精气神"。价值观体现着民族和时代的特点，成为不同民族文化和不同时代文化的最重要标志性特征。在一定社会文化中所蕴含的价值观往往反映着不同民族的诉求，它受制于特定的时代、制度和实践。一种价值观能否被价值主体所坚信，是取决于价值观自身的品格和特性的。社会主义核心价值观的自信，来源于社会主义核心价值观能够正确反映中国特色社会主义建设成功实践的优秀品格。社会主义核心价值观作为社会主义意识形态的本质体现，能够从价值的维度科学把握中国特色社会主义的本质属性，从基本价值理念的形态上正确反映中国特色社会主义建设实践，其科学性和被认同的程度也只有在它所反映的实践中才能够得到印证。文化建设尤其是国家软实力提升的关键，在于核心价值观的培育和践行，中国是一个有着13亿多人口和56个民族的大国，如何形成强大的向心力和凝聚力，是关涉中国特色社会主义发展前途与命运的重大问题。这就需要坚定价值观自信，充分发挥社会主义核心价值观的评价与导向作用、整合与规范功能。

在网络文化惠民中坚持马克思主义指导地位，实现文化自信。以马克思主义为指导，是中国特色社会主义文化的根本标志，是坚持文化自信的第一要义。马克思主义理论和文化自信是相辅相成，不可分割的。作为科学的世界观和方法论的马克思主义，科学揭示了世界的本质和规律、人类社会发展的本质和规律，尤其是资本主义与社会主义的发展规律，成为我们认识世界、改造世界的强大思想武器。在人类思想的发展史上，自从马克思主义诞生以来，没有任何一种理论、任何一种学说，能够像马克思主义那样，对社会进步发挥着无比强大的推动作用，始终保持着勃勃生机。马克思主义是不断发展的理论体系，马克思主义的生命力在于发展、在于创造。马克思主义为我们开辟了通向真理的道路，指明了获得真理的方法，但马克思主义并没有结束真理，

---

① 亨廷顿.文明的冲突与世界秩序的重建[M].周琪，等，译.北京：新华出版社，2002：353.

也没有穷尽真理。中国共产党是高度重视理论建设和理论指导的党，这就要求我们应以与时俱进的科学理论厚积马克思主义文化自信，为新的伟大实践提供指导，在发展中国特色社会主义伟大事业的各项进程中，始终坚持理论与实践相统一，不断推进理论和文化的时代创新。

在网络文化惠民中弘扬中华文化，实现文化自信。新时代中国特色社会主义文化自信，包含深厚的中华民族优秀传统文化、刻骨铭心的革命文化以及具有中国特色、蕴含党和人民群众共同智慧的社会主义先进文化。中华民族是世界上伟大的民族，中华文化源远流长。博大精深、灿烂辉煌的中华优秀传统文化，积沉着中华民族最深层的精神追求，包含着中华民族最根本的精神基因，代表着中华民族独特的精神标识，是我们坚定文化自信的深厚基础。中华民族素有文化自信的气度，正是有了对民族文化的自信和自豪，才历经磨难而生生不息、发展壮大，始终保持坚守的定力、奋发的勇气、创造的活力。传承和弘扬中华优秀传统文化，实现中华传统文化的创造性转化和创新性发展，是新时代赋予我们的历史责任与崇高使命。党的十八大以来，党和国家事业取得历史性成就、发生历史性变革，我国社会主义文化建设也取得历史性成就、发生历史性变革。这其中最为鲜明的标识就是文化自信得到大大彰显，全民族文化创新创造活力不断涌流，国家文化软实力和中华文化影响力大幅提升，全国各族人民奋勇前进的精神力量极大增强。因此，我们要坚守中华文化立场，立足当代中国现实，结合当今时代条件，发展社会主义先进文化，更好地展现中华文化独特魅力，形成与我国综合实力相适应的国家文化软实力，推动社会主义精神文明和物质文明协调发展。

二、中国特色社会主义文化自信对网络文化惠民工程提出新的更高的要求

网络文化惠民工程应当建立在文化自信的基础之上。自信是一种具有稳定性的社会意识，往往表现为自己对自己（或者对同类）的肯定，呈现为自我得到确证之后的主观状态。从本质和根源上来说，自信是建立在生活的、

实践的客观存在之上的较稳定的主观结构，表现为人们改造客观世界的结果对人的主观世界的作用力在人的一方所获得的确定性，它并不是孤立的自我意识。正是由于人们的实践结果对人的改造活动的确证，人才能获得稳定的主观世界，人的主体性才能够被证明是合理的，值得肯定的，因而人的自信心才能够得以确立起来。从这个意义上讲，文化自信是人类进行物质及精神改造活动中所获得的自我价值，是物质的、精神的成果对文化创造者的主体性证明，体现为主体关于其对社会存在的感觉、知觉或意识所形成的较稳定的主观结构。从内容上看，这些感觉、知觉或意识来自三个维度：历史维度、现实维度和理想维度，三个维度在个体主观世界中的相互作用和融合，形成个体文化自信的基础。建立在历史、现实和理想维度基础上的中国特色社会主义文化自信，对网络文化惠民工程提出了新的要求。

（1）从历史维度看。网络文化惠民工程应当致力于中华优秀传统文化的现代重构。文化自信的重要源流来自历史存在。历史是历史主体的实践，是一种过去的存在与历史主体相互作用之后的活动记录。历史存在表现为历史的史实，往往以历史的观念表现出来，具有较为复杂的结构。作为历史史实，是纯粹的不带任何色彩的过去，它存在于过去也灭失于过去，从时空意义上讲，这部分历史并不与后人发生直接关系。而能够影响后人的是历史的观念以及历史史实所显现出来的原则和规律。历史学家、哲学家所揭示出来的这些历史的逻辑，则丰富个体的主观世界，强化个体的意志，坚定个体的现实信念。从文化的继承性和人类历史教育的范式看，历史文化是被植入人的主观世界之中的，并形成人的历史观的组成部分。在人的现实活动的展开中，这部分主观世界则被进一步考问和检验，从历史文化中所产生的主观意识，当与从现实中所产生的主观意识，在人的大脑中进行较量时，总是会让位于现实，所以历史维度下的存在对人的影响总是依附于现实存在的。中华优秀传统文化，构成中华民族的精神命脉和涵养社会主义核心价值观的重要源泉，成为我们在世界文化激荡中站稳脚跟的坚实根基。我们必须以高度的文化自信推动中华优秀传统文化的创造性转化和创新性发展，使人类文明中的优秀文化基因与当代中国文化相适应、与现代社会相协调，推进马克思主义与中华优秀传统文化相结合，提升文化在国家治理体系和治理能力现代化中的价值引领作用，努力用中华民族创造的一切精神财富支撑中国梦的实现。

（2）从现实维度看。网络文化惠民工程应当致力于发展新时代中国特色社会主义文化。现实存在构成文化自信的感性基础和物质支撑，现实世界的本质是其物质实在性，表现为人的感性存在，是人的生命存续的前提和进一步发展的基础。这个客观的物质世界是与人的生存与发展最直接、最根本、最密切的，它们成为人的现实和人的直接的社会存在，表现为人首先应该处理的主客体关系。现实存在通过人的感性生活掌控人的精神世界，人在对感性世界的把握中逐渐形成成熟的、稳定的自我，形成文化自信的原始本质。支撑广义文化自信的现实存在，一般表现为物质存在和精神存在两个方面。按照形成文化自信的逻辑看，物质存在对文化自信的作用力更优于精神存在。文化自信的根本，在于人所把握的物质存在是否表达了人类文化的类的意义，或者说某一族类在物质文化的掌控上是否居于先进生产力的前端，居于先进生产力前端的族类也就处于文化自信的自觉阶段。新时代中国特色社会主义文化，植根于中华优秀传统文化、中国共产党的革命文化和社会主义先进文化，形成和发展于我们党团结带领全国各族人民进行革命、建设和改革的伟大实践，是一种适应现代社会历史发展内在要求的新文化范式。新时代中国特色社会主义文化建设，开辟了一条不同于传统文化、西方文化的文化强国发展道路，作为一种价值理念，它塑造人们的思维方式和行为规范，在全社会形成共同的道德基础；作为一种理想信念，它指明人们为之奋斗的理想和目标；作为一种精神纽带，它统一人们思想、维系民族团结、维护国家稳定。

（3）从理想维度看。网络文化惠民工程应当致力于中华民族伟大复兴的文化理想。人们关于未来的理想构成文化自信的旗帜和标杆。从表象上看，理想是人们对未来的憧憬，呈现为主观确定性的延展形式。但从本质上看，理想则是建立在对宇宙永恒性的假设之上的关于未来自我的建构，呈现为人关于未来时空与未来自我相统一的确定答案。人们相信未来才会建构理想，人越是拥有未来，越对现实充满自信。从这个意义上讲，理想维度是立足于现实关系和历史经验而对未来的一种虚拟，表现为关于自我的未来形态在主观世界中的理念形式。理想维度在宇宙观层面为人的未来提供了一个确定的位置，把文化自信推进到更加广阔的时空际遇，拓展文化自信的时效性，增强文化自信的确定性。未来对于现实的意义，在于人作为一个生命体本身趋向未来的感性力量，在未来找到某种确定性，构成人的生命活动的特质。人关于未来的理想，既是对现实的反映，又是对现实的超越，人虽然对现实不满足，但因有了理想的支撑，现实在一定意义上也就具有了合理的一面，这能够让个体增加更多的自信。只有坚定文化自信，才能坚定对中华民族和中国共产党奋斗发展的历史根基、主体权利和文化理想的坚守，才能不断取得新的伟大斗争的胜利，为实现中华民族伟大复兴奠定坚实基础。中国需要更加注重以文化自信为前提和引导的文化软实力建设，需要更加积极展现具有主体性的文化形态和价值理念，构筑起以中国道路、中国理论、中国制度、中国精神、中国方案、中国规则、中国智慧等为内涵和标识的中国文化软实力的强大支撑。

建构文化自信必须对其三个维度做出合理的取舍。首先，现实维度与历史维度是一对矛盾关系。历史存在与现实存在相一致，历史存在就会对文化自信起正向作用和推进作用，否则，就会不起作用或者起反作用。其次，现实维度是文化自信的根本和支撑。只有当我们积极掌握了人类先进的物质文明和制度文明并将其运用于现实之中时，才能形成建构文化自信的强大力量。再次，历史维度的理想定位是文化自信的生长点。传统文化中的优秀成分，或者说传统文化在历史中所给予人们的自信，必须将其转化为历史的普遍性，如果不能让历史的成果超越其历史的局限，就不能为现实所接纳和吸收。最后，理想只有建立在对现实合理性的延展之上，才能对文化自信发挥提升作用。离开中华优秀传统文化、革命文化、社会主义先进文化的底蕴和滋养，信仰信念就难以坚定而执着。我们要汲取中华优秀传统文化之"精"，增强激浊扬清、抵御侵蚀的底气；传承革命文化之"魂"，增强攻坚克难、战胜诱惑的骨气；坚守社会主义先进文化之"根"，增强改革创新、干事创业的勇气。

三、在文化自信视域下推进网络文化惠民工程要有新举措

按照文化自信的横向和纵向的构成维度，网络文化惠民工程在实践中应当分为不同的层次：一是满足人民群众文化需要的网络文化惠民；二是国家治理现代化层面上的网络文化惠民；三是围绕实现中华民族伟大复兴中国梦目标定位的网络文化惠民。网络文化惠民的提升，既要立足于第一个层次，更加重要的是在第二、第三层面作出新的探讨。

推进网络文化惠民工程，必须注重网络公民文化建设。网络公民文化是公民借助网络技术，以网络政治的参与为主要形式，以高度互动为主要特征，以政治主体意识提升为价值诉求的网络政治文化。网络文化提升公民政治主体意识，推动政府建立完善的民主机制；网络文化催生公民自治新平台，推动政府适度"限权"；网络文化搭建通畅的信息交互系统，推动政府建立有效的政策"输入"与"输出"机制。党的十九大报告提出要"善于运用互联网技术和信息化手段开展工作"①，要求全党上下全国亿万人民增强科学发展本领，提高网络文化生态建设与发展的政治素养、技术素养、语词素养和符号素养，在实际工作中时刻牢记中国互联网文化强国与中华民族伟大复兴中国梦一脉相承，科学、合理、生动运用网络语词、网络符号，加强互联网语境中沟通交流的亲和力，提速新时期科学决策、科学管理的效能，建设积极健康、向上向善的中国网络文化生态，让中国社会每个网民都受益。

网络文化惠民要实现文化自信必须牢牢把握住文化现代化问题。我国的文化自信是建立在文化现代化的基础之上的。所谓文化现代化，指的是在扬弃传统文化和吸纳全人类优秀文化基础上促进先进文化发展与人的现代化的实践活动，是对传统的以财富积累和经济增长为主要价值取向的经济现代化的纠偏与超越，构成标志文化的时代性、民族性和国际性水平的客观尺度，展现为在经济社会发展的同时促进文化软实力不断增强的历史进程。我们所

---

① 习近平.决胜全面建成小康社会夺取新时代中国特色社会主义伟大胜利 [M].北京：人民出版社，2017：68.

讲的现代化是一个有机整体，用马克思的社会有机体理论和社会全面生产理论分析现代化的构成要素，可以清晰地看到，现代化是由经济现代化、政治现代化、文化现代化、社会现代化、生态现代化所构成的有机系统。文化现代化在现代化有机系统中处于灵魂和核心地位，集中反映着一个国家或一个民族，在文化自信基础上，主动地推进以人文环境优化、人的综合素质提升和人格完善为主要内容的文化实践活动。在文化自信的视域中，文化现代化建设是内容丰富的系统工程，它涉及人文素质、文化管理和文化设施、公共文化服务体系、文化产业和文化遗产保护、文化消费和文化交流、文化人才建设等多方面的现代化、国际化、品质化的艰巨任务。文化是与人的本质和人的生活实践紧密联系着的，文化的本质是人化和人的本质力量对象化，文化进步是在人的生活实践中不断地改造客观世界和改造主观世界中获得自由而实现的。恩格斯指出："最初的，从动物界分离出来的人，在一切本质方面是和动物本身一样不自由的，但是文化上的每一个进步，都是迈向自由的一步。"① 因此，培育与现代化相适应，既要有国际视野又要有民族本土精神文化情怀的现代国民，便构成文化现代化的根本任务。同时，文化现代化建设还是任务繁重的创新工程，需要以理念创新、体制机制创新和行为创新形成的整体合力予以推进。

推进网络文化惠民工程应不断增进文化能力的自信。文化自信，归根到底，是对文化创造主体创造新文化能力的自信。没有这种自信，一个民族就不可能有推动文化创新发展的强烈愿望、自觉担当与主动作为。中华民族文化创造能力之强，已然明证于史。没有强大的创造能力，现今的我们便不可能拥有辉煌于史、溢彩于今、无与伦比的优秀文化遗产。提振我们的文化能力自信，尤需更加客观全面地认识中华民族在当代的文化新创造以及面向未来再创文化辉煌的能力，使我们的文化自信既"长于谈古"，也不"怯于论今"。习近平总书记指出："中国共产党领导中国人民取得的伟大胜利，使具有5000多年文明历史的中华民族全面迈向现代化，让中华文明在现代化进程中焕发

---

① 马克思，恩格斯 . 马克思恩格斯文集：第 9 卷 [M]. 北京：人民出版社，2009：120.

出新的蓬勃生机；使具有 500 年历史的社会主义主张在世界上人口最多的国家成功开辟出具有高度现实性和可行性的正确道路，让科学社会主义在 21 世纪焕发出新的蓬勃生机；使具有 60 多年历史的新中国建设取得举世瞩目的成就，中国这个世界上最大的发展中国家在短短 30 多年里摆脱贫困并跃升为世界第二大经济体，彻底摆脱被开除球籍的危险，创造了人类社会发展史上惊天动地的发展奇迹，使中华民族焕发出新的蓬勃生机。"[①] 这一论述，高度凝练地展现了近代以来中华民族改天换地的新创造、中华文明的创新发展及其世界意义。增进文化能力的自信，就是要增进中华民族在充分吸收借鉴人类优秀文明成果基础上续写出更加瑰丽文化新篇章的信念，努力为人类对更好社会制度的探索提供中国方案，为人类文明的更加多姿多彩作出中国贡献。

网络文化惠民要实现文化自信，必须坚定对中国特色社会主义文化发展道路的信心。中国特色社会主义道路是中国共产党和中国人民历尽千辛万苦、付出巨大代价取得的根本成就，是一条中华民族"自己的路"。在具体的文化建设领域，我们也走出了一条中国特色社会主义文化发展道路。坚持以马克思主义为指导；坚持社会主义先进文化前进方向，贯彻"二为"方向和"双百"方针；坚持以人民为中心的工作导向；坚持把社会效益放在首位、社会效益和经济效益相统一；坚持改革开放，着力推进文化体制机制创新，等等，构成中国特色社会主义文化发展道路的基本内涵。这条文化发展道路，具有深厚的历史渊源和广泛的现实基础，建立在对国内外历史经验教训的深刻总结、对当今时代文化发展规律与态势深刻研判、对当代中国文化国情准确把握的基础之上，是中国共产党人和中华民族的文化自觉在文化建设实践中的具体展现。增进文化道路的自信，就是要增进中华民族"走自己的路"的信心与定力，扎实迈好我们发展中的每一步，建设彰显中华民族智慧、气度和神韵的社会主义文化强国。

[①] 习近平. 在庆祝中国共产党成立 95 周年大会上的讲话 [N]. 人民日报，2016–07–02（1）.

目 录

第一章 网络文化惠民工程的发展问题

在不同的社会时期经济社会发展的动力来源是不同的。随着时代变迁，影响经济社会发展的因素也发生了重大变化。随着以计算机和网络为代表的信息技术的迅速发展，互联网已经渗透到社会生活的各个层面。作为新兴技术与文化内容的综合体，网络文化已经成为我们整个社会文化的重要组成部分，使整个文化发展不断呈现新面貌。由此衍生的网络文化影响力、辐射力日益扩张，对人们的价值观念、思维方式、个性心理产生深刻的影响。在互联网影响日趋深化、网络化生存方式逐渐普及的时代背景下，网络文化惠民成为文化惠民的重要形式和载体。

一、网络文化惠民工程的发展

网络文化是指网民在长期的网络实践过程中所形成的直接影响他们网络行为的心理因素。所谓网络文化惠民工程，一般来说，就是要牢固树立以人民为中心的工作导向，坚持文化为民、文化惠民，不断满足群众精神文化需求，不断提高网络公共文化服务能力，以网络文化惠民优势保障和改善民生，提高公民文明素质，提升城乡文明程度，加强社会治理，增进社会和谐。

（一）山东网络文化惠民工程的开启

在我国融入互联网、大数据、云计算时代的浪潮中，山东省认真贯彻习近平总书记关于网络安全和信息化建设工作的指示精神，积极主动地推动互联网造福人民精神文化生活，体现了实现国家富强、民族振兴、人民幸福的责任担当与积极作为。提出、推动、实施网络文化惠民工程，是山东省的首创。

2011年12月山东省网络文化建设和管理工作会议提出实施"网络文化惠民工程",并列入2012年山东省网络文化建设工作要点。2012年山东省网络文化惠民工程经验交流会在泰安召开。山东省勇于开拓、大胆探索,持续推动网络文化惠民工程深入发展,部分示范点实现了"富有时代特色,内容丰富、体系健全、功能完善、管理规范、效果明显"的目标。从全国范围看,山东省开展的这项工程已经成为全国文化惠民的重要品牌。

培育积极健康向上的网络文化,必须加强网络文化品牌建设,推动网络文化惠民工程项目。目前,网络文化惠民工程已经成为山东文化惠民工程的重要一环,各地开展的各具特色的网络文化惠民工作在齐鲁大地蓬勃兴起。山东省多年来一直坚持以服务人民群众为出发点,努力把网络文化服务群众的步调延伸到最基层,广大群众共享到了网络文化发展成果,生活品质、科学素养、文化素养和文明水平得到了提升,推进了社会管理创新,促进了社会和谐稳定。通过济南市中级人民法院运用微博和微信等新媒体形式传播法院声音、曲阜市"马上就办"工作机制、莱芜的笑脸社区、"泰山幸福e家园"网络文化惠民工程等山东网络文化惠民典型经验,山东积极探索、大胆实践,走出一条"网络文化惠民"的坚实路子,形成了独具地方特色的网络文化惠民工程的"山东路径"。山东省的探索实践开辟了网络文化生态治理的新境界。通过网络文化惠民,加强网络文化治理,弘扬主旋律,传递正能量;通过网络文化惠民,引导公民参与治理,搭建起公私沟通对话的桥梁;通过网络文化惠民,更好地满足人民的精神文化需求,营造了积极健康向上的网络文化生态。山东全省各地不断研究和推广网络文化惠民工作的好经验、好做法,强化互联网思维,整合现有资源、扩充服务内容、健全工作机制,优化运转流程、拓展为民平台,从而使互联网平台的内容更加丰富、手段更加多样。

1. 网络文化惠民工程成为增进和谐发展的助推器

实施网络文化惠民工程,是发展健康向上网络文化、满足群众精神文化需求的迫切需要,是服务基层群众、保障和改善民生的有效抓手,是提高公民文明素质、提升城乡文明程度的有效载体,是加强社会管理、促进社会和谐的创新举措。山东省网络文化惠民工程，紧紧抓住服务群众这个出发点，积极探索，大胆实践，使网络文化惠民工程成为山东和谐社会发展的助推器，让老百姓真真正正得到了实惠。

　　泰安市作为全国 35 个社会管理创新综合试点城市之一，也是山东省唯一的试点城市，在全国率先提出"网络文化惠民"概念，形成市、县、乡、村网站对接融合、上下贯通的网络文化惠民平台，为推进基层社会管理科学化、民主化以及利用网络更好地践行群众路线方面作出新的探索。在此基础上，泰安市又创新推出"泰山幸福 e 家园"提升工程——笑脸智慧社区项目，打造了多媒介终端联动的网络文化服务阵地。为了顺应当前互联网融合发展的新趋势，提供更加丰富优质的公共文化资源，使广大群众能够充分享受到多元化、全方位的便捷服务，泰安市实施了"泰山幸福 e 家园"网络文化进村居工程，积极利用"互联网 +"，创造性地建设群众网上幸福家园，展现出鲜明的时代特色，使之内容丰富、体系健全、功能完善、管理规范、效果明显。2011 年以来，泰安市以项目化的管理手段和目标，在大量调查研究基础上，创新提出了"网络文化惠民"的新课题，并创新实施了"泰山幸福 e 家园"网络文化进社区（乡村）工程，探索出了一条网络文化惠民的成功路子。在 2012 年 10 月，网络文化惠民工程已为泰安市 3300 个村居免费建设了同名网站，为全市基层省去了 1 亿元建设费用，基本实现了"一村居一网站"目标。2012 年，"泰山幸福 e 家园"网站最高日点击率已经达到 5 万余人次，全市各村居共回复咨询 20 余万条，采纳群众意见 2000 余条，有效解决热点、难点问题 3000 余件，被誉为"社会主义先进网络文化引领工程""虚拟社会管理创新工程""网络文化惠民工程"。2016 年 3 月，泰安市把作为"泰山幸福 e 家园"提升工程的"笑脸社区"项目融入智慧社区等先进理念，打造了全新的体验模式，把已经成熟运行 5 年多的网络文化惠民工程"泰山幸福 e 家园"现有的社区服务阵地，从单一的 PC 端平台发展到移动 APP、社区网站、智慧魔屏、社区报等多媒介终端联动，形成以居民实际需求为中心，以现代互联网技术为手段，以泰安传媒集团优质资源为依托，线上线下互融互动的创新型社区服务管理模式。作为该项目第一个试点社区的泰安市粥店社区已经建设完成投入使用，成为泰安第一个可实现手机缴物业费的社区。在推进笑脸社区建设中，居民缴纳物业费、水费、电费、手机话费、有线电视费、停车费、暖气费等各项费用，都可以使用笑脸 APP 或者智慧魔屏缴纳，居民不用再专门跑银行或者营业厅了。

山东省诸城市通过搭建网络服务平台，使文化惠民进入新的境界。近些年来，诸城市以创新农村社区化发展为契机，围绕城乡资源共享、推进城乡服务均等化这一主题，构建城乡一体化的网络服务体系，形成全方位多渠道的网络服务终端，营造出网络文化惠民工程的新局面。诸城市为全市所有社区全部高标准建设了电子阅览室，同时实施了光纤进社区工程，政府和电信运营商联合出台优惠政策，对全市电子阅览室实行免费接入，网费减半收取，从而以较低的成本支出实现了高速率的光纤接入，形成了覆盖城乡、传输快捷、共建共享的网络文化传播体系。建立"三级联动"城乡一体化网络民生服务平台，把涉及民生服务的行政管理服务事项实行网上受理办复，接受群众申报、查询和监督。实现了群众日常生活需求诉求"一门清办结"和行政管理事项"一条龙服务"。开通"诸城民声"网站，群众上网随时发帖、留言，反映需求诉求。诸城市在新农村建设中，通过将全市 1249 个行政村合并形成 208 个农村社区，以"两公里服务圈"模式辐射带动周边村，每个社区服务中心规划建设了电子阅览室，全市 208 个农村社区都建立起 15 台以上联网电脑的电子阅览室，构建起"两公里网络文化圈"。同时依托农村社区这一平台，全市建立了覆盖 208 个农村社区的网络服务体系，实现了市社区综合服务网、各农村社区中心服务网、村级网站的三级纵向互联和 208 个社区服务中心、1249 个行政村之间的横向互通。广大农村群众能够更便利地接触到网络，更乐于利用网络搜集信息、学习知识、沟通交流、休闲娱乐，不但优化了农村居民的生产生活条件，而且极大地改善了他们的精神文化生活，城乡间"数字鸿沟"正逐渐缩小。

山东网络广播电视台注重创新网络视听传媒新平台，实现网络文化惠民全覆盖。2011年11月，山东网络广播电视台上线后，始终坚持以"优质高效、惠民利民"为服务宗旨，借助互联网的传播优势，努力打造一个覆盖山东的全媒体网络视听服务新平台，根据群众需求，为用户提供丰富多彩、方便实用、健康向上的网络文化服务产品。山东网络广播电视台面向计算机、电视机、手机三大网络终端，分别建设视听门户网站、IPTV、互联网电视、手机电视四大业务平台。其中齐鲁网已成为立足山东、影响全国的有视频特色的重点新闻网站和综合门户，网民可以在全世界任何一个地方轻松收听收看山东的广播电视节目。以齐鲁网为主阵地，推出了一系列品牌栏目、特色产品和重大活动，如齐鲁拍客、乡村文明拍客摄影大赛、阳光连线、心愿直通车、齐鲁公益联盟等，让群众切实体验到了新媒体发展给生活带来的便捷和好处。

2. 网络文化惠民工程成为创新社会治理的重要举措

山东省实施网络文化惠民工程，把满足广大人民群众日益增长的网络文化需求作为目标，把提升广大基层群众的文化素养和文明素质作为根本任务，把不断提高网络正面宣传能力和网络文化管理效能以及不断完善网络文化惠民功能作为重点，牢牢把握服务人民群众这个根本"出发点"，把握丰富群众文化生活这个"基本点"，把握提高群众素质这个"着力点"，把握促进群众民主参与这个"切入点"，把握促进社会和谐这个"落脚点"，在疏通引导和互动参与上下功夫，注重丰富群众的文化生活，注重掌握社情民意，不断拓展网上先进文化的传播空间，唱响网上先进文化主旋律，从而为文化强国建设营造出浓厚的网络文化舆论氛围。

山东省各市、各重点新闻网站借助网络搭建政民沟通交流平台，拓展社情民意表达渠道，积极为老百姓办实事、解难题，实现了各级新闻网站网上民生服务互动平台全覆盖。山东的网络问政、官方微博群建设走在了全国前列，网络文化惠民效应初步显现。2011年6月1日，由山东省网络办主办、大众网承办的全国第一个青少年绿色网站网上少年宫成功开通上线，为全省1000多万少年儿童搭建了属于自己的网上精神家园。2011年，各新闻网站大都建立了民生类的服务栏目，大众网的"齐鲁民声"、齐鲁网的"民生频道"、青岛新闻网的"民生在线"、鲁南在线的"枣庄民意通"、中国寿光网的"寿光民声"、胜利石油管理局的"网络民生直通车"等一系列汇民智、传民情、解民困的栏目，共同构建了具有山东特色的网上民生服务方阵，成为山东网络文化一道亮丽风景。在胶东在线"网上民声""网上问法"等民生系列服务品牌、济南公安微博服务平台享誉全国的基础上，2012年，涌现出"泰山幸福e家园"、青岛黄岛区"网络问政"平台、诸城"网上书屋"、新泰"网上民意通"等系列服务品牌。2012年10月，山东省在泰安市召开现场会，推广泰安等地网络文化惠民经验。同时，各地、各网站还非常注重线上与线下的互动。青岛市组织各新闻网站成立"网事如歌""蒲公英"等39支网友爱心团队，设立爱心基金。在网络文化惠民工程的实施进程中，网络文化迅速发展，社会和谐度不断增强，网络社会管理体制得以创新，一条独具山东特色的网络文化惠民之路呈现在人们的面前。

青岛市黄岛区，注重搭建网络问政平台，切实推进网络惠民利民。黄岛区构筑多渠道网络问政平台，立足全区年轻人多、驻区高校学生多、流动人口多的实际，把握互联网传播速度快、覆盖面广、互动性强的特点，用好黄岛论坛受理平台，打造政务网问政平台，开通青岛西海岸微博发布厅，整合形成完善的网络问政平台体系。在此基础上，建立快捷高效的办理机制。完善组织体系，成立社情民意工作领导小组，建设社情民意中心，完善基层200多人的网络发言人、微博管理员队伍。优化办理流程，形成意见受理、随访关注、检查督促、信息通报等方面完整的流程体系。加强绩效考核和问责管理，加大社情民意落实力度。网络问政平台拉近了政府与群众之间的距离，架起了政府与群众之间的快速沟通桥梁，群众的意见建议以《社情民意周报》等形式可直接传递到党委政府领导的案头，为决策提供参考。区委区政府通过网络吸纳群众意见2000多条，促进了社会和谐稳定，有效地化解社会矛盾，实现了"一升一降"：市民对党委政府工作的满意率逐年提升；全区信访量逐年下降。

胜利油田"网络民生直通车"，使e线连心让幸福落地。网络平台开通以来，深受全厂干部员工的欢迎与支持，每天浏览、发帖的员工络绎不绝，大到生产经营管理，小到居民区路灯不亮，大家都愿意敞开心扉，在这里说说心里话。小小直通车，成为采油厂知民情、察民意、疏民心、解民忧的"千里眼"，建立起了员工群众的"网上精神家园"。员工的好事、难事、热点事，事事关心；基层的呼声、怨声、指责声，声声入耳。胜利油田胜利采油厂把以人为本、贴近民生作为思想政治工作出发点，以"汇聚民意、传递民声、服务群众"为宗旨，在内部网站开通"网络民生直通车"，开设"我和工会主席说句心里话""基层之窗""心灵憩园"三大互动平台，采取实时问答、在线交流、线下服务等方式，积极回应百姓关注，有效解决干部员工反映的热点、难点问题，在厂党委与员工群众、机关与基层之间，搭建起平等对话、心路畅通的"幸福立交桥"。互联网交织的虚拟空间中，涌动着民意，折射着民情，民意生长到哪里，干部身影就忙碌在哪里；诉求表达到哪里，责任就体现在哪里；目光关注到哪里，服务就跟到哪里。胜利采油厂开"门"问需，零距离了解基层群众方方面面的所想、所求、所盼，并建立"留言受理、问题处置、结果反馈、监督考评"一整套运行机制，实行制度化操作、立体化运行、项目化管理，能办的当即办，不能办的给说法，做到帖帖有回音、桩桩有着落，一件件实事汇成暖流浸润民心。

3. 网络文化惠民工程成为实施乡村振兴战略的重要抓手

信息化时代离不开网络媒体，山东"乡村文明行动"更是离不开网络文化，它对于"乡村文明行动"实施开展起着举足轻重的作用。大力实施"乡村文明行动"是构建社会主义和谐社会的重要举措，而大力发展健康向上、丰富多彩的网络文化，则是建设"生产发展、生活富裕、乡风文明"的幸福文明新农村的重要内容。山东省农村发生的巨变得益于自 2011 年 4 月开始实施的"乡村文明行动"，而网络文化则是此次活动的宣传器和推动器，推波助澜"乡村文明行动"，使更多人的知道、了解和参与到"乡村文明行动"中，向世人展示乡村的巨大变化，使"乡村文明行动"充满持久活力，不断取得举世瞩目的惠民壮举。

互联网的迅速发展优化了农村居民的生产生活。信息时代，农村信息资源匮乏无疑是社会主义新农村建设的发展瓶颈，也是城乡间发展差距的决定因素。网络时代的到来，互联网以其信息储量大、信息全面、查询方便、更新及时等优势，成为广大农村地区最方便、最快捷的信息获取渠道。互联网信息技术，在农村生产、生活中的有效应用，不仅能够提高农村居民的生产技能，不断提升新时期农民快捷、准确捕捉市场信息的能力，更是造就着一大批有文化、懂技术、会经营的新型农民。

随着互联网的迅速发展和普及，农村居民的精神文化生活得到极大改善。近些年，城市文化事业发展迅猛，相对而言，农村文化事业发展比较滞后。在一些相对偏远的农村，群众性文化活动越来越少，而农村文化阵地，倘若先进文化不去占领，腐朽落后的东西就会乘虚而入。网络文化的发展，让农村居民在家里或在社区电子阅览室，就能够方便地享受到跟城市居民一样的文化娱乐生活。现在，城里人能够听到、看到的，农村居民同样也能够接触到。互联网丰富了农民的业余生活，同时开阔了农民的视野，便于跟上时代的潮流，提升了农村社区居民精神文化生活的质量。

4. 网络文化惠民工程成为传播齐鲁优秀传统文化的重要渠道

山东省是以中华文明重要发祥地之一而著称于世的。在春秋战国时期，就有一大批杰出的思想家、政治家、文学家和发明家，出生和汇聚到这片土地上，从而形成了博大精深的齐鲁文化。尤其是孔子、孟子创立的儒家学说，墨子、庄子、孙子、管子、荀子等人的思想理念，都在中国历史的发展中产生重要作用，并对世界文明产生极为深远的影响。2013年11月，习近平总书记到曲阜视察，在这里发出一个强烈信号：一个国家、一个民族的强盛，总是以文化兴盛为支撑的，中华民族伟大复兴需要以中华文化发展繁荣为条件。对历史文化特别是先人传承下来的道德规范，要坚持古为今用、推陈出新，有鉴别地加以对待，有扬弃地予以继承。一年后，习近平总书记又对山东工作作出重要指示批示，要求山东着力建设社会主义核心价值体系，用好齐鲁文化资源丰富的优势，加强对中华优秀传统文化的挖掘和阐发，为做好改革发展稳定各项工作提供强大的精神力量。习近平总书记对文化内涵的深刻洞见，对齐鲁文化在中华文明版图中的清晰定位，是对山东的亲切关怀、巨大鼓舞。网络文化惠民不但为齐鲁优秀传统文化的弘扬和创新提供了千载难逢的机遇，自身也从齐鲁优秀传统文化中汲取到丰富的营养。弘扬齐鲁优秀传统文化，提升网络文化惠民水平，二者相辅相成，良性互动。

（1）齐鲁优秀传统文化在推进网络文化惠民工程中得以传承创新。山东省把弘扬优秀传统文化摆上全局工作突出位置，从更宽视野上强化总体布局，从更广领域上付诸行动，科学谋划、扎实推进。2014年4月，山东省委出台《关于培育和践行社会主义核心价值观的实施意见》，对这一"铸魂工程"作出顶层设计和战略部署。2015年，启动"齐鲁优秀传统文化传承创新工程"，开始实施"传承弘扬优秀传统文化十大行动"。2017年，山东省又在全国率先印发传承发展中华优秀传统文化工作方案，进一步完善了传承弘扬优秀传统文化的顶层设计。网络所提供的技术支持和网络文化传播的特性为齐鲁优秀传统文化及其精神的根植提供了技术和物质的可能性。网络技术的发展为生产民族文化含量高的网络软件系统和开发具有自主知识产权的网络产品搭设了良好的技术平台。而且相对传统文化而言，网络文化具有多媒体的传播形式、超文本链接的无限信息范围、高效灵活的传播方式、大容量开放性的传播内容、双向互动的传播过程等特征。网络文化比传统文化优越得多的传播条件，使其对社会与公众产生了巨大的影响力，呈现出独特的社会功能。

（2）网络文化惠民工程从齐鲁优秀传统文化中获取精神滋养。作为互联网技术与社会文化生活相结合而催生的网络文化，其蓬勃发展离不开我国传统文化的强大根基，有赖于挖掘源远流长的中华民族文化优势资源。文化传承实质上是一种文化的再生产，是民族群体的自我完善，是社会中权利和义务的传递，是民族意识的深层次积累。因此，创造性地传承中华文明，是中国网络文化传播的首要任务。近年来，山东省在加快网络文化惠民的同时，狠抓新媒体内容建设，充分利用重大节庆节点和本省丰富的历史文化资源，精心策划组织内容积极健康、形式喜闻乐见的网上宣传活动，吸引网民积极参与。同时优化资源配置，把社会、政府、高校、科研机构、网站、民间存在的丰富的齐鲁优秀传统文化资源纳入网络文化惠民工程建设体系中，推动数字化、网络化传播，推动齐鲁优秀传统文化资源向基层和农村倾斜，积极建设网上图书馆、网上博物馆、网上展览馆、网上剧场等公共网络文化设施，实现公共网络文化广覆盖、高效率和均等化，为人民群众提供了更加丰富的网络文化服务。

（3）网络文化惠民工程与齐鲁优秀传统文化互利共生。山东省把博大精深的齐鲁优秀传统文化作为网络文化惠民的重要源泉，推动齐鲁优秀传统文化产品的数字化、网络化，加强高品位文化信息的传播，牢固树立网站品牌意识，不断加大对网站建设的管理和扶持力度，通过重点扶持与合作开办栏目、合作建设频道、鼓励打造精品栏目等多种途径致力培育"人无我有、人有我新、人新我优"的网络媒体品牌。现在，已经形成了一批具有齐鲁特色、体现时代精神、品位高雅的网络文化品牌，承担起了传承民族历史和优秀传统文化的任务，摆脱了目前国内网络文化同质化竞争局面，从而提升了网络文化产品的生命力。

5. 网络文化惠民工程成践行网上群众路线的主阵地

对山东来说，实施网络文化惠民、践行网上群众路线，这既是党民在网络时代的"同频共振"，也是与时代脉搏的"同频共振"，更是便民、乐民、利民的"同频共振"。

（1）在"双微"服务中实现便民。发挥好微信、微博的作用，这不仅仅体现了以人民为中心的执政理念，更丰富了群众路线的科学内涵、创新了群众路线的运作路径、强化了群众路线的内在价值。伴随着网络新媒体的崛起和发展，网络文化影响力、辐射力日益扩张，倒逼着观念和管理工作的转变。服务人民、造福人民是发展网信事业的要义。只有坚持以人民为中心、造福于民，才能行稳致远、基业长青。利用新媒体践行网上群众路线，在距离300多公里的潍坊奎文区，也做足了微信矩阵的文章。以"奎文发布"政务微信为一级、以全区8个街道和32个部门微信为二级，以65个社区和62个事业单位微信为三级的奎文区政务微信矩阵平台,微信矩阵公众号数量已达 168 个,总"粉丝"量已达 60 多万人,是全区总人数的 1.36 倍,逐步构建起了基层宣传为民线上线下互动的"O2O"模式,实现了与居民多角度、多渠道、无缝隙全覆盖。除了信息发布、展示交流,服务群众功能格外抢眼。"线上政务"链接"数字奎文"为民服务站,让群众办理一般行政业务,足不出户线上办理;"便民查询"提供了 21 种生活常用的查询和服务;"心愿墙"为群众提供一个互相帮助、传递正能量、有温度、有情感的平台,群众可以将自己或他人的微心愿在平台上发布,通过"奎文发布"引导爱心群众予以认领和实现;"生活惠"以"让生活更便利"为理念,联系各类商家为群众提供实实在在的优惠;"微社区"以论坛的形式,贴近群众,了解社情民意。

如果说"微信矩阵"立足于"全",那么滨州市公安局的"微联盟"则定位于防诈骗的"专"。滨州市公安局发起倡议成立了"滨州市预防电信诈骗公益宣传微联盟",成为全国第一家以预防电信诈骗为主题的公益宣传微联盟,联手向广大市民推送电信诈骗预警信息。联盟成员单位在市区就已经达到近百个微信公众号,"粉丝"总量已经突破 150 万人次。除了微信,还有微博,特别是政务微博,近年来日益成为各地市的"标配"。2009 年 6 月,济南市中级人民法院成立了全省中级法院第一家专门宣传机构宣传办公室,2016 年 1 月,进一步整合资源,成立了集影视新闻摄制、新媒体传播、新闻选题策划和采写于一体的"新闻宣传中心"。到目前,市法院"新闻宣传中心"已拥有微博、微信、"今日头条"客户端、网站、楼宇电视、户外 LED 屏幕、手机电视等自媒体传播平台 10 余个,与媒体合办栏目 2 个。"粉丝"数量、综合影响力排名等都走在了全国法院系统的前列。

（2）在塑造"笑脸模式"品牌中实现乐民。文化惠民要"走出去",更要"沉下去"。平台建设打通了服务群众的"最后一公里",对巩固城乡宣传思想文化阵地,多方面满足群众需求,提高群众的生活品位和幸福指数,都具有十分重要的意义。网络是平台、渠道和阵地（平台要可进、渠道要可通、阵地要可亲）,惠民是目的,群众路线是方法。实施网络文化惠民、践行网上群众路线就是要做到政治认同——政治上能参与、经济认同——经济上有实惠、精神认同——精神上得愉悦，只有这样才能让老百姓爱网、知网、用网。目前，随着笑脸社区项目的不断推进，已进驻粥店社区、华新社区、花园社区、三合社区、岔河社区、御碑楼社区、肥城桃都社区等7家社区。2017年6月，社区魔屏入驻量达到50个，APP用户注册量达到3万以上。

山东网络文化惠民工程的实践表明，只有沉下去，才能确保百姓文化权益的均等和便利得到保障，才能让网络文化惠民真正润物无声、春风化雨，才能拆除"隔心墙"、解决"末梢堵塞"，网络文化惠民和践行群众路线才能更加贴民心、接地气、见实效。网络文化惠民的产品不仅仅是简单的客户端，是基于媒体的互联网产品、是用户思维的转变。在莱芜，"笑脸智慧"社区几乎家喻户晓，这是莱芜广电依托互联网、云计算和大数据，基于媒体融合设计开发融媒体平台。此外，笑脸卡也同样得到老百姓的欢迎。作为社区居民联名银行卡旨在打造"吃、住、行、游、购、娱"一体化金融服务平台，自2016年9月发行以来，已经有4万人在使用笑脸卡，目前正探索与门禁、餐卡等打通，完善其功能和服务。对于"笑脸智慧"社区的发展，莱芜市广播电视台台长张子信说，现在依然处于"涵养阶段"，资金、技术等都不是最大的困难，考虑最多的是如何拓展更多的用户，增加用户黏性，提高感知度和依存度，同时希望政府能够开放更多的资源，打通壁垒，更加深入并服务百姓生活。

（3）在推进互联网民生工程中实现利民。山东省在实施网络文化惠民、践行网上群众路线中形成了"政府主导、群众主体、社会参与、市场运作"的"山东模式"。"互联网＋群众路线"的新模式，通过互联网的纽带解决百姓实际需求。每一部"关爱通"都关联着一名老年人的基本信息，包括家庭地址、联系方式等，只要老年人通过呼叫终端打入平台，加盟企业就可以按约定上门提供服务。在东营，"关爱通"移动终端被称呼为没有围墙的"养老院"。原来，东营区数字信息管理服务中心联合东营区民政局，建成集老年人服务需求受理、服务工单派发、服务质量回访、监督管理功能于一体的社会养老服务中心。居住在城区范围内、年满 60 周岁的老年人全部纳入服务范围，由加盟企业为老年人提供生活照料、家政便民、健康护理、精神慰藉等居家养老服务。据了解，老年人的服务分为 A 类和 B 类，A 类为城镇"三无"老年人、困难"空巢"老年人、80 周岁以上无固定收入老年人，由政府按照每人每月平均 300 元的标准为其购买服务项目，并免费配送"关爱通"呼叫终端。B 类可根据老年人个性化需求，采用网上预约或拨打 8112345 服务热线的方式，由老年人自愿购买养老服务。

搭建互联网"点对点""心对心"的干群互动新平台。临沂供销社围绕网上群众路线的实践活动，"牵手""互联网 +"破题服务农民"最后一公里"。临沂供销社成立的临沂沂蒙绿源菜润家配送有限公司（B2C），是针对临沂市区的一个线上订购、线下配送的同城配送平台，主要为企事业单位、学校等食堂、餐厅配送蔬菜水果以及为居民家庭配送蔬菜定制套餐，开拓了从生产到消费终端、从基地到餐桌的直达通道。特色中国临沂馆（C2C）作为阿里巴巴合作的一个展销平台，则集中临沂的优质农产品在线上展示、销往全国。目前，已发展各类分销商 3200 余户，日均销售额 58 万元。民生服务由浅入深、政务惠民由慢变快，用老百姓喜闻乐见的方式来办好"网事"、在"接地气"中切实为民排忧解难、善于利用理论武器"强筋壮骨"，日益成为山东各地市的共识。

网络民意促行动。在曲阜的"马上就办"指挥中心，民意在电波中传递、在热情中解决。截至 2016 年 11 月 19 日，"马上就办一线通"共受理群众来电 56497 件，投诉求助类电话 45760 件、咨询类电话 8603 件、批评建议类电话 1363 件，办结率为 98.38%，群众满意率为 99.14%。"理论头条"记者侯金亮在参观时赞扬说，可以用"精、准、细、严"来概括"马上就办"便民服务模式。"我想，用实在、实际、实效来总结'不虚此行'的调研采访。"潍坊昌乐县则由县长公开电话受理中心联合昌乐传媒集团，依托昌乐传媒网建设了昌乐民生网，以"倾听民生，服务百姓"为宗旨，着力解答解决群众的诉求和问题。作为重点新闻网站，山东广播电视台齐鲁网在引领网络空间正能量、为群众提供优质网络文化服务方面始终发挥着主流媒体的职责与担当，专门打造了"理响中国"理论融媒体平台、齐鲁优秀传统文化服务云平台，分别成为山东省首家网上理论学习宣传互动平台和山东首个、唯一一个传统文化服务云平台。

通过网络文化惠民的实施，使人民群众有了更多的参与感和获得感。培育积极健康向上的网络文化，能够发挥网络文化引领网民、教育网民的作用，网络日益成为聚合民意的"舆论场"、干群互动的"绿色通道"，更是为民服务的"好帮手"。对于实施网络文化惠民、践行群众路线而言，就是追求积极为老百姓办实事、解难事，实现民生工程在互联网延伸的零距离。这种零距离是"同频共振"的核心和目的，有力地促进了多级联动的深入融合和激发共鸣范式的探索。

6. 网络文化惠民工程成加强网络管理的有效路径

山东通过着力加强全省网络舆论管控能力建设，进一步规范网络传播秩序。首先，持续开展创建文明网站、清理政治类有害信息、非法网络公关和淫秽色情信息整治、网络谣言整治、规范网站新闻信息传播秩序、整治网站地方频道等净化网络环境六大专项行动。制定详细工作推进表，由突击整治变为日常化管理，常年抓不松懈，有效净化网上舆论环境，规范网络传播秩序。特别是积极推动文明网站创建活动常态化，2012 年评选表彰 15 家省级文明网站，其中 10 家入围全国文明网站终评。其次，加强属地网站备案和内容管理，牢牢把握网上正确舆论导向，坚持对全省备案的新闻网站、中央媒体地方频道、商业网站进行严格的资质年检，依法查处违规提供互联网新闻信息服务的违规网站。最后，加强微博客等新技术新应用管理，制定出台了《关于加强微博客管理工作的实施意见（征求意见稿）》，积极推进微博客实名制管理。

将管理寓于建设和服务之中。其一，突出把握好服务群众这个出发点。把握群众需求，了解社情民意，倾听群众呼声，问政于民、问需于民、问计于民，通过网络这一平台及时反映和传达人民群众有关求学就业、民政低保、生产科技、生活保健、求职招聘、法律扶助等需求，协调和推动问题的圆满解决，尽心竭力为群众办实事办好事。其二，突出把握好促进基层群众民主参与这个切入点。通过精心策划网站、网页、活动，加强舆情汇集分析，搭建网络参与、网络交互平台，做到下情上传、上情下达，增进网民和政府之间的相互了解和沟通，促进社会的和谐稳定。其三，突出把握好丰富群众文化生活这个基本点。适应群众文化需求的新变化新趋势，进一步加强网络文化内容建设，加强网络文化产品创作生产，开展网络文化服务，发展网络文化产业，推动优秀传统文化和当代文化精品网络传播，不断丰富群众文化生活的新内容。其四，突出把握好提升群众素质这个着力点。充分利用网络优势，运用各种网络传播手段，大力传播社会主义核心价值体系，在加强信息服务中开展思想教育，在同网民交流互动中传递主流价值。通过大力宣传道德模范、身边好人、时代典范的感人事迹和崇高精神，弘扬社会正气，倡导崇德向善的良好风尚。其五，突出把握好促进社会和谐这个落脚点。充分发挥网络资源优势，主动疏导、引导社会公众情绪，最大限度地减少不利于社会和谐稳定的负能量，推动社会管理创新，维护社会和谐稳定。

（二）全国网络文化惠民工程的成效

党的十八大报告提出："加强和改进网络内容建设，唱响网上主旋律。加强网络社会管理，推进网络规范有序运行。"① 目前，网络文化正以其强大的生命力和影响力渗透到社会的各个层面，"网络文化惠民工程"是全国人民物质生活水平快步提高之后实施的一项伟大工程，是社会主义文化大发展、大繁荣的一项重大举措，也是一项惠及全国人民、普及大众文化的工程。各级党委、政府适应互联网快速发展的新趋势，充分认识实施网络文化惠民工程的重要意义，网络文化惠民工程建设更是提上了重要日程中来，不断增强工作的责任感和使命感，以开拓创新的精神，推动这项工作全面展开、深入实施。网络文化创作生产空前活跃，网络文化产品和服务日益丰富，网络文化阵地不断壮大，网络文化产业风生水起，网络文化管理体系日臻完善，网

---

① 胡锦涛.坚定不移沿着中国特色社会主义道路前进为全面建成小康社会而奋斗 [N]. 人民日报，2012–11–18（1）.

络文化的吸引力、影响力进一步增强，网络文化惠民工程在推动经济社会发展，构建社会主义和谐社会和全面建成小康社会的进程中发挥了重要作用。

1. 形成网络文化惠民工程建设新格局

党的十八大以来，我国文化建设迈上了新的台阶，文化软实力显著增强。伴随着经济的快速发展，我国已经由需求层次理论的低级阶段，进入高级阶段，公民合理正当的利益表达和利益诉求已成为公共需求的重要内容，对于文化的需求愈加强烈，文化惠民工程建设就成为满足群众公共服务需求由生存型向发展型转变的必然趋势与重要内容之一。覆盖城乡的公共文化服务设施网络逐步实现标准化、均等化，以群众需求为导向的公共文化服务模式及效能显著提升，公共文化服务数字化水平明显提高，互联互通的数字化服务平台基本建成，政府主导、多元参与、协同发展的网络文化惠民新格局基本形成。

网络文化惠民内容不断丰富。网络文化惠民，既强调为民服务，又强调服务方式的创新，改变传统管理模式，契合了服务型政府建设的需要，极大地提高了行政效率，推动了政府职能转变。服务型政府是我国深化行政体制改革的一项重要内容。政府要将维护公共利益作为社会管理的重要参考，不断创新社会管理体制，做到管理与服务的有机结合。文化惠民工程项目是由中央政府制定的满足民众的公共文化服务需求的非竞争性项目，是建设服务型政府的重要举措。全国各地在文化建设过程中，将服务群众作为文化建设发展的出发点，将网络虚拟社会管理转化为现实生活中的服务与管理，创造性地建设群众网上幸福家园。网络文化惠民工程的实施，有助于转变政府职能，推进服务型政府的建立，提高人民生活幸福感和对政府工作的满意度，进而回归政府服务人民的本质属性。

新兴的互联网和相关数字技术既打通了媒介之间的壁垒，也改变了传受之间的关系，使得网络用户可以创造大量文化内容，从而大大加快了文化内容的增殖速度。马克思主义中国化最新理论成果在网上广泛普及和传播，中国共产党新闻网覆盖全面、影响力日益扩大，《求是》《党建》等理论刊物实现网上同步出版，中国文明网的"红色中国"、新华网的"红色博客"受到网民普遍欢迎。先进文化的网上传播范围日益扩大，重点新闻网站和知名商业网站充分发挥优势，大力宣传马克思主义中国化最新成果，积极传播社会主义核心价值体系，充分展示我国经济、政治、文化、社会建设和党的建设取得的辉煌成就。以新华网、人民网等重点新闻网站建设与发展为标志的网络文化建设的骨干力量初步形成，新华网、人民网、中国网络电视台等一批中央重点新闻网站驶入快速发展的新时期，成为党和国家重要的网络舆论阵地与网络文化建设的中坚力量，在正面宣传、引导社会舆论、服务党和国家工作大局中发挥了重要作用。在重大自然灾害发生后，广大网民纷纷利用互联网传递救灾信息，发起救助行动，表达同情关爱，充分展示了网络文化的凝聚力量。越来越多来自民间的"草根典型"涌现出来，网络正面典型的可亲、可敬、可爱、可信成为社会主义核心价值体系的重要内容。

网络文化惠民形式多姿多彩。网络文化不仅在数量上迅猛增长，而且在形式上日新月异。网络文学充分利用电子阅读技术，不仅可以模拟传统阅读，还可以探索多媒体阅读等新体验；网剧不断进行颠覆性创新，并且与弹幕技术结合，加入社交属性；网络游戏、网络视频、网络直播等更是为互联网所独有，受到广大网民青睐。目前，我国已初步形成覆盖全国的公共数字文化服务网络，地市级以上平台搭建完成。这一过程中公共服务文化模式也有所提升，并打造出一批品牌，如共享工程、云南网培学校、上海嘉定云等，惠民服务发挥了重要作用。在数字时代，文化传播有道，魅力有增无减。全国文化信息资源共享工程、数字图书馆推广工程等重大文化惠民工程还满足了人们在"互联网+"时代对文化的需求。国家图书馆还牵头建设数字图书馆，多年来持续开展数字资源的共享，全国已连通虚拟网和专网的省市级图书馆均可免费获取这些资源，并在文化部公共文化司的统筹下，面向全国县级以上基层图书馆推送。与此同时，全国文化信息资源共享工程也将"触角"延伸到基层大众。各地致力于把博大精深的中华文化作为网络文化建设的重要源泉，积极推动优秀传统文化瑰宝和当代文化精品的数字化、网络化传播，推动网上图书馆、网上博物馆、网上展览馆、网上剧场建设，形成丰富多彩的网络精神家园。据统计，全国已经建成数万个文化信息资源共享中心和服务点。

河北省网络文化节的成功定期举办。网络文化节围绕"善行河北"和"中国梦·赶考行"等不同的主题，在互联网上大力宣传河北善行故事，弘扬社会主义核心价值观，开展网络文化惠民服务，鼓励网络文化产品创作生产，加强河北省互联网发展理论研究，探索工作机制，把网络文化节打造成为河北省网络文化建设的一张名片。当今社会，随着网络的发展，互联网逐渐渗透到人们生活各个方面，网络文化已经成为在广大网民中传播的一种不可替代的文化形式。举办网络文化节，有利于传播网络文化、引导网络文化的发展，凝聚有利于社会发展的正能量。网络时代，人人都有麦克风，让网民参与，与网民互动，就是要做到官方搭台，网民唱戏。通过网络文化节这个平台大力弘扬社会主义核心价值体系，丰富群众的网络文化生活，推动网络文化健康发展。网络文化所涵盖的方面甚广，既有传统文化，又有当下的流行文化；既有官方文化，又有草根文化。网络文化节就是要取网络文化之精华，弃网络文化之糟粕，利用网络文化传播的优势，传递正能量，让正能量飞入寻常百姓家，在全体网民中产生共振，实现共鸣，形成合力。网络文化节的直接受益者是广大网民，但归根究底，每一个百姓都是受益者。网络已不仅仅存在于虚拟世界，更与现实世界有着千丝万缕的联系；已不仅仅是思想文化的传播者，同时也是创造者；它的影响力已不局限于网络，更成为实施河北省绿色崛起、建设文化强省的强大动力和支撑。一个充满正能量的网络世界才更具有无限的发展潜力和创造力。如今人们的生活水平普遍得到提高、物质生活提升的同时，对精神生活的追求更为渴望，期望值也越来越高，充分利用网络文化这一新兴的媒体进行互动，效果比其他文化节更具趣味性、实效性，进一步丰富了人们的精神生活。

网络文化惠民产品日益丰盛。网络文化产业迅猛发展，网络游戏、网络动漫、网络音乐、网络影视等产业迅速崛起，大大增强了文化产业的总体实力。网络文学、网络音乐、网络广播、网络影视等均呈快速发展态势。持续扩张的网络文化消费催生了一批新型产业，同时直接带动电信业务收入的增长。一批具有中国气派、中国风格的网络文化品牌和产品的影响力、市场占有率不断提高，形成了网络文化繁荣发展的良好局面。当前我国互联网发展迅速，中国优秀互联网企业进军世界舞台，创造了互联网经济的"中国奇迹"，为中国先进文化的创新发展提供了难得的契机和生产、传播的平台，网络文学、网络影视、网络游戏等文化形态生机蓬勃、繁荣发展，极大地丰富了人们的精神文化生活。2014年阿里巴巴、腾讯和百度3家国内互联网巨头不约而同地在文化产业发起一系列并购和投资，涉足网络文学、数字音乐、电影电视、手游、视频领域等文化产业的方方面面。网络文化创作生产高度活跃。网络文化用户既是消费者，也是创作者；他们在大量消费网络文化的同时，也在创造网络文化。我国网络文化自主创作、自主研发的能力取得长足进步；网络文化作品数量急剧增长，讲述中国故事、传递中国精神，社会效益和经济效益俱佳的网络文化作品越来越多。网络文化人才不断涌现，网络文化正在成为聚集优秀文化人才的新高地。网络文化"走出去"步伐加快。一些国产网络文化产品，已经出口到世界上大多数国家和地区，出口额连年递增。网络文化正在成为扩大对外文化交流，展示我国文化软实力的重要力量。网络文化产业方兴未艾，有着光明的发展前景和巨大的发展空间。

2. 网络文化惠民工程成为通达政情民意新渠道

群众路线既是党的生命线和根本工作路线，也是党在各个历史时期始终立于不败之地、不断由胜利走向胜利的法宝。在网络信息时代，党的群众工作面临诸多新挑战，领导干部如何运用互联网走好群众路线，提高群众工作水平，是一个十分重要的现实问题。从一定意义上说，忽视网民就意味着脱离群众。这就要求我们必须把握互联网党执政"最大变量"。随着我国互联网的迅速发展，网络正成为广大党员干部特别是一些高中级干部了解社情民意的重要渠道之一。互联网已成为群众意见表达的最大平台、党和政府联系群众服务群众的重要纽带与渠道。党的十八大以来，我国各地各级党委政府深入学习贯彻习近平总书记关于创新社会治理的重要论述，认真贯彻落实习近平总书记关于互联网系列重要讲话精神，以习近平总书记"网络安全和信息化工作座谈会重要讲话"为遵循，以"治理就是服务"为引领，以为民利民惠民便民为导向，以互联网大数据信息新技术为抓手，以创新地方基层治理为主线，大胆尝试，积极探索，不断优化创新地方基层治理，不断推动互联网大数据信息新技术与基层社会治理的高度深度融合，不断探索提升政府治理能力以实现技术革新与政策创新协同推进、与时俱进、无缝对接，在互联网大数据信息新技术引领助推地方基层治理创新方面进行了诸多有益尝试。

（1）"互联网+"的便民服务。吉林省辽源市东丰县西城社区坚持"互联网+"工作理念，大力加强数字化平台建设，将互联网技术与社区服务有机融合，构建了"一站、一网、一键、一线、一卡"相结合的社区服务新模式，有效提升了社区的服务功能和服务水平。

（2）"四网二终端"的"互联网+基层党建"。近年来，河南省三门峡灵宝市以互联网发展引领和运用信息技术为载体，超前谋划，抢抓机遇，积极探索"互联网+组织工作"，采取"四网二终端"（党建门户网、内部办公网、基层党组织平台网、微信平台网、远程教育站点终端和智能手机终端），搭建党群服务的直通车，促进创先争优的常态化，实现基层党务工作的信息化。

（3）"互联网+"的社区服务"e时代"。在"互联网+"时代，利用物联网、云计算、大数据等技术，"智慧城市"建设正在让宁夏回族自治区吴忠市居民的生活变得更美好。社区是城市的细胞，由"互联网+公共服务"衍生的"智慧社区"管理和服务新模式也在"润物细无声"地改变着社区居民的生活。

（4）"互联网+"的社区网格化治理新模式。贵州省贵阳市白云区铝兴社区不断理清思路，以"三个零七个好"为目标，突出"创新"思维，以党建为引领，以服务为根本，以大数据为手段，逐步深化网格化管理，全面开启社区大数据治理新模式。

（5）"互联网+"拓宽公众参与社区治理通道。上海市长宁区周家桥街道仁恒河滨花园居委会结合社区服务工作，以"互联网+"开启社区治理微时代，运用"互联网+"开通三条民生服务通道，打开解决居民急难愁问题的"诉求通道"。传统的社区治理模式，工作往往是单向性的、单点性的、单时性的，经常会出现"敲不开门、说不上话"的尴尬状况。究其原因，一方面是居民与居委会工作时间的重叠，无法保障居民及时联系居委会寻求帮助或是解决困难；另一方面是沟通渠道少，架在居民与居委会之间的桥梁较少，导致出现社区居民参与面不广等一系列问题。但如今有了互联网，针对居民的急难愁问题，可直接通过新媒体平台掌上找寻帮助，街道、居委会、物业以及各事务中心的相关工作人员不受地域、时间、空间的限制，随时随地在手机上就能解决社区居民的困扰，实现政府部门和居民的"零距离"对接。而对于各部门来说，"互联网+"促成了部门间的"跨界共享"，增强了相互了解，在工作上形成了合力。

（6）"互联网+"的便民服务"微"模式。海南省海口市秀英区东方洋社区结合日常工作、生活的实际情况，建立了微信服务平台，社区充分利用该平台，传播及时、有效、多元化的信息和服务，提高了居民的生活质量，优化了社区治理模式，增强了社区凝聚力，进一步提升了基层社区服务群众的水平，促进社区文明和谐。

通过互联网了解民情、汇聚民智，成为党和政府执政为民、改进工作的新渠道，互联网上的公众言论受到前所未有的关注。从中央到地方，党政官员与网民频频"零距离"对话，回答网民提问，开展互动交流。每年"两会"前，新华网、人民网等网站都开展"我为两会献一计""我向两会建议"等征集活动，政府部门发言人纷纷网上开博，网络新闻发言人等系列问政平台和沟通机制不断完善，各地各部门还纷纷在出台涉及国计民生的重大政策前通过互联网问需于民，问计于民，征求意见建议，掀起了一轮又一轮网络问政的热潮。中国政府网被网民称为"24小时不下班的政府"，各级政府网站日益成为政府信息公开的第一平台，进一步提升了我国政务公开水平，公民参与程度有了大幅提高。

3. 成为网络文化环境的净化器

党和政府积极探索依法管理、科学管理、有效管理网络文化的途径和方法，法律规范、行政监督、公众自律、社会教育、技术保障相结合的中国特色网络文化管理体系初步形成。加强网络文明建设，大力净化网络文化环境得民心、顺民意，文明办网、文明上网已经成为广泛共识。互联网不是法外之地，净化网络环境是我国网络文化健康发展的重要保障和必然要求。加强网络文化市场事中事后监管，完善治理格局和监管模式，严禁含有法律法规禁止内容的网络文化产品生产传播，不断净化和规范网络文化环境，营造清朗的网络文化空间。持续在全国打击互联网和手机媒体淫秽色情、整治互联网低俗之风、整治网络暴力、整治非法网络公关、整治涉性用品药品非法信息等一系列专项行动。办文明网站、做文明网民、倡文明表达、创文明环境成为互联网业界和广大网民的共识。我国互联网法律法规体系基本形成，形成了专门立法和其他立法相结合、涵盖不同法律层级、覆盖互联网管理主要领域和主要环节的互联网法律法规体系。网络文化服务和管理进一步规范。据不完全统计，我国目前共出台涉及网络文化管理的法律法规、部门规章、司法解释等共有100多部。这些法律法规、部门规章、司法解释等有效地规范了网络文化信息传播秩序，促进了网络文化服务质量和水平的提高。网上舆论引导工作体系初步形成，网络的行业自律和公众监督成效明显等。

法治化是互联网治理的根本手段，但确立"互联网＋"思维方式，用互联网的手段解决互联网的问题也是其重要途径。在网络文化惠民工程中，加强网络伦理、网络文明建设，发挥道德教化引导作用，用人类文明优秀成果滋养网络空间、修复网络生态。道德是人类把握世界意义和自身价值的精神方式，一般包含3个层面的价值向度：理想信念——伦理精神、行为规范——伦理秩序、个人美德——人格完善。一个社会是否文明进步，一个国家能否长治久安，很大程度上取决于全体社会成员的思想道德素质。通过网络文化惠民工程，增强社会责任意识，精心培育一个以优秀语言文化做主体的网络语言道德教育体系，示范引导规范的网络用语，积极传播健康信息，自觉抵制有害信息和网络滥用行为，确保网络舆论的正确方向，全面推进互联网空间的实名认证机制建设，建立可追查的网络语言主体与其网络语言行为的一一对应关系；不断完善互联网空间的舆情研判机制，开发创建互联网空间话语边界识别数据库，控制信息源头，屏蔽、过滤和净化各种黄色、反动、迷信、不健康、不文明的内容以及垃圾邮件，使之不能进入局域网以及个人终端；深度研发主流意识形态话语优先传播的云技术，打造全媒体平台，构筑网上舆论引导新高地，提升主流意识形态话语在网络空间的关注度和影响力。

4.形成文化惠民中的全方位互联网思维

互联网思维不断发散，带来各方面的创新，升级着中国治理的手段与方式。2016年10月9日，习近平总书记在中央政治局第三十六次集体学习时指出，要强化互联网思维，利用互联网扁平化、交互式、快捷性优势，推进政府决策科学化、社会治理精准化、公共服务高效化，用信息化手段更好感知社会态势、畅通沟通渠道、辅助决策施政。互联网思维不仅仅局限在企业中，政府机构也在积极拥抱互联网，互联网思维影响着中国社会治理模式。

（1）创新思维：治理手段全方位升级。创新思维是互联网的核心思维之一，借助互联网进行创新，成为中国治理最重要的趋势之一。在中央层面，国务院客户端的诞生是标志性的举动。2016年2月，国务院客户端上线，发布重大政策并与网民互动；2017年1月20日，国务院客户端2.0版上线。据统计，国务院客户端上线10个月的时间，累计下载量超过2000万，在苹果应用商店免费APP产品中多次单日下载量排名第一。在地方层面，越来越多的地方政府开始开发各种"特色产品"，将互联网创新融入政务之中。浙江省宁波市政府上线了"e乡"APP，实现流动人口集约化管理，完善服务提供，打通流动人口市民化通道；广东省佛山市成立诚信数据集成中心，为城市和中小企业信用平台建设提供专业支持。

政府借助互联网进行治理手段与方式创新，给民众带来了实实在在的便利。基于互联网思维的应用服务成为惠及民生的创新举措，在提高政府办事效率、降低行政成本的同时，有利于构建面向公众的一体化在线公共服务体系，提升政府办事的服务质量和服务水平。

（2）用户思维：民生平台成各地"标配"。党的十八大以来的一系列以人民为中心的重要论述和实践，充分契合了互联网时代的核心思想——用户思维。"互联网＋"政府治理的思维模式强调以人民为中心、权利平等和公平正义。近年来，民生平台几乎成为各地的"标配"。遇事不知道找哪个部门怎么办？在上海，市民可以下载"市民云"APP，这个一站式城市公共服务平台覆盖了包括公共事业账单、违章查询、公交到站等在内的上千项服务。停车难怎么办？在浙江杭州，市民只需在微信钱包中点击"城市服务"，找到"停车位查询"窗口，即可查询到周边 500 米范围内的停车位，数据每一分钟更新一次。

事实上，在当下的政府治理中，各类政策、规划，都体现着"用户至上"的互联网思维。完善产权保护顶层设计文件出台、收入分配制度改革走向深入、"健康中国"展开蓝图……一项项顶层设计提纲挈领，以人为本；积分入户、随迁子女"异地高考"、居民异地办理身份证件……一件件民生实事落地生根，温暖人心。政府在管理服务转型的过程中，不仅从国家层面抓好医疗、养老、就业、教育等民众关切的重大民生问题，更着眼细节，积极配合、落实政策，扎实推进为民办实事。

（3）参与思维：构建公众参政新渠道。互联网构建了社会公众参与政府治理的机制，重塑了公众参与的主体地位。充分的公众利益诉求表达，是政府决策的重要基础。政府要为公众提供表达民意、沟通协商、合作共治的网络渠道和平台，对社会公众及时、准确地回应，满足公民网络参政、议政、督政的利益诉求。在互联网时代，从产品的研发、设计到营销，每一个环节都有用户参与。如今，这种互联网的参与思维，正在政府治理中获得越来越多的体现。

让民众参与的基础是信息公开。2015 年 8 月国务院在《促进大数据发展行动纲要》中明确规定了信息公开的三个步骤：第一步，形成跨部门数据资源共享共用格局；第二步，实现中央政府数据统一共享交换平台的全覆盖；第三步，逐步实现信用、交通、医疗、就业、社保企业登记监管等民生保障服务相关领域的政府数据集向社会开放。2016 年 11 月，国务院在《〈关于全面推进政务公开工作的意见〉实施细则》中进一步推进政务公开，规定涉及重大公共利益和公众权益的重要决策，除依法应当保密的外，须通过征求意见、听证座谈、咨询协商、列席会议等方式扩大公众参与。探索公众参与新模式，不断拓展政府网站的民意征集、网民留言办理等互动功能，积极利用新媒体搭建公众参与新平台。从中央到地方，各级政府都纷纷通过网站、微博、微信、APP 等多种形式推进政务公开。例如，2017 年"我向总理说句话"活动共收到网民留言超过 183460 条，短短 2 个月，就超过了 2016 年活动的总量。这说明政务公开和民众参与两者相辅相成。政务公开拉近了政府和人民的距离，民众参与也让政策和法律更好地为人们所理解和接受。

5. 引发网络文化惠民的理性思考

在网络文化惠民的实践中，尤其是围绕依托互联网信息技术推进治理体系和治理能力走向现代化问题，形成一系列理性思考。

（1）有效整合资源需要统合平台建设与顶层设计。网格化是当前基层社会治理创新的重要形式、重要环节，但是网格化是一项跨度大、覆盖面广、时效性强的系统工程，能否真正发挥自身应有的作用取决于顶层设计层面能否做好统一规划。在"互联网+"模式下，基层社会治理需要在全局层面的统一规划和部署的基础上建立起统一的政务服务数据平台，实现各级政府和相关组织所建立的各种应用系统平台的集成和整合。例如，电子政务系统平台、数字社区系统平台、智慧城市系统平台等。

（2）治理创新的互联网思维应立足社会公众的现实需求。"互动、联通和网络"是基层治理体系创新的互联网思维，也就是将开放、透明、互动等要素加入善治理念。社会治理的"互联网+"模式打通了与群众直接沟通的渠道，允许社会公众充分参与管理社会事务，进而实现议事过程的公开透明，满足了社会公众对政务公开透明等方面的需求。

（3）治理创新的信息利用和共享要有机制设计。"互联网+"模式下治理创新的目的是实现个人、单位、社区和政府的共管共治、共建共享。政府部门通过政务服务平台对市民、企业、社会实行有选择性、有针对性的数据开放，在自我运转和自我管理的过程中，把居民和有关单位组织起来，从"被动参与"到"主动参与"转变，有利于政府、市场、社会三者之间的良性互动，形成相互促进、相互影响、相互制约的依存关系。例如，在基础数据的采集过程中，可以通过激励机制，让社区居民及社区内的社会组织对所居住辖区的基础数据进行动态更新和监督；同时，还需要用规章制度约束数据采集主体的行为。

（4）改善治理质量需要提高数据甄别和筛选能力。数据本身是存在缺陷的，有些数据本身就是错误的，有些数据相互之间存在冲突，使用这样的数据会产生"数据噪声"，干扰分析和决断。政府部门要客观地认识大数据、科学地利用大数据，需要提高数据的甄别、筛选能力，为提高数据搜集和数据利用的质量提供技术保障。一是要有效改进数据统计、分析的方法和技术；二是加快推进对数据监测、数据检测和有关修复技术的系统性研究。另外，还要严惩数据造假和统计的违法行为，完善各级干部的考核体系。

（5）治理能力的智慧化需要数据治理文化。互联网的开放性增加了信息发布与传播的监管难度，引发了"劣质虚假信息漫天乱舞"。另外，主体之间没有在网络道义职责的基础上形成网络公共秩序，也造成了"网络无序"的问题。对于参与社会治理的各方主体，开展"互联网＋"文化的实践创新，需要培育和弘扬尊重事实、强调理性、要求精确的数据文化，即用客观数据说话。只有形成大数据思维，建立起用数据来说话、用数据来管理、用数据来决策、用数据来创新的数据文化和数据理念，才能不断拓展社会治理的社会功能。

（三）网络文化惠民工程的发展特征

20多年来，我国互联网取得了飞跃式发展，网络文化在产品开发、品牌建设、营销推广、制度规范以及与国际接轨等方面呈现出突出的发展特征。网络文化传播过程也呈现出网络的发展特征。

1. 网络文化惠民传播的草根主体掌握网络话语权

Web2.0时代的网络，交互性得到显著提升，微博、微信等新兴媒体的诞生，为草根主体（也就是普通用户）主动发声提供了平台，他们在接收信息的同时也可以上传信息，成为互联网内容的创造者。网络的虚拟性、匿名性与互动性保证他们可以将日常生活的情绪宣泄出来或是将内心深处最质朴的想法诉说出来，建构出一套符合他们内心向往，与时尚潮流接轨的话语体系。他们有着对现实社会生活的真切感悟，希望通过"草根"的方式来助推现实的变革。

2. 网络文化惠民传播内容走向文化多元化

主流文化具有鲜明的时代性特征，为社会绝大多数人认可与支持，并以此约束和指引公民的社会行为。一直以来，我国的社会主流文化强调公民的归属感与责任感，宣传具有中华民族优良传统和社会主义意识形态的伦理、道德、法制与秩序，由于采用灌输、宣传的方式，生硬地呈现给民众，对青年一代传播有效性比较低。亚文化的出现对于改进主流文化传播，提高其传播有效性大有助益。亚文化是网民的主动创造，它是年青一代在网络实践过程中所逐渐积淀下来的非主流文化，能赋予人可以辨别身份属性的特殊精神风貌和气质。主流文化本不过时，但主流文化的表现形式的确不能使人满意，借用好网络亚文化的有效表达方式来提高主流文化的传播效果，不仅有助于现阶段网络及整个社会的有序运转，更重要的在于未来。非主流文化与主流文化并存形成的文化多元化是社会进步的标志和社会发展的必然趋势。

3. 网络文化惠民传播渠道走向多元群圈化

个体的网络活动主要是浏览网页，这种活动的虚拟性强、互动性低。论坛、群组、豆瓣、微信朋友圈等新媒体的诞生，使个体更容易与他人联系，实现快速交友，以文化产品的评论内容为载体的小众聚合成"物以类聚"的生态形式，将有共同兴趣爱好的人们聚集起来，让他们建立起自我展示的平台，提供给他们挖掘、管理、记录个人兴趣爱好的空间，有助于提高用户之间的情感忠诚度，打破彼此间心理隔阂。群圈通过即时分享、共同工作或公共行动发挥作用。这种以熟人社会为特征的群圈文化，使各种虚拟社区越来越像真实生活中的人际圈。在这个熟人社会的群圈中，信息是安全的，它经过群圈中的其他人的筛查与过滤变得更加可靠，真实的信息与便捷的互动方式，创造出一个友好、安全的生活环境，方便了解与交流，相互帮助，相互关心。这里的信息还具有针对性，能够帮助人们提高信息搜索效率。群圈在虚拟世界中提供了一个真实的空间，让"圈中人"主动交流讨论，获得安全感、责任感与归属感，建立起强大的纽带，增强信任，让整个群圈更加稳定。群圈文化的出现是社会化媒体建构的虚拟社区整合人们的孤立、零散时间的结果。

4. 网络成为"政治文化"的消费平台

互联网的飞速发展对政治文化形成冲击。网络在我国已成为一种反映居民政治文化的平台。大家的政治观念、政治文化、政治行为以及整个政治生活都受到影响。按照美国政治学家阿尔蒙德的理解，大家对待政治体系、政治问题所形成的价值观、行为方式、态度、信仰和感情，就是政治文化。每个国家的政治文化都各具特色。而网络政治文化则是政治型网民"消费"政治信息以及网络政治参与实践所形成的政治认知、政治评价、政治态度和政治情感。作为主体的政治型网民、作为客体的政治信息以及作为场域网络政治实践构成了新的政治文化"亚"形态。与传统的政治文化相比，它的形式具有虚拟性、内容具有现实性、情感具有脆弱性以及政治态度要么极端真实要么极端虚假。从这一特点来看，网络政治文化对社会舆论的导向作用，居民要有序地利用这一平台参与政治生活，重要的问题是如何规范网络政治文化的环境。我国网络政治文化的要素呈现出东西南北的差异，网络政治文化的发展改变了我国传统的政治文化观念，但它也对我国政治体系和公民政治行为有着颠覆性的影响力。

5. 网络文化流行语成为反映公众情绪的"表情包"

随着互联网的普及与发展，网络已经发展成为人们日常生活中不可缺少的一部分，成为一种生活方式、言论空间、文化场域。语言是人类交往的重要工具，网络语言作为一种伴随网络而出现并迅速发展的语言现象，对我们的现实生活产生了很大影响，而网络流行语作为网络语言中最为活跃的一部分，更成为一道独特的社会文化景观。伴随着网络在中国的发展历程，网络流行语从网民交流的专属工具转而成为彰显时代色彩的文化标签，所蕴含的意识形态及社会属性得到强烈的呈现。它或是对事实真相的追求，或是对民生热点的关注，或是对不良现象的批评，或是对人们的生存状态的记载，网络流行语已经成为一种高度概括的社会现象，体现出我国公民在社会转型期政治、文化、娱乐等各方面的变迁与诉求，成为社会变化发展的见证者与建构者。网络流行语大多与生活情境有关，这些流行语不仅改变了网络文化生态，也在影响人们日常生活的语言构成。它以新的字词组合或各种新式符号建构社会事实，是中下层社会群体、阶层利益和社会需求在网络上的话语表达，并已成为反映当前中国社会生活的重要民意聚集地。网络流行语的出现，某种程度上反映了社会文化的稳定性与超越性的张力结构。

二、网络文化惠民工程所面临的现实问题

党的十八大以来，我国的网络文化惠民工程建设提上了重要的日程。我们既要深刻认识网络文化惠民工程发展的积极意义和重要作用，又要治理网络文化惠民发展中的一些乱象，从而营造风清气正的网络文化惠民空间。如何将网络文化惠民工作做得更好，如何让网络文化惠民工程更好地发挥其应有的文化功能，如何真正让广大群众在网络文化惠民工程的实施中更多地受惠得益，仍是我们需要认真思考的重大现实问题。为了解当前网络文化惠民工程实施的基本情况，2016 年课题组通过微信、QQ、二维码、网页发放问卷进行网络调查。共收回问卷 1027 份，其中有效问卷 1027 份，有效率 100%。以此作为样本对其基本信息加以说明。

（一）问卷调查反映的问题

1. 知晓度有待进一步提高

受调查的市民对于网络文化惠民工程听说过的占 31.65%，没有听说过的占 68.35%（见图 1-1）。对网络文化惠民工程没听说过的占总人数的一半以上，市民对其知晓度较低。因此，网络文化惠民工程的宣传力度、建设频率及内

部管理都应加强。目前最为重要的是加强宣传力度，让更多的市民了解网络文化惠民工程。

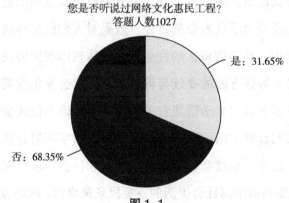

图1-1

市民了解山东省网络文化惠民工程的途径分为6种：①组织宣传占19.08%；②媒体传播占22.30%；③社区工作者的服务占4.19%；④群众相传占8.47%；⑤互联网网站占14.31%；⑥其他占31.65%（见图1-2）。这说明还需要联合多方面力量加大宣传，改善市民对网络文化惠民工程的看法和了解程度，提高市民参与度。

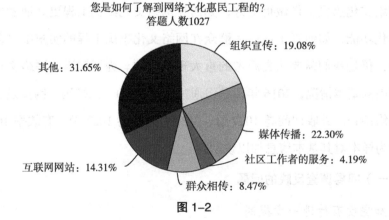

图1-2

受访市民对网络文化惠民工程落实情况的整体看法分为5种：①部分示范点效果明显占30.8%；②各地发展情况参差不齐，措施不力占38.3%；③不太了解这一工程的开展情况或不掌握使用的方式方法占43.8%；④统筹协调力度不够、没有在省级层面上形成统一的规划与协调占25.8%；⑤不太关心政府的网络文化惠民政策、感觉跟自己关系不大占21.8%（见图1-3）。过半的人不了解或不掌握、不太关心网络文化惠民工程，受众不参与比例高，显示了网络文化惠民活动在融入公众和基层、吸引群众广泛参与方面的欠缺。各地发展情况参差不齐、措施不力；部分示范点效果明显等也是主要看法。可见，不仅需要扩大网络文化惠民工程的群众参与度，还要提高其参与效果和服务质量，切实增强对群众文化生活的融入和影响。

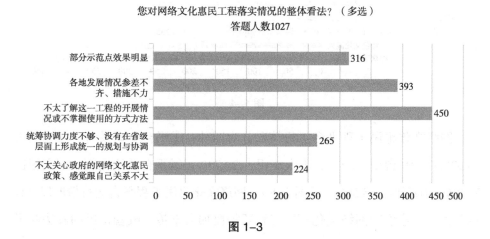

您对网络文化惠民工程落实情况的整体看法？（多选）
答题人数1027

图1-3

2. 缺乏有效的组织领导

问卷列出10个阻碍市民参与网络文化惠民工程建设的困难，各种困难所占比例为：①缺乏有效的组织领导占38.9%；②资金不足占24.1%；③人才短缺占27.1%；④技术保障问题占29.1%；⑤网络文化惠民方式（惠民机制）问题占33.8%；⑥基础设施建设落后占23.4%；⑦网络文化惠民内容不符合群众需要占18.3%；⑧相关地区、部门负责人不重视占22.9%；⑨特色文化流失占17.1%；⑩群众积极性不高占38.3%（见图1-4）。在阻碍泰安市民参与网络文化惠民工程建设的众多困难中，缺乏有效的组织领导和群众积极性不高所占比例最高。超过20%的原因有：资金不足；人才短缺；技术保障问题；网络文化惠民方式（惠民机制）问题；基础设施建设落后；相关地区、部门负责人不重视。网络文化惠民内容不符合群众需要、特色文化流失等原因也是我们应该注意并且需要改进的地方。从这道题中我们能清晰地看到网络文化惠民建设过程当中应该注意和避免的事项，能够给网络文化惠民工程建设提供最贴近民意的建议。

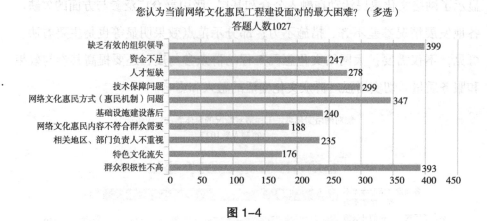

图 1-4

网络文化惠民工程平台运行情况分为四种：①平台更新及时、很实用占28.92%；②平台更新滞后、不太实用占24.73%；③平台从不更新、不实用占7.79%；④其他占38.56%（见图1-5）。网络文化惠民工程平台运行情况以"其他"为主，这说明网络文化惠民工程还需要加大宣传，改善市民的看法和了解程度，提高市民参与度。另外，有32.52%的市民对网络文化惠民工程平台运行情况表示更新滞后或从不更新、不太实用或不实用，有29.92%表示平台更新及时、很实用。因此，网络文化惠民工程平台建设与管理应该稳步发展，与时俱进为主，维持为辅。

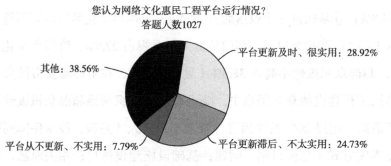

图 1-5

3.服务民生力求更加到位

受访市民对泰安市网络文化惠民工程中的典型代表"泰山幸福 e 家园"的定位分为以下 6 种：①互联网思维占 28.04%；②党的群众路线占 12.95%；③政府治理平台占 8.18%；④便民服务占 35.64%；⑤网络普及占 9.06%；⑥政绩工程占 6.13%（见图 1-6）。在认知度数据中，课题组发现广大市民准确把握了网络文化惠民工程的出发点即服务群众。该工程是党的群众路线在互联网时代的积极践行，不断满足基层群众日益增长的信息服务需要、增长知识需要、沟通联络需要和民主参与需要。

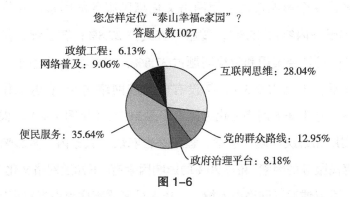

您怎样定位"泰山幸福e家园"？
答题人数1027

政绩工程：6.13%
网络普及：9.06%
互联网思维：28.04%
便民服务：35.64%
党的群众路线：12.95%
政府治理平台：8.18%

图 1-6

问卷列出 10 个促使市民使用网络文化惠民服务的主要目的，包括 9 个具体选项和 1 个变动项，各种目的所占比例为：①获取信息与知识占 53.5%；②表达和满足自己的网络文化需求占 40.5%；③网络问政占 29.9%；④解决实际困难占 38.6%；⑤享受便捷服务占 39.5%；⑥消费或销售占 14%；⑦休闲娱乐占 18.2%；⑧交友占 9.9%；⑨工作占 8.7%；⑩其他占 15.5%（见图 1-7）。根据数据显示，获取信息与知识、表达和满足自己的网络文化需求、享受便捷服务是市民使用网络文化惠民服务的主要目的；超过 10% 的参与目的有网络问政、解决实际困难、消费或销售、休闲娱乐和其他。交友和工作也占有一定的比例。在网络文化惠民服务的建设中，尽量满足市民获取信息与知识的要求，在享受便捷的同时也要注意市民对于网络文化的需求，解决他们的实际困难，提供畅通的网络问政渠道，从而让更多的市民参与其中。

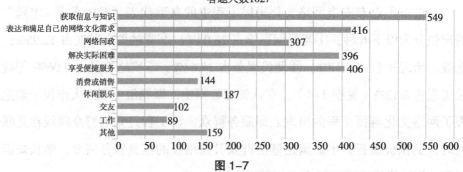

图 1-7

问卷列出9个影响市民使用网络文化惠民服务的因素，各种因素所占比例为：①服务内容占35.8%；②服务方式占27.8%；③手续、程序是否麻烦占37.2%；④是否实用和解决问题占37.8%；⑤不习惯通过网络办事情占17.8%；⑥不会上网占9.3%；⑦没有电脑或网络占9%；⑧工作人员素质态度占13%；⑨不知道网络文化惠民工程占31.3%（见图1-8）。根据数据显示，是否实用和解决问题，手续、程序是否麻烦，服务内容是影响市民使用网络文化惠民服务的因素，超过20%的影响因素有：不知道网络文化惠民工程、服务方式、不习惯通过网络办事情、工作人员素质态度也占有较多比例。

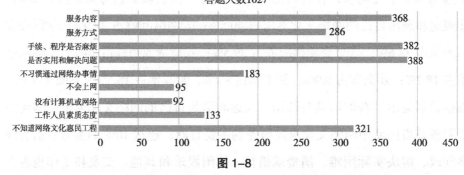

图 1-8

在网络文化惠民服务的建设中，满足市民实用需求，在简化手续和程序的同时也要注意服务内容；在完善网络文化惠民服务方式的同时加强宣传活动，让更多的市民了解并参与其中。

（二）惠民工程与党的群众工作关系问题

网络文化惠民工程是信息时代群众工作的新形式、新平台，这种"新"同时也包含了对各主体的新要求。新形势下，如何通过网络和文化惠民来加强与改进党的群众工作，这是一个新课题。

1. 网络文化给传统群众工作方法带来机遇与挑战

党员干部借助互联网这个新的文化和思想传播体，可以提高了解社情民意主动性、预见性和应变能力，通过这个渠道沟通政府与群众，可以提高党组织群众、宣传群众、教育群众、服务群众的本领和能力。同时，也给传统群众工作方法带来了挑战。表现在：受西方发达国家意识形态的影响，部分干部群众的世界观、人生观和价值观有西化的危险，进而影响对党和国家的路线、方针、政策的理解度、信任度和认同感。针对这种情况，需要从这些方面进行实践创新：第一，创新工作的体制和机制，提高针对性和实效性，扩大覆盖面和影响力，使内容更加广泛、方法更加新颖、途径更加多样、效果更加明显。第二，运用新型媒体发挥正面舆论的强势作用。第三，创新工作的方式和方法，增强时代感和吸引力。第四，用好互联网这个载体，完善网络工作的条件和手段。第五，提升党员干部的群众观念和网络知识，提高工作的能力和水平。

2. 屌丝文化对群众工作的启示

"屌丝"是当下年轻人自嘲幽默的用语，通过自嘲甚至玩世不恭的方式展现一个真实而独特的自我，具有"去中心化"、瓦解崇高、恶搞自黑等特征，后来在新媒体特别是微博、微信上的流行和普遍使用，并出现了各种表情包，极度的夸张、丑陋和扭曲。这种文化中的网络流行语简单、粗暴和直白甚至夸张、扭曲与粗糙，消解了语言的美感，但是这些用语通俗易懂、形象贴切、带有一种乐观与自嘲，不故意美化和粉饰生活，宁愿暴露生活中的惨淡与落寞，并且给予狂欢式的乐观积极态度，符合一些网络用户自我放任的喜好。这些特色语言完全是网络交流中自然而然的产物。这种文化特质与精英文化的用语相比，并不如其字面含义那般消极，而是直面现实人生的一种表达。

（三）网络文化"惠民"与"享受"间的供求问题

网络文化惠民工程的成效，最终要体现在群众的感受之中。作为一种双向互动的过程，党委政府的"网络文化惠民"与百姓的"网络文化享受"之间的有机对接，是增强网络文化惠民实效的一个关键环节。

1. 文化需求的认知把握问题

网络文化惠民就是要加强公共网络文化设施建设、产品和服务供给，满足人民群众多层次、多方面、多样化的精神文化需求，让人民群众充分享受文化发展成果，切实保障人民群众的基本文化权益。这是我们党立党为公、执政为民的执政理念在文化建设上的具体体现。实施网络文化惠民，首先要搞清楚群众想什么、需要什么，把他们"满意不满意、答应不答应、高兴不高兴"作为工作的最高标准，更好地发挥文化引领风尚、教育人民、服务社会、推动发展的作用。

网络文化惠民需求反馈机制跨度大、环节多，与整个公共网络文化服务体系建设工作密不可分。在实施网络文化惠民工程时，存在着对群众网络文化需求特征认知不足，对群众网络文化需求信息收集不力、网络文化供给与需求的匹配性不高、网络文化惠民对市场机制适应性不强、服务效能测评机制不够完善等问题。对群众真正的文化需求缺少研究，农村留守的妇女、老人，进城务工的农民工，新市民以及城市青年群体，中老年群体等，他们各自的文化需求都不同，不了解他们各自的文化需求，网络文化的"送"与群众的"需"就不匹配，文化惠民就难落到实处。一些网络热门事件并不新颖独特，就因为与当下的文化发生碰撞，触及人们敏感的神经才被广泛关注。这就说明，网络文化惠民工程需要发掘群众内生的网络文化动力，丰富网络文化生活，从而达到自我表现、自我教育、自我服务的目的。

从实际情况来看，许多地区网络文化惠民工程的硬件基本到位，这些工程和文化设施也已在网络文化惠民中发挥了积极作用，但却未能充分发挥这些工程的文化惠民功能。增强网络文化惠民实效必须双向互动。一方面，让群众广泛享有免费或优惠的基本公共网络文化服务，实现有效对接，让各种群众性文化活动紧扣百姓需求。另一方面，引导群众自觉地进行文化消费活动，培养良好的消费习惯，"供—求"匹配与引导最重要。

2. 文化产品贴近群众实际的问题

在互联网世界里，人们彼此相互关联，跨越身份背景平等交往，造就了多元文化的冲突和融合，带来了全新的文化景观。网络文化发展的初期或许处于边缘位置，但随着年青一代的成长，网络文化对现实社会影响日深，正逐渐向主流化发展。因此，必须将网络文化发展纳入经济社会发展的整体格局中予以考量，必须培育正能量的网络主流。只能用广大群众是否得益、是否满意作为衡量网络文化惠民实效的唯一标准。要在新时代更好地从精神文化层面惠民、利民和为民造福，就必须切实了解人民群众对精神文化生活的真实追求，就必须创作与提供出符合人民群众实际愿望的精神文化产品。要做到这点，必须坚持贴近实际、贴近生活、贴近群众的原则。只有"三贴近"，才能真正提高网络文化惠民工程的实效，让广大群众真正从网络文化惠民工程中得到"网络文化享受"。近年来，全国各地积极推进网络文化惠民工程，在丰富广大群众的文化生活方面取得良好成绩。但也应当看到，在推进网络文化惠民工程的过程中，还有一些地方对工程的文化和惠民功能认识不足，并没有让群众从这些工程中真正受到文化之益、得到文化之惠。

我们的时代与现实的社会生活是一切文化创造的沃土与富矿，只有把"触角"真正深入基层，才能创造出人民群众喜闻乐见的作品。只有来源于人民群众，并且经检验是人民群众喜闻乐见的网络文化形式，才更富有活力与生命力。因此，对距离基层群众最近的网络文化形式我们应予以大力培植。如今人们享受网络文化生活的方式很多，除电视、电影、网络及各类大型演出，各地都有很多富有地方特色的网络文化形式与门类。但总的来说，由于一些行业及地方对文化活动商业效应的过分看重，对根植于最基层的文化形式与门类缺乏足够重视，结果是越是"草根"文化团队，越是生存艰难或者少有打拼与展示的舞台。这样的局面应该尽快打破。

3. 网络文化的"泛娱乐化"问题

应该承认，网络文化已"泛娱乐化"，不论什么内容都披上娱乐化的外衣，过度娱乐化乃至低俗化，对文化惠民工程产生直接的不良影响。在"注意力经济"时代，一些娱乐明星为了保持或提升知名度，不断增加曝光率以抢占头条。公众的窥私欲加之一些媒体基于逐利动机下的投其所好，给舆论环境泛娱乐化的现状添火加油。但当娱乐新闻膨胀至逐渐占据舆论场的主流时，必然会减弱公众对时政、社会、文化新闻的关注度。随着自媒体的蓬勃发展，每个人都可拥有自己的"麦克风"，个人的话语权得到空前提高，同时也让人们"打开微博，有一种皇帝批阅奏章的感觉"。但是不可否认，现阶段，不论是政治事件还是明星家事，我们的话语权似乎充斥着娱乐范儿。其成因也远非网友的麻木不仁这么简单。改变舆论场泛娱乐化的现状，需要所有媒体都必须坚守职业操守，不忘媒体的社会责任与价值定位。同时，相关监管部门应加大对各类媒体的引导力度，分类指导和管理，对恶意推动舆论走向的行为，且拒不整改或整改不力的，要严肃问责，净化舆论场的不良风气。

（四）惠民工程服务对象的差异性问题

在特定的社会环境所规约的特定生产条件下，网络文化消费者总是面对具体的网络文化产品。从另一个方面说，网络文化产品总是面对着生活于特定社会环境中的网络文化消费者。网络文化消费者赋予了网络文化产品一系列可能的意义，但这些意义并不能从网络文化产品的物质性或网络文化产品的生产手段和方式中得到真正解读，而解读的基础只能在于对网络文化产品生产的社会基础与社会联结性的追问。对于网络文化产品所蕴涵意义的关注，就是要去发掘这种意义的"社会性"，利用网络文化产品的意义去建构社会关系，借以实现不同的社会功能。任何社会都不可能是一个具有高度一致性的同质体，应当是包容着众多群体差异的混合体。在不同群体的同一时空中的社会博弈，会带来不同群体文化地位的价值位移，产生中心与边缘、主流与附属、支配与被支配、上层与下层以及少数与多数等的对应差异性，从而展示出"文化是由人们构建的、既有权威又有参与性的结构""文化远远不是单一的、统一的或自成一体的"。[①] 在群体存在的层面上，"网络文化"一词所表达的是特定群体的生活方式以及阐明意义的实践活动和结构。作为表达着群体社会博弈的网络文化，虽然时时在进行着对他者的排斥与贬低，但实际上仍是不可避免地含有外来的或他者的成分以及差别等。如果人类一切活动取决于控制一个极不稳定的现实，而网络文化只能提高主观意志和约定俗成才能接近这个现实，我们就是以网络文化的形式处于一个不断被创造或被毁灭的世界中。从网络文化产品的意义是网络社会关系的建构看，在网络文化产品服务对象差异的基点上所进行的"高雅文化"与"通俗文化"或"精英文化"与"大众文化"的区分，实际上是意识形态构建的一个产物，它所履行的是"有意识或无意识地使社会差别合法化的社会功能"。[②]

1. 多重性价值观的客观存在

网络文化作为一种新的文化生态，对政治治理和公共领域有积极影响，但是对文化发展和价值观建设也有消极影响。网络文化中的文化盲从导致一些不稳定、不成型的价值态度、文化品位，一些嘲讽、玩弄、批判、围攻主流意识形态，并借助网络载体广泛流传，在思想内容和话语体系上构成了对主流意识形态和核心价值观的消解力量。另外，一些碎片化、快餐化、表面化的网络文化产品通过改变主导文化作品的意义，误导大众对主流意识形态的理解，对主流意识形态以及整个社会的文化价值观产生了强大影响。对于网络文化中客观存在的多样性功能和多重性价值观，我们要从后现代主义的思维出发，用社会主义核心价值观引导其沿着正确方向发展，将"解构"转化为"建构"，将"挑战规范"转化为"确立规范"，使之真正成为社会主义文化的重要组成部分。

2. 网络个体封闭和固化的产生

网络文化在一定程度上也会导致人们远离现实生活。与人们置身其中进行自我感受与体验的社会文化相比，网络文化具有虚拟性。网络文化主义依

---

① 萨义德. 文化与帝国主义 [M]. 李琨，译. 北京：三联书店，2003：17–18.

② 斯道雷. 文化理论与通俗文化导论 [M]. 杨竹山，等，译. 南京：南京大学出版社，2001：303.

靠互联网的作用，这种跨越时空的文化传播，促使人们不断地获取来自世界各地的信息。我们不再依靠自身的体验与判断来感受这个鲜活的世界，而是希望通过网络来提供我们所需要的一切。根据美国皮尤研究中心的调查显示，在借助互联网与智能手机进行信息的获取时，我们面对海量庞杂的信息，有时变得"无所适从"和"不堪重负"，产生信息过载的现象。海量的信息绑架人们的生活，让人们不断地沉迷于其中，而忽视了与现实世界的互动。以典型的人与人的沟通为例，Facebook、微信两大通信工具占据了多数人在现实中与他人沟通的时间，出现了"手机控"和"低头族"等。人的主体性在手机面前消解，甚至被手机奴役，过着像马克思所说的"异化"生活，导致人们一离开互联网便无所适从。就像一个段子一般："为什么要追我？因为你身上有 Wi-Fi。"形形色色的网络文化丰富了人们的生活，然而其过于丰富的形式也占据了人们的正常生活，成为网络文化的附庸。网络文化以其丰富的内容吸引着大众向其不断靠近，在靠近的同时忘记了自己真正生活的现实世界。人们一方面害怕孤独，于是渴望在网络中寻找群体的依赖感和存在感；另一方面是对现实生活的厌倦，渴望在网络的世界中找到一些安慰。互联网很容易使人们固守原有价值观，这使得人们获得的信息越来越同质化，容易陷入"信息茧房"；使得人们执着的某一价值观日益固化，容易形成"观念气泡"；使得人们习惯的文化内容一再重复，容易带来"井底文化"。

3. 网络群体撕裂和对抗的形成

网络文化偏爱标签化，但是由于多元文化的传播，网络舆论又易于两极化，公共事件和公共议题一出现，在网络上就会形成热议，热议中常会出现一言不合即互相攻讦的局面，非理性言论屡见不鲜。非理性的网络文化有可能放大社会矛盾，造成社会群体之间的撕裂乃至对抗。而且随着网络的发展，冲突的范围将会不断扩大。这种现象由两方面的原因造成：第一，民族文化的共通性增强；第二，信息技术发展的不平衡，使力量相对弱小的国家更有可能受到文化冲击。如果这些国家不采用高科技手段保护和宣传本国的文化，将产生两个后果：一是处于国际网络文化竞争的劣势地位；二是危机民族语言和本土文化的生存。新闻的地缘中心性和民族中心性特点，使得网络新闻传播中的国际政治舆论更趋激烈，存在意识形态对峙和国家利益冲突。

4. 网络空间的历史撕裂和虚无化

在网络文化中，历史为叙事和人物塑造提供了源源不断的素材。但一些作品或是为了追求戏剧化效果，或是疏于查核考证，历史变成了"任人打扮的小姑娘"。网络的虚拟与现实相统一，使得历史如在网络空间被歪曲、被虚无，那么在现实空间也会丧失扎根的土壤。面向未来，一个失去历史地平线的社会必然出现"绕树三匝，何枝可依"的迷茫，民族国家接续的血脉与优秀文化的传承也成问题。

（五）网络文化惠民产品的多重属性问题

互联网不仅对我国的经济、政治和社会的各个层面产生深刻影响，也催生了网络文化，带来全新的文化景观。网络文化从广义上讲，包括网络文化产品、网络文化行为、网络文化事件、网络文化现象、网络文化精神等不同方面的内容。其中，网络文化产品能够最为集中地体现网络文化所具有的开放性、多元性、分权性、集群性、参与性等特质，其发展状况直接反映着网络文化的演进。所谓网络文化产品，是指以各种网络传播手段为外在形态的文化产品，一般来说可以分为两类: 植根于传统文化产品土壤又有自己独特"基因"的网络文化产品; 网络新技术、新应用催生的新型网络文化产品。网络文化产品既反映现实社会，又深刻反作用于现实社会，网络文化产品的发展对经济社会发展有着重要影响。

1. 网络文化产品的"资本性操控"与文化的多元化

在网络文化惠民工程的发展过程中，技术手段的革新对于网络文化的革新起到了一定推动作用，但是网络文化的形成主要还是取决于网民的网络实践。网民的网络实践表现为一种自发行为，是其内心诉求的真实写照。在资本的操控下，各种各样夺人眼球的文化样式在网络上层出不穷。为了吸引网民的关注，提升点击率，网络中涌现大量"标题党"炮制的题文不符的信息，甚至还充斥着各种千奇百怪的虚假信息。网络文化如果被资本的力量牵着鼻子走，网民就容易被引入一个个范围很小的"信息茧房"并排斥其他形式的文化。换言之，一旦资本的力量操控了网络文化，排山倒海的同质化信息使得网民很难从资本建构的"信息茧房"里破茧而出，网络主流文化就很难让广大网民接受和认同。网络文化产品生产的开放性带来了文化的多元化，表现为参与主体的多元化、形式的多元化、审美标准的多元化、价值取向的多元化等。在网络文化产品井喷式的生产与传播过程中，会把以往被抑制的公众的文化创造力充分释放出来，使得以往被忽略的各种小众化甚至个性化文化需求得到满足。现实当中，网络文化产品总是处于不断升级的进程之中，所带来的过于快速的升级变化形成网络文化总是在浅层流动的情形，难以形成深层积淀，甚至会带来一些文化乱象的产生。

2. 网络文化产品与万众狂欢的"粉丝经济"

真正有活力的网络文化产品往往是来自网民的创作，在这些文化产品的创作与传播过程中，呈现为一个万众狂欢的情形，网民分享着自己的思想、情绪与态度，也借此融入群体、获得归属感。这种万众狂欢会带来文化的趋同，虽然很多人参与网络文化产品创作与传播的初衷，可能是对单调文化生活的一种"反叛"，但是在实践中又往往表现为文化上的跟风现象。网络文化发展中的这种多元化的参与，最终就可能带来新的文化趋同，甚至在一些时候这种万众狂欢也可能造成群体性迷失的状况。

网络文化产品既继承了传统文化产品的盈利模式，又带来了全新的盈利模式，尤为突出的就是粉丝经济。网络文化产品以作品或创作者为纽带，把具有共同兴趣与价值取向的粉丝连接在一起，并在粉丝与作品或创作者的互动中不断强化粉丝的归属感与参与感，从而推动作品的传播和价值实现，形成粉丝文化的产生机制，奠定粉丝经济的坚实基础。正是这种网络文化产品使得分散的粉丝个体能够集结为粉丝群体，由此带来了一些非常值得关注的问题。在消费主义与功利主义的刺激下，大众传媒的娱乐功能被异化，通过颠覆历史、恶搞经典、人为炒作等方式博取大众眼球，以一种娱乐化、低俗化的方式向大众传播信息，混淆大众视听，使人形成娱乐化的习惯，忽略了对社会严肃话题的思索，阻碍了精英文化的传播。在这种泛娱乐化背景下，扭曲了人们的审美观，阻碍了他们审美素养的提升。我们可以看到各种娱乐节目的长盛不衰，明星的八卦成为新闻头条，处处充斥着嘈杂与浮躁，直播平台更是让人看到了外貌的力量。通过毫无底线的营销手段变得习以为常并引向大众狂欢，各种以金钱、美貌为评判标准的价值观得到宣扬。对名与利的追求、对他人隐私的窥探成为一种乐趣，乃至以歪曲事实作为谋取利益的工具，这无疑促使人们走向拜金主义、盲目追星与追名逐利的价值取向。尤其是在娱乐范围泛滥化的影响之下，媒体丢弃了道德使命和伦理认同等社会责任，忽视传播内容的整体水平，进入什么都可以开涮、什么都可以恶搞、什么都敢娱乐的去理性化时代。许多不合常理的事件被疯狂转发、热议，网络谣言四起混淆人们的视听，各种无厘头的信息也被疯狂传播，这种缺乏合理诉求的传播，会导致娱乐化情绪，阻碍人们的理性思维。泛娱乐化时代，带来娱乐成了"愚乐"。人们处在这样的信息环境中，非常容易丧失自己的判断力，在审美判断中随波逐流，将无厘头的恶搞、网络红人的炒作当作一种美，不假思考地对"丑"的内容进行接收，从而进一步影响了人们的审美判断力，出现以丑为美的情形。

3. 网络文化产品的消费差异与群体间的文化隔阂

在网络文化产品中，存在着一定的小众性与专属性，对于不同群体认同与消费的网络文化产品是不尽相同的。网络文化产品消费的不同偏好，会在一定程度上带来群体间的文化隔阂，在网络游戏方面表现得尤为突出。青少年把网络游戏作为一种新的社交方式和生活方式，而中老年群体中的许多人会把网络游戏视为"电子鸦片"，担忧青少年会因为网络游戏而玩物丧志。长期以来，家长与孩子因游戏而产生的这种隔阂、冲突从来就没有停止过。在网络文化产品消费中，除了这种代际差异之外，还存在其他差异，如性别差异、地域差异、阶层差异等。群体间的文化消费差异在网络文化产品消费方面的表现，从积极的方面看，这种消费差异可以带来网络文化的多样性；从消极的方面看，如果各个群体固守着自己的文化偏好，就会给社会的沟通、整合带来严重的障碍。

由于网络文化本身具有商业性的色彩，因而部分网络媒体为谋取经济利益，为了满足人们的好奇心，博取大众的眼球，进行低级趣味、低俗文化的传播。比如低俗化的小说、色情视频，蓄意制造各种奇谈怪论，通过明星的八卦新闻进行大肆炒作等。这些低俗的文化以一种隐蔽或者十分显眼的方式展现在人们面前，降低了人们的审美，只是在满足人们一时快感的同时显得毫无意义，让人再一次陷入了空虚与无聊。受众的层次不一，而网络监管体制又有待完善，在利益的追求和人性的弱点下，网络文化也有其低俗化的倾向。

三、网络文化惠民工程艰难前行的原因

网络文化惠民工程的推进中还面临着许多现实问题，但以网络文化惠民涵养中国特色网络文化，是我国社会主义文化建设理论在网络时代的又一次创新，是国家和社会发展的需要。这就要求我们必须认真研究网络文化惠民工程中所面对主客观及环境原因。

（一）党委政府主导作用发挥问题

党委政府如何让百姓最大限度享受文化发展成果的建设措施，既向农村地区倾斜，也不忽略城市文化建设，提供高质量的网络公共文化产品和服务，发挥文化引领社会思潮、浸润人心、分流社会压力的作用，还需要强化科学统筹的主导作用。

1.对实施目标和所要发挥的功能认识不足

从当前的实施现状来看，存在问题较为普遍：第一，网络文化惠民工程建设发展不平衡，表现在东西部、城乡之间存在"数字鸿沟"；第二，无论是普及率、应用状况，还是对国民经济的贡献及企业的国际竞争力，互联网还有差距，总体发展水平还比较低；第三，从业人员的整体素质有待提升，网络舆论调控和引导的艺术性还需加强；第四，网络管理的法律法规还不健全；第五，网络新技术研发缺少自主知识产权，管理技术准备不成熟；第六，网络环境还需要进一步净化。除此之外，在网络文化惠民工程的推进过程中，

方法路径还比较单一，缺乏紧扣新时代特点的有效举措。对网络文化惠民工程的自身宣传没有提到一定的高度，网络文化惠民工程的典型示范点，各类媒体深入宣传力度不够，致使许多部门和广大基层群众不太了解这一工程的开展情况或不太了解掌握使用的方式方法。推进网络文化惠民工程中的统筹协调力度不够。在国家层面上没有统一的规划与协调，从而造成相关部门各自开展相对独立的网络文化惠民工作，没有形成全局思想同心协力，浪费了人力、物力、财力，浪费了宝贵资源和有效时机。

2. 对文化资源的发掘和利用思路不够宽

文化是历史的积淀。历史文化是可遇不可求的稀缺资源，历史文化可以塑造一座城市的文化个性进而确立一座城市的文化特色。深度挖掘历史文化，不仅是对历史文化精神的发扬光大，还是盘活历史文化资源、打造独特文化名片，提升文化软实力的重要途径。保护文化遗产就是保护民族的一段历史。文化遗产都具有历史的价值。但是，在对待文化遗产的问题上，我们的头脑中存在重政治、重经济，薄古厚今，不按照文化生成的规律去思考和办事的现象，在历史文化资源的挖掘、保护与开发、利用等方面还存在诸多问题。对历史文化资源发掘利用的意义认识不到位，一些历史文化资源在开发保护中存在"浅表""单一"问题，历史文化资源发掘利用不够深入，缺乏有效资源整合。我们注意到，在对当地的地方文化资源和民间文化资源的挖掘与利用方面，有许多地方还是做得不错的。一些地方在网络文化惠民工程实施中，注重让基层群众成为基层网络文化活动的主要力量，收到了很显著的网络文化惠民效果。但也有的地方在实施网络文化惠民工程中，不重视对文化资源的积极发掘和广泛利用，眼光和思路集中在政府文化资源与在国有文化单位相关资源上，缺少对当地的地方文化资源和民间文化资源的挖掘与利用，对群众喜爱的民间文化活动和民间文化队伍缺少必要的扶持、引导。我国各地的民间文化资源极其丰富，民间文化形式多样、人才众多，理应将地方文化和民间文化纳入优秀传统文化传承体系的建设之中，这样才能更好地发挥网络文化惠民工程在弘扬中华民族传统文化方面的作用。

3. 工程的推进制度与机制不协调也不健全

中办、国办印发的《关于加快构建现代公共文化服务体系的意见》是网络文化惠民工程的法规依据。相关的工作标准有五个方面：第一，坚持以人民为中心，以社会主义核心价值观为引领的服务价值取向。第二，坚持标准化、均等化发展的服务发展目标。第三，坚持接地气、近乡土，传承和发展优秀传统文化的服务内容。第四，促进文化与科技深度融合、文化事业和文化产业协调发展的服务形式。第五，坚持改革创新的服务保障机制，建立公共文化服务体系建设协调机制、公共文化服务评价体系以及健全文化法律制度。按照这些标准，网络文化惠民工程的具体管理还有这些问题：第一，网络文化管理部门缺乏统一管理规划。第二，网络文化管理机制不健全，表现在：没有完全厘清承担的职责，制定的各种政策、规则，存在彼此冲突、相互矛盾的现象。第三，网络文化管理绩效考核不到位，没有明确什么部门应对疏于处理有害信息的管理而带来的社会负面影响的责任。第四，民间组织在网络文化管理中缺位。第五，网络文化惠民工程的实施缺少监督、评估和检查，缺乏有效的考核机制。

（二）网络文化的"双刃剑"功能

网络文化惠民工程的惠民渠道是网络文化，而网络文化本身是一柄"双刃剑"。一方面，网络文化丰富人们的生活，让交流更便捷；另一方面，网络文化正在成为对我国当下社会生活具有影响力的文化，随着社会发展呈现出新的特性。

1. 网络舆论的"怀疑批判"与"网络暴力"

网络舆论已经成为一种文化形态，它的影响力甚至是杀伤力不可小觑。互联网为人们表达观点提供了非常便捷的途径，作为一个公共领域的互联网的虚拟环境，很容易在网络狂欢的表象下隐藏真实意图。在这种情境下，公众既可以对不良社会行为和现象口诛笔伐，但也有可能走向极端，负面的言论会给无辜的人们带来巨大的伤害。网络舆论也表现为，既有真正想要表达自己真实意愿和观点的"怀疑批判"，也有披着批判的外衣攻击他人的"网络暴力"。处理好两者的关系，遏制网络暴力需要从这些方面入手：第一，提升和完善网络监管，健全互联网法律。第二，加强技术层面的控制，例如手机号和微博实行实名认证。第三，提升网络公众的自身媒介素养，提升他们的媒介使用习惯。

2. 网络言论环境的"道德绑架"与"正义使者"

互联网是一个巨大的公共领域，网络文化中的道德绑架，主要表现在两个方面：一是针对社会的不良现象，以正义使者的身份来进行道德绑架，这样的评论带有更多的主观色彩。例如，当国家面临地震、爆炸等灾害时，对捐款数额的评判。二是站在道德的制高点来评判他人的生活和选择。例如，针对一些公众人物私人生活的道德审判。在第二种情况里，如果真实客观的评论是合情合理的，但是完全尊重他人对于自己生活的选择，以扭曲的价值观或者不合理的观点来指责他人，就是道德绑架。这种行为的背后是彰显自己人格"高贵"的心理。遏制或消除这种现象，首要的是提高国民素质，转变思想观念，以及意见领袖的引导，共同营造良好的网络言论环境。

3. 网络文化的自身特性与媒介属性

在当下的信息时代，"互联网＋"已成为一种必然趋势，互联网促进了言论传播和思想交流，进而改变了人们的生活方式和习惯，也就是说，底层物质基础的变化引起上层意识形态的变化，这是媒介技术对互联网文化形成的最直接影响。例如，人们的信息获取、网上购物、在线教育、休闲娱乐等都离不开网络。但是，更多的影响则是间接产生的。网络技术只是推动社会进步的一个重要原因，还与国家政治制度、经济政策、文化发展策略等有关，而网络文化的形成与发展也必然与国家对于网络平台的监管和相关法律的制定有关，并不是媒介自身所能决定的。例如，改革开放以来，我国的社会生活发生了翻天覆地的变化，这些变化并不完全是由于互联网技术所致。

（三）文化传播中的"反文化"现象

网络是文化的载体，文化是网络的表现形式。在网络文化带来社会生活各方面变化的同时，"反文化"的特征也日趋明显。"反文化"是"以反取向思维和行为，切入人类的既成文化和现实文化，以揭示、指控、匡正人类'负历史'的存在及其逆人类意志和利益的演进趋势，以披露人类文化'负价值''负增值''负积累'及其施布于人类的灾难为主体职能的一种文化类别。"① "反文化"是与主文化相对立的，会对主文化提出挑战或呈现出相反的发展趋势。

1. 网络文化中的"反文化"倾向

网络的兴盛极大地改变了我们的生活世界，进而使社会呈现出与以往社会不同的特征，这些差异既是外在的又是内在的，表现在交际娱乐与工作消费、精神状态与社会整体意识等方面。由于传播及其技术在我们的文化中从来就扮演着双重角色，媒介的变迁使文化产生异化，从一定层面上来说，它从产生就带有浓重的"反文化"色彩。在形成上，它有两个方面的原因：第一，网络的开放性加大了对个体行为控制的难度。网络上存放的信息是公开的、共享的，任何个体接受或者传播各种信息只需一台联网的计算机，无须登记，就可以把任何未经过滤和选择而承载某种思想观点的信息传播到全球各个角落，整个过程完全匿名，这就为网络中不符合社会主流文化价值体系的"反文化"提供了滋生和蔓延的环境。第二，与广播、电视、报刊等传统媒体相比，网民只要找到相应的网址就能依个人兴趣随心所欲地浏览信息，也可以借助BBS、微博等新媒体自由发布信息。由于监管困难，政府作为"把关人"的角色相对薄弱，在一定程度上也助长了"反文化"的滋生与蔓延。

2. 网络文化的双向互动传播

网络环境下的文化传播与报纸、广播、电视等主体传媒相比，是双向互动的，具有三个特征：第一，信息的传播者与受众成为真正意义上的平等交流伙伴，不再享有信息特权；第二，网络用户平等地发布信息、平等地开展讨论与争论；第三，舆论监督功能的威慑力量在网络振荡中被不断放大。从这些特点来看，互动式传播内含着天然的民主亲和力与自由召唤力。以这种方式传播的网络文化也具有双向性，表现在：第一，降低了文化参与的门槛。作为一种文化传播手段以及具体的文化内容，以快速、广阔的覆盖面改变了

---

① 毛志成. 中国"反文化"概论[J]. 文史哲，1996（4）.

人们的生活，促进了社会文化的发展，具有正向功能。第二，带来一定的危机。信息的发布者与接受者之间，接受动态信息时也在发送自己的观点与意见，这种宽松的环境使交流具有很大的自由度。在经济利益的刺激下，庞杂的网络文化，由于其开放的体系，容易使网络文化低俗化、娱乐化，从而呈现负向功能。当具有不同民族、不同文化背景的网民用网络交流时，既可能产生积极的、先进的文化，也可能会产生不利于社会和谐稳定的"反文化"现象。

3. 西方人生观、价值观和道德观的政治渗透

网络消除了地理与时空对文化传播的阻碍，创造了一个可以进行全球沟通的便利场所。不同的思维模式，不同文化的碰撞与交流使全球不同文化趋于一体化。然而，语言上的霸权地位使西方人生观、价值观和道德观在网上处于主导地位。例如，全球互联网中95%的内容都是用英文传播，包括中文在内的其他语系只占2%。一些国家针对不同民族文化背景的网民，在网络上宣扬本国的准则、制度、经济文化等，拉近距离产生信任感，改变本国在世界人民心中的形象，让他国人接受并敬仰他们的价值观。这是一种政治渗透的手段，不仅动摇了民族自尊心与自豪感，还在一定程度上影响中国特色社会主义、社会主义文化体系的建设以及建立和谐稳定的社会秩序与规范。

（四）惠民工程价值揭示的滞后

对为什么要实施网络文化惠民工程，网络文化惠民工程应达到什么样的预期效果，如何根据所要达到的预期效果，根据不同群体的不同文化需求，有针对性地开展网络文化惠民工程等缺少深入研究，缺乏应有的顶层设计。

1. 惠民工程的"以人民为中心"

实施网络文化惠民工程，必须坚持牢固树立以人民为中心的工作导向，把人民群众是否关注、是否欢迎作为首要标准，着力为群众提供有丰富滋养的精神食粮；必须抓住社会主义核心价值观这个根本，弘扬主旋律、传播正能量，确保群众文化始终沿着正确方向发展；必须坚持成风化人、凝心聚力，发挥文化的教化功能，实现"文化乐民"向"文化育民"的不断提升；必须以构建现代公共文化服务体系为着眼点，从实际出发，因地制宜，促进基本

公共文化服务标准化、均等化。只有这样，网络文化惠民工程才能不断开辟新境界、打开新局面，才能让人民群众精神文化生活不断迈上新台阶，为实现中国梦凝聚起强大精神力量。

2. 服务型政府的网络文化治理

作为社会主义和谐文化建设重要内容的网络文化建设，推动了文化的开放化、大众化、生活化，极大地丰富了当今社会文化的形式与内容。网络文化惠民工程，不仅强调为民服务，同时还强调服务方式的创新，要建设服务型政府，就必须发挥网络信息技术的载体作用，把线下办理的事项扩展到线上。在互联网信息时代，只有实现优秀的网络文化资源数字化，才能够真正被广大群众所共享，更好地展现公共文化惠民的时代价值。作为长期执政的中国共产党来说，与时俱进的一个重要表现就是要善用网络，这既是党和政府组织"善治"的基本要求，也是党员、干部做好群众工作必须认真研究的重大时代课题。习近平总书记在几次网信工作座谈会上关于网络安全、网络健康发展的重要论述，表明网络民情不再是一个对于政府而言的"边缘"概念，而是联系群众的桥梁、做好群众工作的把手、拉近群众距离的渠道。关注网络政府与群众沟通平台、重视网络民情不是赶时髦，也不是花拳绣腿，而是实实在在的现实需要，在网上听民声，网下解问题，已经成为做好群众工作的新思路、新方法和新渠道。

3. 国家治理中汇聚民意的施政艺术

群众的意愿能否顺畅地上传，这是做好群众工作的重要环节。现实中收集民意存在着成本问题、时效性问题，网络能够传统民意收集方式，给政府开辟一片问政于民、问计于民的新天地。在网络平台，政府可以面对最坦率、最犀利、最敢言的群众，寻溯群众问题中最本质、最深层、最根源的东西，并从中获得一些"诱导式的启示"，激发出创新的思想火花，为更好地做好群众工作打下良好的基础。对于网络民意，习近平总书记指出："对广大网民，要多一些包容和耐心，对建设性意见要及时吸纳，对困难要及时帮助，对不了解情况的要及时宣介，对模糊认识要及时廓清，对怨气怨言要及时化解，对错误看法要及时引导和纠正。"①党员干部要把"常上网看看"作为一种工作常态，既要"看"，又要"记"，还要"做"。能否善用网络为群众工作服务，成为考验领导干部执政水平和能力的重要标尺，是新时代习近平总书记对全党提出的新要求。党员、干部必须按照习近平总书记的要求，高度重视网络民意资源，在包容和耐心中，架起一座通往群众心底的桥梁。

在网络文化惠民工程的理论支撑上还有许多工作要做。应充分发挥理论智库特色，创新宣传模式，发掘典型经验，通过理论研讨和实地调研，凝聚理论界智慧和力量，以理论大众化视角，充分展现各级党委政府积极适应人民群众新期待、新需求，主动运用互联网新技术、新应用的惠民理念和践行网上群众路线的成功实践，并把这些典型升华到理论层面，为党委和政府决策提供参考，为改革发展稳定大局提供智力支持，创造良好舆论氛围。

（五）实践探索过程的长期性

网络文化惠民工程在实践中还有许多问题是需要不断探索的。习近平总书记指出，建设网络强国"要有丰富全面的信息服务，繁荣发展的网络文化"②。这一论述强调以与时俱进的高度文化自觉，发展网络文化、推动网络文化强国建设。实践中，必须对网络文化惠民工程发展中的几种关系进一步科学把握。

1."一元统领"与"多样共生"

我国社会主义的性质决定了中国特色的网络文化充满活力、多元多样。一方面，网络文化建设要坚持以社会主义核心价值体系为指导；另一方面，还要满足广大人民群众多样化的精神文化需求。在对待两者的关系上面，要把二者结合起来，正确处理好传统文化与外来文化、主流文化与非主流文化、高雅文化与大众文化的关系，承认差异、尊重个性、鼓励创造，坚持和而不同、求同存异、兼容并包，并用一元化的指导思想引领多样化的网络文化思潮。另外，要不断缩小地区间、城乡间的"网络鸿沟"，把满足人民群众不断增长的精神文化需求作为出发点和落脚点，提供形式多样、生动活泼的网络文化产品和服务。这一特点决定了中国特色网络文化还是一种广泛群众性文化，

---

① 习近平 . 主持召开网络安全和信息化工作座谈会 [N]. 人民日报，2016–04–20（1）.

② 习近平 . 努力把我国建设成为网络强国 [N]. 人民日报，2014–04–28（1）.

需要帮助广大人民群众提高法律、道德、科学、文化素质，建设共有的精神家园。

2.＂市场驱动＂与＂政府引导＂

互联网是各种文化思潮共同竞争的＂公开市场＂。吸引力决定传播力，传播力决定影响力。这就意味着，谁能适应市场需求，谁就能占有网络文化市场。＂市场驱动＂要求网络文化市场体系健全、网络文化市场准入、竞争、退出机制完善，这样才能促进网络文化资源合理流动。然而，作为网络文化主渠道的网络文化产业骨干企业的壮大和发展也需要＂政府引导＂。通常采用设立政府主导、社会资本参与、市场化运作的互联网发展基金的方式，扶持互联网企业参与国际化竞争。政府提供＂引导＂，需要转变职能，强化法律、规划、政策等宏观指导，主要有：首先，要把网络文化纳入文化创意产业发展规划，形成鼓励网络文化产业发展的优惠政策。其次，应当加强网络法律体系建设，严厉打击网络盗版行为，进一步规范网络文化生产传播的秩序。最后，必须建立科学高效的网络文化管理体制，切实维护健康、理性网络文化在网上能够占据主流地位。

3.＂专业生产＂与＂群众创作＂

网络文化建设是一项高度复杂的系统工程，需要兼顾专业力量以及广大人民群众的创造活力，进而形成专业引领、群众参与的网络文化建设生动局面。一是要加强中央和省市重点互联网网站建设，搭建网络文化生产、传播、展示、交流平台，培育自主资本控制的民族品牌互联网文化企业，提高网络文化创作生产的规模化和专业化水平，增强国有网络文化企业的竞争实力。二是要保护好广大人民群众的首创精神和创作热情，引导广大网民制作、上传、转发健康向上的网络文化产品；适应文化市场需求，遵循网络传播规律和网民接受特点，鼓励网络文化工作者创作更多具有中国特色、体现时代精神、深受网民欢迎的网络文化产品。

4.＂人才素质＂与＂人才数量＂

发展网络文化的关键是人才队伍，吸引、培养、用好人才是事业之基、竞争之本，集聚和团结大量优秀人才投身于网络文化建设，需要牢固树立人才是第一资源的理念，处理好"人才素质"与"人才数量"的关系。一是要完善人才市场体系。网络文化人才只有合理流动，才能打造网络文化人才集聚高地。二是要改进服务方式。吸引和留住互联网优秀文化人才，需要整合各种政策资源，帮助互联网高端创新创意人才解除后顾之忧，享受项目申报、子女教育和社会保障等方面的优质服务。三是要健全评价和考核等机制。营造良好的政策环境，充分发挥优秀人才的领军作用。四是要努力提高运用新媒体的素质及能力。打造出一批掌握现代互联网高新技术的科技人才，一批具有较强原创能力的网络文化产品开发人才，一批真正懂得媒体传播的网络文化营销人才，一批能够秉持正面立场、得到广大网民认可的名编辑、名版主、名博主、名评论员，一批始终做到政治坚定、本领过硬的互联网宣传管理人才，尤其是需要加强对复合型、创新型、国际型人才的培养。五是要实施从业人员培训和资格认证制度。要努力造就一支数量充足、结构合理、素质较高、勇于创新的网络文化大军，那就必须注重对网络文化人才健康发展的正确引导。

（六）主流意识形态影响力的挑战

网络意识形态工作是党的一项极端重要的工作。当前，我国网络意识形态领域呈现多元多样多变的特点，网络主流意识形态与非主流意识形态的斗争异常尖锐复杂，其实质就是马克思主义主流意识形态与非马克思主义社会思潮的斗争与交锋。很长一段时间以来，马克思主义主流意识形态在网络中受到非马克思主义社会思潮冲击，削弱了党对网络意识形态的领导权、管理权和话语权。

1. 意识形态呈现的态势

我国的主流意识形态是适应于社会发展的新变化、新情况、新阶段，对经济政治状况的集中反映，同时，它通过强大的引导力、凝聚力和影响力，促进社会变革，推动社会发展，维系社会稳定，是我们社会的精神旗帜。十八大以来主流意识形态向好向上，不断与时俱进，然而网络主流意识形态的影响力仍有局限。主要表现在：第一，有一股舆论潜流，助长了网络舆论的非理性繁荣。凡是主流意识形态倡导的，代表主流意识形态的声音，它就会反对，冷嘲热讽，甚至围攻。很多反对缺乏理性支撑，是情绪化、标签化的反对。一些个别所谓的知名专家学者也出来参与围攻。第二，一些非主流意识形态具有迷惑性和欺骗性。借助学术讨论、政策辩论平台，利用一些"公共知识分子"传播和鼓噪其声音与主张。第三，相互制衡、相互挑战，众声喧哗。借助新媒体的便捷平台，各种非马克思主义乃至反马克思主义思潮的滋长蔓延，各种社会思潮相互激荡。对此，正确引导网络舆论，需要创造出主流意识形态和非主流意识形态"百花齐放"的舆论生态，以平视的姿态、探讨、讨论的口吻、说理的方式赢得网民的信任和理解，从而加强网络舆论引导。

2. 主流意识形态的隐忧

在中国，为什么会出现主流意识形态这种现象呢？从客观因素来说：首先，国际上的大环境和大气候不利于主流意识形态的发展。随着 20 世纪末苏东社会主义国家多米诺骨牌式的倒台解体，本来处于弱势的社会主义意识形态更是一落千丈，西方资本主义意识形态独霸意识形态领域。一时间，各种宣扬资本主义"优越论"和社会主义"崩溃论"的思潮与舆论甚嚣尘上。其次，国内市场经济体制中某些负面的东西腐蚀了人们的精神世。从主观上来说：首先，主流意识形态理论的研究和生产适应不了社会实践发展的形势。改革开放新时期，我国的社会主义建设实践发生了很大变化，社会实践的发展客观上要求相关理论也要跟上。尽管执政党历来十分重视主流意识形态的研究和生产，也为此投入了不少人力、物力和财力，如前些年中央大力推行的马克思主义理论研究和建设工程（以下简称"马工程"），但实事求是地说，其效果不尽如人意，更遑论其在网络意识形态阵地的影响力了。究其原因，就是我们研究和产出的成果不能回应社会实践中的挑战，不能说服网民接受和认同代表主流意识形态的观点。其次，主流意识形态理论的教育和传播满足不了受众自身发展的需要。现在活跃于网络意识形态阵地的基本上都是青年学生和知识精英。前者处在成长期，他们有一定的是非辨别能力，尚未确立稳定牢固的人生观、价值观和世界观；后者视野开阔，思想活跃，二者普遍存在求新求变的心理预期，容易接受与传统意识形态不同的西方思潮和理论。而传统的意识形态教育与传播的理论、方法及手段，因为滞后于社会实践的发展和忽视受众个体成长的特点，满足不了他们自身发展的需要，导致青年学生和社会精英们转而进入网络寻求各种新奇的思潮与理论。各种错误思潮和理论打着"民主""自由"的旗号，乘虚而入，很容易获得求新求变网民的认同和接纳，并轻而易举占领了网络意识形态阵地。最后，当前我国网络意识形态工作的发展和管理跟不上网络技术飞速发展的步伐。

3. 非主流意识形态的挑战

在我国网络文化的发展历程中，新自由主义、民主社会主义、普世价值论、西方宪政主义、历史虚无主义以及一些极端"新左派"思潮等，是我国改革开放以来，交替出现或同时并存的成规模的非主流意识形态。党的十八大以来，由于中国特色社会主义主流意识形态影响力的提升，这些非主流意识形态影响力虽然下降，但仍然以变化了的内容和方式持续挑战主流意识形态。表现在：第一，对党和国家的政策发出异于主流的声音，政治诉求和价值取向显性化、公开化。第二，通过引起人们关注和激发情绪的话题，制造"意识形态群体性事件"。第三，一些所谓"公共知识分子"借助学术讨论、政策辩论平台，传播、鼓动和建言，主要以"深度解读"主流意识形态理论、政策的手段，传播渗透其观点主张。例如，将"市场在资源配置中的决定性作用"误解读为"彻底市场化"，将"发展混合经济"解读成将公有制企业"私有化"，现实中给人们带来了一定的思想混乱和困惑。

第二章　网络文化惠民工程的文化支持

我们所讲的文化自信，是指中国特色社会主义文化自信。网络文化是新兴技术与文化内容的综合体，文化为本，网络为用。没有文化，网络传播便无所用；没有网络，文化也行之不远。发达的网络促成了信息的同步效应，网络的便捷性增加了各种文化之间的碰撞与交流、冲突与活力，为社会各阶层文化的整体发展提供了条件和可能。网络文化传播是文化传播以互联网为媒体，将文化信息传递给接受者，是文化传播者、网民和网络平台之间高度互动的过程。当前，网络文化发展新特点频现，新趋势难以把握，多元文化在网络空间的交流与融合也急剧加快。因此，网络文化惠民工程必须牢牢把握文化自信，进一步探索增强中华优秀文化网络传播力、影响力的有效路径。

一、文化自信的价值支持

在透过古今中外斑驳陆离、错综复杂的文化现象中，我们就会发现，在各个民族、不同历史时期的文化，总是同一定的价值取向和价值观密切联系着的。文化与价值观内在相联，任何文化都承载着一定的价值观，是一定价值观的体现。作为文化具体表现形态之一的网络文化惠民工程如同其他任何社会现象一样，也是具有一定的价值属性。网络文化惠民工程的价值维度主要体现在两个方面：一方面，网络文化惠民工程的核心内容是价值观念；另一方面，网络文化惠民工程本身的发展也会受到一定价值目标的引领。我们应当着重围绕着价值观念和价值目标来思考网络文化惠民工程的价值定位问题。

（一）文化自信的核心在于社会主义核心价值观的自信

文化自信是有着多方面的构成与表现的。人们对自我文化发展历史与现实的理性认知，对已有文化成就的礼敬与自豪，对当下文化发展道路的清晰与自觉，对自我文化创新能力的关注与确信，对未来文化前景的希望与信心，等等。这些都是构成文化自信的重要维度和关键因素。在文化自信的诸多构成维度和因素中，更具有统摄意义的，是价值观的自信。

1. 文化的内核是价值观

我们所说的文化是一个民族的生存方式与精神价值体系，是一个民族对世界的价值意义、生活态度、伦理精神、理想信念和生活规范的认识和把握的独特方式，是一个民族得以传承发展的内在精神力量，是一个民族的血脉和灵魂，是一个民族的共同精神家园和"精神标识"。文化是对人类生活重大问题的根本把握，是人之为人的内在需求。就其实质而言，就是在社会实践中，将价值观对象化、现实化。价值观的具体化就是价值体系，两者共同构成价值文化。价值观渗透在各种文化形态中，反映一定社会主体的利益和需求。价值观是文化的核心，文化是价值观的载体。就内容而言，文化是丰富多样的，但其深层次的价值观则是稳定而具体的，社会的核心价值观是文化的灵魂。任何一种文化体系的性质，都由内含的价值观决定、表征；任何一种文化体系的魅力，都由内含的价值观培育、彰显；任何一种文化体系的发展，都由内含的价值观规约、引导。从价值观在文化体系中的地位和作用来看，价值观的自信就是文化自信的内核。价值观的自信是文化前行的定力、韧性、激情与从容，也是一个国家和民族在推进文化发展的进程中的气度与尺度。

2. 社会主义核心价值观的特定文化内涵

党的十八大报告指出："倡导富强、民主、文明、和谐，倡导自由、平等、公正、法治，倡导爱国、敬业、诚信、友善，积极培育和践行社会主义核心价值观。"① "三个倡导"明确了社会主义核心价值观的基本理念和具体内容，科学地揭示出社会主义价值体系的丰富内涵和实践要求。核心价值观明确了国家、社会、公民三个层面的价值目标、价值取向、价值准则，是社会主义核心价值体系的凝练表达。社会主义核心价值观实现了国家、社会、个人在价值目标上的统一，直接反映社会主义价值体系的本质规定性，是当代中国人民共同理想和价值追求。这24个字分别从国家层面、社会层面和个人层面高度凝练概括出社会主义核心价值观的基本内容。这其中，富强、民主、文明、和谐是国家层面的价值目标，表达的是国家的意志，构成党、国家和全体人民的共同价值理想；自由、平等、公正、法治是社会层面的价值取向，表达的是社会秩序，构成党、国家和全体人民对现实社会的共同价值诉求；爱国、敬业、诚信、友善是公民个人层面的价值准则，表达的是社会成员的道德自律，构成党、国家和全体人民对社会成员的共同价值约束。三者之中，国家层面的价值目标，是引领着社会层面和个人层面的价值取向的；社会层面的价值取向，则既承载着国家层面的价值目标，又规范着个人层面的价值准则；而个人层面的价值准则，是孕育于国家层面和社会层面价值要求的，同时又是融入国家层面和社会层面价值要求之中的。因此，国家层面的价值目标、社会层面的价值取向、个人层面的价值准则三者之间是有机统一的，构成一个稳固的价值整体。社会主义核心价值观兼顾国家、社会、个人三者的价值目标，考虑到三者的发展愿望，实现了国家的发展目标、社会的价值导向、个人的行为准则的统一。社会主义核心价值观将三个层面联系在一起，在一定程度上解决了三者的矛盾，使得国家、社会、个人的价值目标能够和谐发展。社会主义核心价值观的明确提出，使得国家综合国力的提高、和谐社会的构建、个人素质的提升能够同时实现。国家、社会、个人的价值目标实质上是互相联系的，社会中的每个人在实现素质提升的同时，能够共同致力于构建和谐社会，在和谐社会的构建过程中，综合国力逐渐得到增强，继而和谐的社会环境又能够促使个人的素质进一步提升。因而这三个价值目标是和谐共生的

① 胡锦涛.坚定不移沿着中国特色社会主义道路前进为全面建成小康社会而奋斗 [N].人民日报，2012–11–18（1）.

关系，能够互相促进、共同实现，社会主义核心价值观也就成为社会主义在观念文化层面上的自我认同与确证的体现。

（1）社会主义核心价值观的价值取向在观念文化上的生成。默顿说过，"占主导地位的价值和思想感情，属于那些永远影响着科学发展的文化变量"。① 这些文化变量就是价值观念，产生出相应的价值标准。第一，社会主义核心价值观的价值取向符合社会主义本质特征和文化内涵，它以观念文化为载体生成。第二，从价值主体与价值客体互动来看，价值取向的接受与文化之观念的迎合是统一的。第三，社会主义核心价值观在社会发展中，呈现为引领社会大众积极向善，遵守社会公德、家庭美德和职业道德，维护社会主义市场经济的正常秩序等的社会主义道德观念。第四，社会主义核心价值观规范、引领个体行为，价值个体确证和接纳社会主义核心价值观，是社会主义核心价值观价值生成的第一步，在此基础上，社会主义核心价值观必须为社会成员所共同认可，能够转化为个体行动和社会发展的重要动力与思想武器。总之，社会主义核心价值观经由观念文化以及道德规范载体生成价值取向为价值主体所接受。

（2）社会主义核心价值观的价值认同在制度文化上的凝练。人们认可某种或某类价值，就会形成相应的价值观念，这就是价值认同，在此基础上，人们获得共同的价值观念。从这个角度来看，社会主义文化建设得到了人民群众的广泛支持，社会主义核心价值观获得了人民群众的广泛认可，主要原因在于有人民代表大会制度、中国共产党领导的多党合作和政治协商制度以及民族区域自治制度等社会主义制度的保障。这些制度规范中的倾向性和导向性，以及对人们思维方式、行为方式的内在规定性，表现了我国比较稳定的价值观念、情感趋向和思维定式。这种通过规范、控制、协调和统一社会成员之间的关系及其行为来实现其文化价值及社会功能就是制度文化。它是文化体系中最具权威的因素。社会主义核心价值观正是借助制度文化载体，提升了社会成员的价值认同，实现了制度文化对人们行动的导向和规约。总之，

---

① 默顿. 技术与社会 [M]. 成都：四川人民出版社，1986：120.

社会主义核心价值观通过制度化途径以制度文化的形式获得最为广泛的价值认同。

（3）社会主义核心价值观的价值共识在社会文化上的形成。社会主义核心价值要取得合法性，其所承载的价值理念需要在互通、互动的不同价值主体之间达成一致意见。这样的价值理念要与社会主义本质相一致，与人民群众意愿相统一，与经济社会文化发展相协调，而实现这一目标的手段只能是以社会文化为载体，充分地沟通、交流和修正。一方面，社会主义核心价值是社会主义本质的价值凝结，是社会主义经济、社会以及文化建设的共同思想基础。它只有在社会文化层面上得到广大人民群众的普遍认同，才能实现人民群众根本利益一致，而在这个前提下，才能正确地反映广大人民群众的共同利益。另一方面，社会成员在具体价值观上有差异，在社会秩序范围内有不同的价值取向和价值选择。因此，只有尊重多样化的个体价值选择和追求，才能形成社会主义核心价值观；只有坚持社会主义核心价值共识，才能实现个体价值。从某种意义上来说，价值共识的形成就是人类发展的历史，传播共识的过程也就是人类文明化的过程。所以，传播社会主义核心价值观就是价值共识形成的过程，同时，这一过程也是社会主义社会文明化的历史进程。

（4）社会主义核心价值观的价值共享在公共文化上的实现。社会主义核心价值观的社会功能是价值引领和价值共享，也就是说，体现社会主义的本质和社会主义制度的优越性，实现价值共享。公共文化建设能够弘扬社会主义核心价值、保障人民基本文化权益、促进文化产业发展。一方面，公共文化建设凸显人民群众的主体地位，更多人群能够得以享受公共文化服务；另一方面，公共文化建设激发群众的参与热情，在对话、互动与协商中发展文化服务，建立覆盖城乡的公共文化服务体系，使文化改革成果真正惠及全体人民。社会主义核心价值观的提炼和传播，彰显其体现社会主义本质、反映社会主义优越性的价值关怀，从而实现其在公共文化建设中的价值共享功能。

3. 社会主义核心价值观构成文化自信的本质与灵魂

我们所说的自信是人相信、信任自己，对自己有信心的一种意识状态，属于主观世界的范畴。在人的自信意识中蕴含着人的信念和信仰，寄托着人的未来和希望，能够激发人的意志力和创造力，构成人类维持生命活力和发展动力的基本信念、精神支柱和精神源泉。现实中人们所表现出来的矢志不移、果敢担当、坚毅从容、百折不挠、宠辱不惊、自谦包容等都是一种自信的情形。作为精神力量的自信，是人类社会特有的文化现象，它是具有其固有的属人特征和生成变化规律的。自信主体、自信客体、自信评价是自信意识生成更新的三个基本要素或环节，形成区分自信形态的三个视角。自信发生于自信主体对自信客体的信任性评价。我们所说的中国特色社会主义自信，是中国人民作为国家的主人，对"自己的社会主义道路"的信念和信心。在这个自信中，自信的主体是"中国人民"，客体是中国特色社会主义。从主体看，中国特色社会主义自信是政党自信、国家自信、民族自信的有机统一。从客体看，中国特色社会主义自信是经济自信、政治自信、文化自信、社会自信、生态自信的有机统一，也是道路自信、理论自信、制度自信、文化自信的有机统一。从这两个"有机统一"看，它们之间不是彼此并列而是相互交织的。从评价看，中国特色社会主义自信的评价主体，坚持马克思主义的基本立场、基本观点、基本方法，深刻汲取人类社会特别是社会主义的历史经验，对中国特色社会主义进行客观辩证的自信评价，从而建立起对中国特色社会主义的科学的自信。所以中国特色社会主义的自信不是盲目自信、故步自封，而是内含着科学的问题意识、忧患意识的，我们对中国特色社会主义的自信，是来源于实践、来源于人民、来源于真理的，要在深入把握中国特色社会主义的科学性和真理性的基础上增强其自信，在不断战胜困难的过程中坚定自信，进一步深刻揭示出中国特色社会主义自信的实践性、人民性、科学性本质。

文化自信由自我文化发展历史与现实、已有文化成就、当下文化发展道路、自我文化创新能力以及未来文化前景构成，其中核心的意义是价值观的自信。价值观作为一种价值判断标准，以"应不应该""值不值得"的方式，影响人们对事物的评价、优先排序、行为方式的选择、后果的预设等，从而引导、规范或规避人的行为。社会主义核心价值体系和核心价值观凝聚、团结全党全国各族人民，形成强大的精神合力，它是社会意识形态的集中体现、社会秩序得以维持的重要依托、中国特色社会主义性质的本质要求，所以，社会主义核心价值观是中国特色社会主义文化的本质。社会主义核心价值观决定了文化立场、文化选择和文化方向。

（二）社会主义核心价值观形成惠民工程的价值观念

社会主义核心价值体系是新时代坚持和发展中国特色社会主义的一个基本方略。走中国特色社会主义文化发展道路要坚持社会主义核心价值体系，然而，网络文化作为一种新的文化形态，正在影响主流意识形态以及整个社会的文化价值观。那么，如何正确看待网络文化的价值观问题？

1. 网络文化价值的理论基础

20世纪90年代以来，网络文化的价值问题已成为现代虚拟哲学社会学研究的一个中心问题。网络文化的价值及其实现，是我们必须认真思考的现实问题。

（1）网络文化价值的概念。网络文化价值是来自人类当代虚拟生活实践的一种抽象概括。文化价值一般表达文化的"好坏"或"优劣"。文化这种社会事实存在比较性、参照性，通过比较，网络文化"可珍贵的、可尊重的或可重视的"特性反映了积极意义的、"好的"意味。这是通过虚拟日常生活语言，对网络文化价值的判断和表达。显然，这种价值指涉及网络社会的客体（现象）的存在、作用及变化对特定文化主体的需要，涵盖了某种适切的、接近的或一致性的文化进步的意涵。例如，在线的网络交往与虚拟互动，都是这种价值的特殊表现形式。

（2）网络文化的价值观念建构。虚拟心灵与网络文化世界通过交互作用，发生意义、意识并积聚、内化、整合为某种价值意味、价值心态。主要体现在这几个方面：第一，由计算机专家、网民这样的个体和群体在虚拟实践过程中创造（建构）了有文化意义的世界，由不同的文化特质承载，作为人类对客观网络世界各种存在的价值思维的肯定，它独立存在于人类的物质文化与精神文化世界之间。例如，各种网络或网页技术和网络上的书写世界。第二，网络文化世界不是孤立地存在和演进的，它承载着虚拟实在文化意义的人与物、主体与客体、个体与社群、网络社会关系等，是与网民、网络社群与网络社会关系以及整个网络社会、经济、政治等的发展紧密地联系在一起的。当文化产品和资源一旦被创造出来，相应的文化形式及特色也就会被肯定下来，进而在人的心理机制里发生文化意义。网络文化的价值在于其多向度的文化张力和社会互动的品格。第三，网络空间本身就是一个承载着不同文化的社会空间，网络文化世界与生活世界具有"同构性"，网络"文化场"与"行为场"具有"互构性"。网络文化的经验与价值意识的文化共享性及文化限制性，成为中国网络文化风格的价值意识建构的主导因素。

（3）建构网络文化价值的特殊性与普适性。网络文化是一种新形式的人类生活习惯，在网络语言与网络互动以及在线与在世的虚拟生活关系及存在状态中，包含有网络文化的特殊性和普适性因素。一方面，虚拟文化的特定经验体现了地方性、民族性、个体性、语言性特点；另一方面，网络文化价值的建构还不能违背全球性、一般性、平等性、互动性的普遍性规则。可以说，特殊性与普适性是网络文化的两种价值向度。

（4）网络文化的价值判断与社会评价标准。文化是一种普遍的经验，只有被自我经验或体验，才是有价值，但要对其作出判断和评价，只能从社会认同出发。这种评价是主体对网络化社会及其文化事实、文化存在的一种反映，是网络文化价值意识与主客体价值关系的现实联系，也是价值意识朝向网络世界的对象性精神活动。评价的主体可以是网络中的个体和社群，也可以是国家和社会，例如政府、学界、媒介和公众。而评价标准只能以虚拟生活实践为依据。例如，"我们为什么要上网？""应该多上网还是少上网"和"网游是好行为还是坏行为"这样一些问题。除此之外，也不应无视心理评价和社会评价。

2. 惠民工程围绕中国特色社会主义民生文化展开

网络文化造福于时代价值高的人。网络文化的兴起，促进了文化的开放性、大众化性和生命力，极大地丰富了当今社会文化的形式和内容。网络文化造福人民，即利用网络文化建设的成果服务，必须牢固树立文化民本理念，围绕民生文化，推进网络文化惠民工程。

（1）民生文化是网络文化惠民工程的根基所在，是精神文明建设的基础。民生是发展之源，民生是强国之本。以民生为本的文化，在中国具有坚实的基础、深厚的积淀。文化是一切文化的起源，是现代文明及文化艺术的母体。在五千年文明的历史长河中，中华民族从艰苦的生活中不断发现、发明和创造，一代代薪火相传，铸就了优秀的文化传统，留下了灿烂的文化遗产。从结绳记事到仓颉造字，从父系氏族社会的家庭维系到周礼的形成，从取水煮饭的釜鬲到青花瓷的风韵，从劳获之余的歌舞到戏曲文化的形成……这些丰富的文化遗存，来源于生活，在生活中提炼，口传心授，世代传承，促进着中华文明的不断进步，至今在人民群众及社会生活中发挥着巨大的作用。文化来源于生活，服务于生活。文化的发展带给人们的首先是思想观念的冲击——价值观、世界观、生活态度、思想意识等，丰富的文化生活会极大地增强人们的幸福感。在时代发展的今天，在我们实现中华民族伟大复兴的进程中，需要社会的和谐，需要树立社会主义的人生观、价值观，需要"八荣八耻"等社会主义荣辱观落地生根，需要让人民得到实惠和幸福。而这一切，必须从保障和改善民生做起。与人民生活息息相关的民生文化，是构成社会主义文化发展繁荣，改善民生、提高人民幸福指数的必要手段。

（2）围绕民生文化开展网络文化惠民工程，是解决新时代我国社会主要矛盾的内在基因。党的十八大以来，随着社会主要矛盾在社会需求和社会生产两方面的变化，人民的需求由简单的"物质文化需求"转变为更高层次的"对美好生活需要"，这其中包含新的文化需求，即高水平、更丰富、更多元的文化产品和更高层次、更高质量的文化服务。针对文化发展不充分、不平衡的问题，只有提升文化发展效益和质量，才能用丰富的文化产品与优质的文化服务切实保障人民基本文化权益。

（3）构建社会主义民生文化，是网络文化发展现实的迫切要求。综观当前国际、国内形势，我国文化建设既面临许多有利条件，也面临严峻挑战。

就民生文化而言，尽管我们有着优秀的传统、丰富的民族文化遗产，但是，也不能忽视这样的现实：改革开放以后，面临现代物欲的冲击，现代"强势文化"以异常迅猛的态势无情地消融着传统文化。在文化同化的过程中，许多传统的民族文化要么丢失，要么被寄存在了现代社会的边缘。时代在发展，人们的观念在变化，在如今经济全球化、市场一体化、旅游国际化、文化同质化的时代，民族文化正处在一个冲突与排斥、交流与融合、传承与变异共存的阶段。许多年轻人对新潮的文化及外来文化的接受很快，却对传统文化及道德观念缺少必要的了解和尊重；在西方文化思想、崇洋媚外思想、拜金主义思想的影响下，我国传统文化丢失了很多阵地，很多优秀传统文化濒临消失。这些现象不能不引起我们高度重视。

（4）坚持社会主义民生文化，就是对网络时代群众路线的新诠释。民生文化的保护、延存、开发、传承与弘扬是中国特色社会主义文化建设的"文化温饱工程"以及中华民族传统文化及道德观念的"拯救工程"。例如，网络强国战略、"互联网+"行动计划都需要贯彻以人民为中心的发展思想。第一，要推动互联网和实体经济深度融合发展，发挥互联网在助推脱贫攻坚中的作用；第二，以信息化推进国家治理体系和治理能力现代化，感知社会态势、畅通沟通渠道、辅助科学决策；第三，提供用得上、用得起、用得好的信息服务。

3.民生文化的社会主义核心价值观建设

民生文化凸显社会主义核心价值观的实践意义。

（1）社会主义核心价值观是民生文化的主要内容。习近平总书记指出，社会主义核心价值观建设也是民生文化工程。价值观要融入社会生活才能发挥作用。具体来看，那些为生活提供最基本的条件、以物质形式存在的就是物质文化，从生活中提炼升华出的就是非物质文化，而指导人们精神活动及日常生活行为方式的就是意识形态文化。我们在研究、整理、建设、传承这些文化形态的过程中，不仅要看到载体，还要重视对其形成过程、创作观念、制作方式、流程、传承方式的整理、保护。不然，这些物质形态文化的存在便会失掉灵魂，失去生命力。在这些不同形态的文化中，既有非常优秀的传统需要挖掘、保护和传承，也有一些不能与时代发展相适应的糟粕，必须治理、规范和引导。在民生文化构成体系中，意识形态文化占据主导地位，这也就是我们所说的价值观问题。

（2）社会主义核心价值观建设是民生文化工程的基础。社会主义核心价值观建设通过提供和谐的社会环境，营造良好的交往氛围，为民生文化工程奠定雄厚的国家基础。集中体现在三个方面：第一，实现价值目标。"富强、民主、文明、和谐"表达了社会主义中国的国家意志，体现了广大人民群众的意愿和诉求，它既是国家层面的价值目标，也是党在社会主义初级阶段的奋斗目标。第二，引导价值取向。"自由、平等、公正、法治"的价值取向，能够通过激发社会活力、推进政治文明建设、加强法治建设促进社会公平正义的方式，从深层次上解决人民群众最关心、最直接、最现实的利益问题更加突出。例如，就业难、看病难、房价过高、分配不公、民主法治不健全等。第三，遵守价值准则。"爱国、敬业、诚信、友善"为人们日常生活提供了基本的价值规范，贯穿于公民道德行为的各个环节，能够塑造公民品格，提高公民的道德修养水平，向社会传递正能量以及营造良好的交往氛围。

（3）文化惠民是社会主义核心价值观建设的实现手段。为人民群众构筑美好精神家园，解决人民群众精神上的安身立命深层次问题，是社会主义核心价值观的一个重要目的。文艺在陶冶情操、涵养道德、提升精神、引领社会风尚方面具有重要作用。文化与文艺又有相同的属性，它们既是意识形态工作的重要组成部分，又是精神层面民生的重要方面。在人民群众对"美好生活"的期待这个精神层面的民生需求引导下，将社会主义核心价值观融入人民群众的日常生活之中，融入文化文艺，以优质文化服务惠民，将推动"惠民型"社会主义核心价值观建设。另外，社会和美善治是人民群众追求美好生活的基本条件，客观上也需要将文艺与文化融入治理实践，以和美善治社会惠民。社会主义核心价值观还是法律制度的灵魂，在统筹社会力量、平衡社会利益、调节社会关系、规范社会行为也具有重要的作用。

4. 社会主义核心价值观成为网络文化惠民工程的价值观标准

习近平总书记指出，要培育积极健康、向上向善的网络文化，用社会主义核心价值观和人类优秀文明成果滋养人心、滋养社会。社会主义核心价值观集中彰显了最广大人民的普遍愿望，鲜明体现了推进中国特色社会主义伟大事业的价值目标，深刻反映了完善和发展中国特色社会主义制度的价值共识，是社会主义道德规范的根本。社会主义核心价值观承载着一个民族、一个国家的精神追求，体现着一个社会评判是非曲直的价值标准。

（1）社会意识的发展取决于核心价值观。价值观的形成都离不开主体的需要和实践活动。核心价值观是维系社会良性运转的根本依托。在我国，社会主义核心价值观建设事关国民精神的锻造、国家文化软实力的提升、国民素质的提高。"中国的社会主义核心价值观，有机会与西方推行的普世价值分庭抗礼"。① 只要形成本国的话语体系，就能成为精神凝聚、文化涵养、人文形成的动力。一是通过为人的发展提供强大的内在精神驱动力，提升广大人民群众的思想道德层次，化育人心、锻造国民精神；二是以人的发展和提高为目的、为尺度、为标准，引领风尚、化育人民、服务社会；三是实现中国梦不可缺失的精神支柱，提升人的精神境界，促进人的全面发展。

（2）社会主义核心价值观为网络文化惠民工程提供价值支撑。社会主义核心价值观通过提供精神动力，即对人民群众伦理道德、公序良俗的深层引导与塑造，维护与实现人民群众利益，使人民群众在国家、社会、个人生活层面具有正确的价值观，坚持真理性与价值性标准的辩证统一。"以人民为中心"就是将人民群众作为历史主体与价值主体辩证统一，将"人民主体"与"人民共享"有机结合。因此，正确理性的价值观整合人与国家、人与社会、人与人之间关系，引导人民群众追求真善美，进而实现以人民为中心的思想。

（3）强化网络文化惠民工程的价值观标准，为培育和践行社会主义核心价值观提供保障。网络文化中的价值观问题体现为价值观的复杂化以及价值取向的多元化。培育和践行社会主义核心价值观，要站在社会主义制度发展、

---

① 朱云汉，高思云 . 中国兴起与全球秩序重组 [M]. 北京：中国人民大学出版社，2015：186.

广大人民利益、人类文明发展的高度，处理普适性文明与制度性要求、民族性文化与全人类共识；要体现和反映中国特色社会主义的制度特征和实践要求、建设规律和共产党执政规律；充分吸收中华民族优秀传统文化以及世界各个民族各种制度优秀文明成果，反映中国人民及全人类的共同愿望和理想追求。

（三）用文化自信价值目标引领网络文化惠民工程

网络文化惠民工程需要正确的价值目标导引，而价值导向或价值目标涉及"谁发展、为什么发展"的问题。对正确价值目标的认知和守持决定着网络文化惠民工程自身发展的方向。文化自信为网络文化惠民工程确立了正确的价值目标，离开中国特色社会主义文化自信价值目标导向，网络文化惠民工程就难以发挥应有的积极作用。

1. 文化自信价值目标的构成

心理学上价值目标称为价值取向，它是人们对特定事物所采取的价值观。它是与具体事物和情境相联系的，是人们在特定对象之上所进行的价值选择。《布莱克法律辞典》将其解释为：某种事物的重要性、值得获得性或者实用性，是人们对某种客观事物（包括人、事、物）的意义、重要性、值得获得性或者实用性的总评价和总看法。心理学上将价值观解释为人们关于事物重要性的观念，是依据客体对于主体的重要性，对客体进行价值评判和选择的标准。价值观与价值目标两者既有共同点也有差异。价值观强调认知层面，注重人判断事物价值的视角，而价值目标的指向性与行动选择相关联，是价值观的内化和体现。文化自信的价值目标就是弄清楚哪些精神价值体系的内容、先进的文化内涵和价值要素可以自信。文化自信的价值目标包括以下几个方面的特征。

（1）主体性理性心态。"文化价值指的就是主体的人对自身生命存在的文化意义的理解和确定。"[①]价值观念是主体精神生活最重要的内容。作为文化主体的人在对象性社会文化实践活动中，获得对自身文化的理性心态。文

---

① 李鹏程. 当代文化哲学的沉思 [M]. 北京：人民出版社，1994：239.

化自信是文化主体通过对象性活动所形成的对自身文化确信和肯定的稳定性心理特征，其核心是人的主体精神和本质力量的自信。一方面，人是文化的主体，也是文化的目的，最高本质也就是实现人"自由而全面的发展"，因此，人的本质力量的对象化和非对象化的有机统一就是文化的主体性功能。它是实践活动的内在依据，同时，它作为人类社会生活及其方式的观念表达和价值，也反映了实践的基本矛盾。另一方面，文化是社会、国家、民族的价值观在实践中的展开和体现，人类创造文化是为了实现某种价值目标，人越在对象面前显现自己的主体性，人的价值也就越高，人的价值则是人的活动及其结果对人的标志性意义，因此文化也是人类创造价值的活动。

（2）价值指向性尺度。人具有价值指向性，它驱动和牵引历史主体按照社会的目的积极活动，满足和实现自身的利益与需要。在实践活动中，历史的客观必然性与主体的价值选择性有机统一，因此"环境的改变和人的活动或自我改变的一致，只能被看作是并合理地理解为革命的实践"。[①] 当作为客体的文化作用于主体并内化为能力、素质和精神境界，进而思想、品质、生活方式和价值观得以提升到较高水平，就意味着主体的价值指向性得到彰显。这其中，重要的是文化选择，而文化自信其实是主体对文化选择的价值诉求。可以说，个体的明确价值指向制约着作为个体理性的精神价值追求。

（3）具有象征性的意义。美国文化人类学家怀特指出："全部文化（文明）依赖于符号。正是由于符号能力的产生和运用才使得文化得以产生和存在，正是由于符号的使用，才使得文化有可能永存不朽。"[②] 民族文化具有一定象征意义的具体形式反映了共同的价值观念、思维方式和伦理传统。通过这种象征性意义，民族文化的基因渗透到每个成员的潜意识，进而获得群体认同。中华民族的文化自信表现为主体的理性心态、精神诉求和价值观念，它来自对象性的社会实践活动获得的象征性符号的客体形式，因此，象征性符号是自我精神价值和社会文化价值的有机统一的实现手段。

（4）有包容性的现实张力。民族文化的自信，一方面来自主体对民族文

---

① 马克思，恩格斯. 马克思恩格斯选集：第1卷 [M]. 北京：人民出版社，1995：55.

② 怀特. 文化科学——人和文明的研究 [M]. 杭州：浙江人民出版社，1988：21.

化的客观审视，进而形成理性的认知、判断、反思和认同；另一方面，还来自与其他异质文化的交流、碰撞和交融，理性客观地吸收世界各国、各民族的优秀文化成果。与异质文化的交流、对话、碰撞和融合，需要文化主体有包容性的理性心态，学习和借鉴其他国家和民族精神文化成果。因此，"每一种文化的发展和维护都需要一种与其异质并且与其相竞争的另一个自我的存在。自我身份的建构牵涉与自己相反的'他者'身份的建构，而且总是牵涉对与'我们'不同的特质的不断阐释和再阐释。"①

2. 用"四个自信"引领网络文化惠民工程

文化的自信是一种对文化价值的"充分肯定"，对文化发展的"饱满信心"以及"坚定信仰"的文化价值取向。"道路自信""理论自信"和"制度自信"的价值观内核就是"文化自信"的外在呈现。在本质上，它对共产主义远大理想和中国特色社会主义共同理想的坚定信心。中国特色社会主义网络文化，其基本要义是始终坚持中国特色社会主义文化方向，坚持对主流文化的坚守与自信，既顺应时代潮流又不迷失方向，推动社会主义文化的大发展、大繁荣，促进中国特色社会主义网络文化的良好发展。通过互联网传播文化，进行思想的自由交流，对于人们的日常生活学习、国家的政治经济发展以及新时期中国特色社会主义文化的建设都产生了极为深刻的影响。"引导"的意义在于：社会主义核心价值体系要成为社会共识，需要引导网民的文化价值取向；社会主义文化要实现大发展、大繁荣，需要满足人民的精神文化生活需求；网络文化队伍的建设，需要引导人民文化参与的积极性、创造性。

3. 用主流意识形态引领网络文化惠民工程

建设健康向上的网络文化、维护网络安全需要建立起主流意识形态与网络社会思潮之间的健康关系，发挥主流意识形态的批判、辩护、引导、教化、吸纳和控制功能。习近平新时代中国特色社会主义思想是当代中国最大的思想共识，它反映了最广大人民群众的利益、愿望和要求，使全体人民在理想

---

① 萨义德. 东方学 [M]. 王宇根，译. 北京：生活·读书·新知三联书店，1999：426.

信念、价值理念、道德观念上紧紧团结在一起。立足于党和政府意识形态工作已经取得的成果，对各种社会思潮激浊扬清，避免肤浅，矫正偏颇，纠正谬误，有三方面的重点：第一，用一大批中国特色社会主义理论的建构者、阐释者、形象转化者和传播者，在网络上讲好中国故事；第二，用主流意识形态支持者的作用影响周围；第三，针对网络社会思潮背后的具体群体开展工作。

4. 用社会主义核心价值观引领网络文化惠民工程

网络生存方式与网络文化具有特殊性和规律性，这就意味着网络文化惠民工程的"引领"要使"合目的性"与"合规律性"相统一。其目的性十分明确，困难的是把握并遵照"规律性"，主要原因有两个：一是网络传播改变了传统意识形态教育；二是网络文化的虚拟性、多样性、开放性、多变性对传统宣传方式提出新要求。真正把握住网络传播规律，需要切合网络文化特点。在这方面，有几个基本的原则：第一，引领好网络文化惠民工程的发展方向；第二，坚持社会主义意识形态规范性；第三，在网络文化惠民工程发展中强调最大的包容性；第四，坚持社会主义核心价值体系的严肃性；第五，强化社会主义核心价值观的文化领导权。从这些原则出发，还需要建立两种保障机制：第一，建立社会主义核心价值观与人们生活方式的同构机制；第二，社会主义核心价值观在网络文化惠民工程中的生产和再生产机制。通过这两种机制，一方面，可以将核心价值观渗透到人们的实践和信仰层面；另一方面，核心价值观渗透到网络文化惠民工程的生产方式中，使网络文化真正成为社会主义文化的重要组成部分。

二、文化自信的内涵支持

网络文化惠民工程，对于文化生态体系的建立，具有桥梁和纽带作用，能够使传统文化焕发生机并从精英层面走向普通大众。文化自信作为民族国家的战略性概念与政策性概念，包含了民族历史传统、共同的心理特征和所拥有的核心价值系统以及精神观念系统与经济－政治结构互摄互洽的文化共同体的生命活力等丰富的内涵。坚定文化自信作为国家文化战略，是近代以来中华民族由科技现代化、经济现代化进入文化现代化这一新的历史阶段后，对国家文化现代化道路问题所做出的科学回应。在文化自信基础上的网络文化惠民工程，具有了非常丰富的理论和实践内涵。

（一）文化自信的理论和实践内涵

文化自信，是一个具有丰厚内涵的重要话语。要理解文化自信的丰富内涵，必须放到新中国成立以来甚至近代以来中华民族艰难曲折的国家现代化道路的探索过程中，才能得到深刻的理解。

1. 文化自信的政治意蕴

文化自信是中国道路选择、理论创新和制度构建的文化支撑。作为一个问题，文化自信有深层的社会原因，只有在近现代中国历史发展过程和当代现实的舆论场中，才能说清楚中国道路的历史必然和必要性、制度的优越性及对中国历史上治国理政智慧的继承性、理论中的中国话语、中国风格和中国气魄。所以，从文化自信与道路自信、理论自信、制度自信的内在相关性来看，它是重要的政治性问题。

我们国家曾经是一个半殖民地半封建社会，在新中国成立之前的近百年历史中，屡受西方帝国主义侵略，在国人的心理中曾经弥漫着一种文化自卑情绪。新中国的诞生是中国人民的伟大胜利，也是中华民族文化自信的伟大胜利。然而，文化自卑的思想，在一些人当中并没有由于中国人民的胜利而完全绝迹。当代中国，只要是对自己民族文化怀有自卑心理的人，就不可能有道路自信、理论自信和制度自信。这种不自信，集中表现为以西方的"普世价值"作为衡量中国现实的尺度。如果把文化自信问题放置在对五四新文化运动"中断传统文化"错误彻底"反省"的背景下，那么，就会形成一种理论误导，既不理解文化自信问题的现实性，又会导致否定五四新文化运动所倡导的科学与民主的历史进步潮流，从而诱发复古主义的沉渣泛起。

2. 文化自信的历史发展

在文化与历史的关系中，历史是文化之根，文化是历史之魂。历史展现为社会的整体性存在，构成文化产生的土壤和活动舞台。因而，理解一个民族的文化，必须建立在熟悉和掌握其历史的基础之上。从我国文化自信的历史发展过程来看，可以分为以下几个阶段：第一阶段，高度的文化自信阶段。我们中华民族是以五千年的悠久文化著称于世的，文化优势地位一直保持到近代。中华文化曾经以自信和强大的民族精神屹立在世界的东方。从秦汉到明中期以前，我国一直是世界上经济最为发达、国势最为强盛的国家。秦汉王朝是与罗马帝国相对应的世界强国，而当世界经历罗马帝国的分裂、波斯大帝国的兴衰、奥斯曼帝国的灭亡时，我们国家直到唐、明和清朝前半期，仍然是世界上经济总量最大、疆域辽阔、长期保持统一的泱泱大国。作为世界文明古国的中国，在长达数千年的历史发展过程中，有着非常灿烂辉煌的文化，中国从来不缺乏文化自信。第二阶段，文化自信的低谷阶段。自从近代以来，中国文化的自满性被打破，中国封建社会开始走向衰落和解体。这时，西方进入资本主义社会，开始向外扩张和殖民。经历两次鸦片战争和中日甲午战争，中华民族面临"亡国灭种，瓜分豆剖"的危机。外国列强的入侵以及落后挨打的惨痛经历，使我们曾经一度丧失"文化自我"，文化主体性和"文化自我"一度被弱化，处于分裂而迷失的境地。中国人经历了从器物层面到制度层面再到文化层面"向西看"的历程，这个时期，应该说是中国文化自卑阶段，也就是文化自信的低谷阶段。第三阶段，文化自信的重建阶段。在一定意义上而言，中华民族的伟大复兴也是文化自信的重建。这种自信的重建，既继承中国优秀传统文化，又借鉴优秀的西方文化，并以马克思主义为指导，在新的时代、新的社会、新的基础上与道路、理论、制度自信不可分割地结合在一起。

3. 建构"中华文明新形态"的文化自信

文化自信有时代问题和中国问题的双重视域，时代发展对中华民族提出诉求。我们文化自信的条件和基础就是中华民族的伟大复兴。

（1）"新文明形态"下的文化自信。维护与认同民族文化本质属性是民族合理与安全存在发展的前提。展示中国特色社会主义的道路自信、制度自信和理论自信蕴含的国家精神与国家意志，就是树立文化自信。中国特色的社会主义道路不同于以往私有制基础上的文明社会形态，也有别于近现代资本主义文明形态。资本主义文明建立在战争、掠夺基础上。与之相比，"中华文明新形态"是以和平发展的方式展现的。这种社会主义新型文明是不同于资本主义现代化的社会主义现代化新路，崛起于中国影响世界格局的深刻历史过程，要坚定维护这种新文明形态的合理性就是文化自信。

（2）世界意义下的文化自信。作为独立的"文明体国家"，中国需要以文化自信积极回应国际社会对"经济发展以后怎么办"的疑问。文化自信的基础是经济全球化中的"中国道路""中国经验"的成功。作为"世界之中国"在世界历史视域建构文明新形态，这是一种不同于西方资本主义模式的成功的社会主义道路，体现了中国特色社会主义的价值合理性，对发展中国家走向现代化具有示范作用。"中国道路"不仅是中国特色的现代化道路，还是中国特色社会主义道路；中华民族伟大复兴，不仅是经济硬实力的增强，还是意识形态和政治价值观、社会主义发展道路和制度模式吸引力的增强。

（3）文化建设实践下的文化自信。当前，我们需要将文化使命转变为文化自信的能力。对此，需要解答这些问题：什么样的思想文化和价值观支撑中国的发展优势？发展优势如何转化为话语优势？文化大国与文化强国的距离如何缩短？如何解决文化软实力与物质硬实力非对称、精神文化生产与资本逻辑的矛盾、资本的自发运行对文化逻辑的扭曲等问题。在文化实践上具体表现为，中国和平发展、和平崛起的理念，中华民族的文化基因以及解决中国和世界问题的中国价值观。

4. 文化自信的题中应有之义：发展新时代中国特色社会主义文化

党的十九大报告指出："发展中国特色社会主义文化，就是以马克思主义为指导，坚守中华文化立场，立足当代中国现实，结合当今时代条件，发展面向现代化、面向世界、面向未来，民族的、科学的、大众的社会主义文化，推动社会主义精神文明和物质文明协调发展。"[①] 这段论述进一步明确回答了

---

① 习近平. 决胜全面建成小康社会夺取新时代中国特色社会主义伟大胜利 [M]. 北京：人民出版社，2017：41.

我们要建设的文化就是新时代中国特色社会主义文化，而不是其他什么文化；我们的文化自信，就是新时代中国特色社会主义文化自信。这体现了以习近平同志为核心的党中央，坚定文化自信，立足中国、面向世界，守正创新，以新时代中国特色社会主义文化的主体精神和文化自觉，推动中国特色社会主义文化发展的实践和担当。

（1）新时代中国特色社会主义文化以马克思主义为指导。马克思主义是中国共产党的立身之本，中国共产党是马克思主义政党，是坚定的马克思主义者。马克思主义是文化建设实践的行动指南。坚持马克思主义的指导地位，是中国特色社会主义文化事业的思想基础和根本保障。因此，在坚持马克思主义指导地位这一根本问题上，我们必须坚定不移，任何时候任何情况下都不能有丝毫动摇。

（2）新时代中国特色社会主义文化离不开客观条件。一方面，新时代中国特色社会主义文化立足当代中国的具体文化和各方面实际，植根于中国特色社会主义伟大实践，顺应新时代中国特色社会主义发展需要；另一方面，结合当今时代的各方面客观条件，在中国特色社会主义伟大实践中孕育、产生、发展起来。任何一种文化的孕育、产生、发展都离不开客观条件，社会和时代的客观条件决定着文化的孕育与产生。

（3）新时代中国特色社会主义文化是社会主义先进文化。习近平总书记指出："中国特色社会主义是社会主义而不是其他什么主义，科学社会主义基本原则不能丢，丢了就不是社会主义。"[①]这一论断强调文化建设的正确前进方向，即社会主义先进文化要有马克思主义的指导和发展方向的指引。党的先进性规定了社会主义先进文化前进方向，是面向现代化、面向世界、面向未来，民族的、科学的、大众的，它规定了我们所要建设的文化的本质属性和发展方向。

（4）新时代中国特色社会主义文化的发展方针。坚持为人民服务、为社会主义服务，坚持百花齐放、百家争鸣，坚持创造性转化、创新性发展，是

① 习近平. 习近平谈治国理政 [M]. 北京：外文出版社，2014：22.

新时代中国特色社会主义文化所要遵循的基本方针。"为人民服务"是由我们党的根本立场和根本宗旨所决定的。"为社会主义服务"是由我国的社会制度属性决定的。"百花齐放、百家争鸣"符合文学艺术和科学研究发展客观规律。"创造性转化"要求赋予其新的时代内涵和现代表达形式。"创新性发展"要求对中华优秀传统文化的内涵加以补充、拓展、完善。

（二）网络文化惠民工程的精神源泉

新时代中国特色社会主义文化，是马克思主义基本原理与中国文化相结合的最新成果，是马克思主义的文化基本观念及其文化结构体系发展到现时，在中国社会主义现代化建设这个新的历史条件下所呈现出的一种新的形态。网络文化惠民工程就是要用新时代中国特色社会主义文化滋养人民群众，服务经济社会发展。

1. 优秀传统文化

与西方文化不同，中国传统文化有以下鲜明特征：第一，用"天人合一"处理人与自然关系。"天人合一"并非让人完全被动顺从自然，而是要在尊重自然规律的前提下利用自然、改造自然。例如荀子曾说："大天而思之，孰与物畜而制之？从天而颂之，孰与制天命而用之？望时而待之，孰与应时而使之？"[1]"天人合一"也具有明显的尊重自然、爱护自然"民胞物与"思想。例如，北宋张载说："乾称父，坤称母；予兹藐焉，乃混然中处。故天地之塞，吾其体；天地之帅，吾其性。民吾同胞，物吾与也。"[2]第二，用整体主义处理人与人关系。例如，《礼记·礼运》中说："大道之行也，天下为公。选贤与能，讲信修睦，故人不独亲其亲，不独子其子，使老有所终，壮有所用，幼有所长，矜寡孤独废疾者，皆有所养。男有分，女有归。货恶其弃于地也，不必藏于己；力恶其不出于身也，不必为己。是故谋闭而不兴，盗窃乱贼而不作，故外户而不闭，是谓大同。"[3]第三，用精神人格处理人与自身关系。例如，《孟子·公孙丑上》中说："无恻隐之心，非人也；无羞恶之心，非人也；

① 荀子．荀子 [M]．方勇，李波，译注．北京：中华书局，2011：274．

② 张载．张载集 [M]．北京：中华书局，1978：62．

③ 十三经注疏 [M]．北京：中华书局，1979：1414．

无辞让之心，非人也；无是非之心，非人也。"①这些措施与方法已构成中华文化独特的精神气质。

2. 无产阶级革命文化

中国的传统文化推崇整体主义，注重"天人合一"，但是侧重点还是在"顺天"，即"莫之为而为者天也，莫之致而致者命也"②。这种认识没有演绎出一套认识自然与改造自然的科学体系，更导致了一定程度的宿命论结局。"天人合一"是一种等级整体主义，用孟子的话说，"劳心者治人，劳力者治于人；治于人者食人，治人者食于人，天下之通义也"③。中国传统文化重视人的精神人格，但是"存天理灭人欲"的思想阻碍着人性的解放与个性的发展。对此，中国共产党在长期的革命斗争中形成的革命文化提供了一种批判的方法，即"破旧""立新"。这是一种整体式变革的思维，例如，将孔孟的儒家思想与作为封建社会意识形态的儒教区分开来。

3. 社会主义先进文化

社会主义文化最重要的是以人民为中心的意识形态。这也是社会主义文化与以往文化的根本区别所在。以往的文化要么出于维护特殊阶级利益和统治的目的，强调内容的"真理性"，要么扭曲人性的发展。与之相比，社会主义文化将合规律性与合目的性、真理性与价值性统一起来，主要目的就是以人民为中心。这就需要不断调整社会主义实践的战略，社会主义文化建设不仅要坚持社会主义基本内容与根本制度，还需要切合实际大胆探索与创新的文化内容，以切合其经济体制、政治体制、文化体制和社会体制等发展。

4. 新时代中国特色社会主义文化

新时代中国特色社会主义文化作为一个有机整体包含中国特色社会主义先进文化，党领导人民创造的革命文化，中华优秀传统文化。这3种特定的社会历史条件下的合规律发展的文化形态属于同一种文化类型，构成了一个文化发展链。又可以将其分为传统与现代、历史与当下、客体与主体不同方

---

① 杨伯峻. 孟子译注 [M]. 北京：中华书局，2008：59.

② 朱熹. 四书章句集注 [M]. 北京：中华书局，1983：308.

③ 杨伯峻. 孟子译注 [M]. 北京：中华书局，1960：124.

面。从结构来看，中国特色社会主义先进文化在文化体系中居主导地位，起支配作用。党领导人民创造的革命文化是中国特色社会主义先进文化的起点。中华优秀传统文化则是发展和繁荣革命文化与社会主义先进文化的坚实根基。从这种结构关系来看，中华优秀传统文化的生命力需要由社会主义核心价值观激活。

（三）网络文化惠民工程的根本支撑

文化自信不只是一种文化现象，是民族自豪感向历史文化领域的延伸和扩展，包含对国家和民族发展、中华民族伟大复兴和中国特色社会主义现代化建设事业的自信，其实质是民族的自强和自信。

1. 文化主体的自我意识

文化自信是道路自信、理论自信、制度自信的重要支撑，事关民族精神的独立性。我们文化自信的根本在于中国特色社会主义政治优势以及国家发展的光明前景。认识这种文化，首先要追问文化主体性，也就是由文化特质所决定的"文化自我"。当代中国人的"文化自我"，实质是坚定地自信中华文化有不同于西方文化的、作为独特的文化体存在的正当性和先进性。这是一种文化主体自我意识的自觉，是中华文化价值的自尊、自信和自我认同，是一种文化凝聚力，包含人的归属感、安全感、意义感、幸福感，还是民族生命存在的基本价值。

2. 国家民族自强的现实土壤

文化自信作为文化理念、观念范畴、意志信念植根于经济社会发展的土壤，同样，网络文化惠民工程也有着深刻的历史必然性和时代大背景。从基本内涵来看，新时代发生在文化领域彰显着中华文化的自信心和自信力的深刻历史性变化，是我国经济社会发展、国家民族自强的文化反映。随着民族向心力、凝聚力、自豪感、自信心、自尊心的提升，中国开始勇敢地做自己，增强中华民族身份的认同和自豪。这些年，深化文化体制改革、完善文化管理体制、实施网络文化惠民工程等一系列工作，使传统文化焕发生机并从精英层面走向普通大众，在恰到好处的坚守与创新中，表现出可贵的文化担当，积极促使文化主体性需要觉醒，已经成为网络文化惠民工程的基本任务和责任。

3. 传统文化的完整性、系统性

互联网传播传统文化，能够实现方便快捷、随时阅读，极大地激发了大众的阅读和欣赏兴趣，但是碎片化的传播形式也容易断章取义地肢解文化内涵，甚至出现庸俗化等不良现象，导致传统文化碎片化、快餐化、娱乐化。其根本原因在于对传统文化缺乏完整性、系统性的理解。不"断章取义"不意味着"不加选择"。历史虚无主义，简单复古泥古，或者贬低漠视传统文化的以洋为美、以洋为尊，都会造成思想混乱甚至错误认识。文化传承不能不加选择地盲目接受或全盘否定，它从来都不是一个纯粹、简单、自然的过程。文化的视野超越工具手段，传统文化走向公众时，需要加深对传统的理解和尊重，通过现代理解和当代转化，将符合现代生活和现代价值的内容有机地融入我们的日常生活。

三、文化自信的动力支持

文化自信，是对文化进步的强烈向往和不懈追求，是文化建设的坚实基础和内生动力。这也正是网络文化惠民工程发展的动力之所在。

（一）文化自信的动力源泉

文化自信与物质生产生活水平并非简单的线性关系，这就意味着可以通过两种方式增强文化自信。一是改善现实生活的生产和再生产；二是加强文化建设、激发文化动力。在马克思的叙述中，这两种方法以辩证思维把主体的独立性和能动性贯穿起来。

1. 理论逻辑与历史逻辑的统一

文化的作用方式受到传统的与现代的价值观影响。无论是传统的儒家价值观，还是当代中国社会作为主流价值观的马克思主义意识形态，在叙述话语中，对象的价值属性都与主体的活动形式相联系。传统的儒家价值观用文化表达民族精神所规定的"人的本质"和"人的标准"，即"志于道，据于德，依于仁"，这种价值观取向是自我约束的规范和自我提升的标准，但是带有明显的乌托邦特征。马克思主义把文化作为人的"对象化活动"，当不同形式的实践将"历史的自然"转换为带有特殊文化寄托的"自然"时，"对象化活动"就成为人的本质力量的外化和确证。显然，"对象化活动"把人的意志和创造注入物质要素，在充分认识对象性世界和取得一切自然力之后，人才获得应有的自由感和满足感，这使文化成为人的本质力量的对象化形式。这种马克思主义的叙述方式极大改变了传统文化叙述的主体世界中"人的图景"的不完整性。同样，中国特色社会主义文化建设，也是基于当代中国的实践在不完美的社会图景中努力创造出完美的图景。它印证着"中国特色社会主义，是科学社会主义理论逻辑和中国社会发展历史逻辑的辩证统一"[①]这一价值判断。

2. 以人民为中心和群众路线的统一

马克思、恩格斯把文化力量的表现放在群众实践上，中国共产党提出的群众路线和以人民为中心的理念，是这一思想在文化建设中的集中体现。"以人民为中心"理念的确立和实践，是中国特色社会主义建设中人的主体地位的自觉表达，这一语境中的文化活动充满人文关怀，其未来指向是人的文化提升和人的全面发展。

以人民为中心的社会主义和谐文化建设过程，表现为以自觉的价值主体改造实然的自我，以及以自为的积极性创造现实的生活，从其发展方针上讲，是坚持人民群众为中心；从建设方法上说，就是走群众路线。毛泽东同志把新民主主义文化描述为民族的、科学的、大众的文化，充分体现出文化的群众性和广泛性；"三个代表"重要思想则把先进文化前进方向与最广大人民群众的利益结合起来，表述了文化建设与利益诉求的关系。在群众路线的语境中，大众话语、精英话语、主流话语能够有机融为一体。所以，我们党必须"善于通过提出和贯彻正确的路线方针政策带领人民前进，善于从人民群

① 习近平．毫不动摇坚持和发展中国特色社会主义，在实践中不断有所发现有所创造有所前进 [N]．人民日报，2013－01－06（1）．

众的实践创造和发展要求完善政策主张"①，因为人民群众的文化需要是反映在群众的文化生活当中的，如果我们脱离了群众，只会从书本上教条式地搬用一些词汇，"即使掌握了从一个大民族本身的生活条件中产生出来的出色理论，并拥有比社会主义工人党所拥有的还要高明的教员，要用空谈理论和教条主义的方法把某种东西灌输给该民族，也并不是那样简单的事情"②。可以看出，以人民为中心和群众路线规定着文化力量的表达场景，是直接影响着中国先进文化建设的方向和性质的。

3. 在文化自觉与价值自觉中构建话语认同

一般来说，如果人的内在需求与社会的外在尺度一致，就会形成比较好的认同状态。如果主体的内在尺度与文化对象的客观尺度相符合，文化对象就会在主体心理上产生美感，表现出话语与现实的协调性；如果主体的内在尺度大于文化对象的客观尺度，主体会因为这种文化的低水平而不屑努力，话语就会苍白无力；如果主体的内在尺度小于文化对象的客观尺度，文化对象的巨大尺度就会使主体感到力所不及而处于压抑状态之中，导致造成描述过度的现象。在中华民族伟大复兴的中国梦当中，包含着历史与现实中蕴生的群众路线和群众语境、思想和认识中赓续和拓展的全心全意为人民服务语境、改革开放与社会实践中赋形的和谐社会建设语境、科学发展观背景下的以人为本和人的全面发展语境、国家治理现代化中的社会建设和管理创新语境。在这种语境中的文化力量，注重物质文明与精神文明的结合，注重主流文化与多元文化的融通，注重在实现人的价值中增加正能量而减少负效应。

对中国共产党人来说，话语认同是贯彻党的思想路线的基础，是传播和实践社会主义核心价值体系的基础。实现话语识别的基本要求是提高文化认同和文化修养。中国特色社会主义是对中国文化软实力本质的一种规定，在这种环境下，必须注重考量中国文化软实力的量度和定位。当前的文化认同前提是承认和坚持马克思主义及其话语体系，从中国特色社会主义的实践出

---

① 习近平. 建设社会主义文化强国，着力提高国家文化软实力 [N]. 人民日报，2014 – 01 – 02（1）.

② 马克思，恩格斯. 马克思恩格斯文集：第 10 卷 [M]. 北京：人民出版社，2009：575.

发，话语认同应体现以下要求：首先，把党的领导与人民群众利益的一致性放在首位，使群众真正成为文化建设的主体；其次，能够正确处理生活话语与政治话语、学术话语之间的关系，为群众自觉的文化追求提供话语转化的有效路径；再次，把握话语批判和话语借鉴的方向，坚持马克思主义在话语体系中主导地位；最后，在体现日常生活中的价值引领的方向性方面，能够形成群众喜闻乐见的语言形式。

4. 文化实力与潜力的辩证统一

文化实力是文化对经济社会发展的驱动力、对国民思想信仰的凝聚力、在国际文化舞台的竞争力以及对世界文化发展的贡献力等，既呈现为最为表象、最为直观的文化维度，也呈现为最容易直接刺激文化自信的文化维度。从根本上看，思想本身并不直接就是现实，文化自信也并非对文化实力的直接表达。文化实力所表现出来的只能是一种现实的情况，并不能够全面反映出文化发展的历史过程及动态趋势。文化实力代表着文化的现在，而文化潜力代表着文化的未来。从自信本身来说是指向未来的，文化潜力作为另一重要因素则构成文化自信的动力源泉，因为文化自信实质上是表达了对现实文化潜力转化为未来文化实力的一种乐观预期。潜力之所以为潜力，是因为它还不具有直接现实性，它只是具有转化为实力的可能性而非必然性。如果想要把这种可能性变成必然性并且成为实然性，那么，就需要有强大的文化发展动力作为其驱动引擎才行。

文化实力与文化潜力统一于文化动力。文化动力在文化自信的构建系统中是具有核心和枢纽作用的，可以同时激活文化实力与文化潜力这两大支撑文化自信的关键要素，从而使文化能够真正成为善于流动的、富于创造的开放生命体。当文化发展一旦有了明确的方向，文化动力就成为具有决定性作用的因素，因此，掌握激发文化动力的方法，也就意味着掌握开启文化自信的钥匙。中国特色社会文化建设，经过马克思主义文化与中华优秀传统文化从历史碰撞走向深度契合，我国的文化实力正稳步提升，文化潜力具有了更为广阔的发展空间，这就更加需要以澎湃的文化动力来推动社会主义文化强国的建设，需要我们从文化动力入手构建当代中国强大的文化自信，并且通过激发文化动力来释放文化活力，开发文化潜力，提升文化实力，从而彰显中国特色社会文化魅力。

（二）网络文化惠民工程的发展动力

人创造了文化，文化影响着人。人的生存和发展需要赋予网络文化以发展动力；反过来，网络文化又深深地影响着人的发展。不同层次的网络文化相互交织，形成复杂的网络文化景观。网络文化惠民工程作为新的文化模式正在培养造就新一代的网络人。而网络文化惠民的形成，有着自己内部的动力系统，也有着外部的推动力量。总体来看，网络文化惠民的形成是基于以下几种主要的动力要素的组合结构及其运动方式，有其内在的动力机制。

1. 原动力：个人诉求

网络文化发展背后的驱动力是互联网用户的需要或诉求，受众基于各种需求而运用网络。其主要诉求有：休闲娱乐诉求、自我表达诉求、自我调适诉求、个人信息传播诉求、自我形象塑造诉求、社会交往与社会报偿诉求、知识管理诉求、社会参与诉求等。

从需求的内容可以看出，网络文化往往是受众在满足自身需求过程中所形成的"副产品"，在网络运用中真正有明确文化追求的网民并不是太多，然而，无论有无文化的自觉意识，网民基于自我需求满足的行为、活动，却构成网络文化发展的基本动力。互联网用户需求的多样性，使网络文化表现出纷繁复杂的情形，在接纳网络文化的积极意义的同时，我们必须面对其所带来的各种现实问题，简单地采取头疼医头、脚疼医脚式的手段，是不可能解决这种深层次问题的。我们应当把网络文化看作是一个窗口，透过它可以看到网民诉求中的那些消极现象，其所更多地反映出来的社会发展的阶段性矛盾，可以使我们更好地确定网络文化惠民的发展方向。

2. 助推力：网民互动

我们说个人诉求形成网络文化的原动力，但这种单纯的个人行为很难称为网络文化，作为网络文化最基本层面的网络文化行为，也是需要通过网民的整体行为特征才能够揭示出来。而网络文化产品等更高层面的网络文化，必须通过网民间的互动环节，才能产生其实质性意义。作为网络文化惠民助推力的网民互动，其作用表现为以下几个方面：

（1）网民的互动放大个人行为。一些属于个人行为的事件，突然成为网络文化事件，这一定离不开网民的互动，"芙蓉姐姐"就是一个典型的例子。在现实生活中类似"芙蓉姐姐"的人并不是个别，只有"芙蓉姐姐"在很短的时间内引起了人们的广泛关注，也就是说，因为她的个性是通过网络进行宣传的，而不管人们的追求或讽刺，网民的关注和讨论，最终的结果就是这种个人行为的效果不断放大，使其越来越具有象征性。

（2）网民的交互聚合个人行为能量。网络的出现，使得"粉丝"文化变得具有如此强大的社会效应。现实中的追星行为之所以能从单纯的个人追星演变为具有群体活动机制的"粉丝团体""贴吧"等网络交流手段是起了十分重要作用的。在很多的网络文化事件中，我们都能够看到个体能量被聚合起来后产生的"聚变"效应。但大多数个体并不是基于理性判断或社会责任来发出自己声音的，而是更多的基于个人生活经验、信息环境和当下心境来表达个人诉求的，这就使得集体暴政、网络暴民等可能会以强势者的形象出现，形成网络文化无法摆脱的一个陷阱。我们要有效地改善这一情形，绝不能只是简单地控制网络的交流渠道，而应当更多地从个体的理性精神与宽容精神的培育出发，从个体的网络使用素养出发。这正是一个民族精神长期塑造的过程。

（3）网民的互动孕育群体文化。越来越多的网络社区不仅成为网民之间情感交流的空间，也成为孕育各种文化的土壤，虽然这些文化可能只是小众文化，或者是某些群体内部的文化，然而它们已成为丰富多元的网络文化中的一支生力军。

（4）网民的互动促进文化产品的传播。对于网民原创文化产品的传播，主要途径是网络，传播的主力军是网民，传播方式表现为网民通过电子邮件、即时通信工具、BBS、博客等来转发某些作品。在网民传播文化产品的过程中会形成一种自然的选择机制，能在网络多如牛毛的信息海洋中脱颖而出的网民作品，总会在某种程度上契合网络文化的某种阶段性特征。其他组织或商业机构的网络文化产品，也是需要通过网民的互动来检验其文化价值与市场价值的。

（5）网民的互动创造网络文化精神。网络文化精神的形成并不取决于一两个网民的宣言，而是网民的一种共同选择，这种选择需要通过网民的互动来巩固和促进。然而，作为网民互动的结果，可能会形成强势声音对弱势声音的挤压，并不是每个人都能进行自由表达的。一方面，网络能够实现对传统权力结构的"去中心化"；另一方面，网络又会在无形中形成新的权力重心，昔日的平民可能迅速成长为新的网络特权者，从而形成网络文化发展过程中的一种矛盾状况。因而，网络文化精神并不一定会永远维持它的美好初衷，也可能会被各种因素所改变，甚至扭曲。

3. **核动力：主流文化**

网络文化常被称为"草根文化"，这是相对于网络文化与精英文化的某种对照而言的。"精英文化"的表述是一个内涵并不确切的概念，网络文化的初始标靶更多的是主流文化而不是精英文化。所谓主流文化，是具有高度融合力、强大传播力和广泛认同感的文化形式，在社会文化中具有主导话语权，在文化竞争中形成。作为标靶的主流文化对于网络文化来讲，一开始，挑战主流文化是网络文化的出发点，到一定阶段后，追求主流文化的地位或者说跻身主流文化却成为网络文化的一个追求。网络文化之所以一开始要做出挑战主流文化的姿态，主要是因为它自身还没有成型。它必须在挑战、改造甚至解构某些主流文化形态或产品的基础上完成自身的基本建造过程，只有借助主流文化的外壳才能进行自身的"原始积累"。以主流文化为标靶，可以以较小的代价尽快获得成功。由于主流文化已经具有的特殊影响力，挑战主流文化很容易在瞬间吸引人们的注意力，同时，这也顺应了人们对于一些缺乏创新的主流文化的不满或厌倦情绪，适合人们对求新、求异、求变精神的追求，挑战、"恶搞""解构"等也就成为网络文化的阶段性特征。但只有破坏而没有建设的文化注定是没有长久生命力的，破坏发展到一定程度，必定就会开始举起建设的旗帜。

现阶段网络文化已经摆脱了边缘化的地位，随着自身的日益丰富与强大，特别是网络在社会文化系统中的地位不断上升，网络文化也产生在主流文化圈中角逐一席之地的动力，并且具有了在主流文化圈中竞争的力量。网络文化更多地从主流文化中汲取经验，与一些主流文化形成合作关系，形成网络主流文化。培育正能量充沛的网络主流文化，通过网络主流文化来引导整个网络文化的健康发展，是网络文化惠民的重大任务。可以说，网络主流文化的培育不但直接决定网络文化的发展方向，而且影响整个网络的兴衰。网络文化的核心问题是价值观问题，正能量充沛的网络主流文化就是以社会主义核心价值观为引领的网络文化，这与传统意义上的主流文化是一致的。正是在这个意义上，网络主流文化构成网络文化惠民的核心动力。

4. 外部力学系统：技术—经济—政治

正如其他文化一样，网络文化的发展，除了其内在的系统动力外，还受到外部力量的影响。技术、经济、政治这三者构成了网络文化的外部力学系统。网络文化所形成的物质保障是数字技术。数字技术使文化产品的生产和传播大大降低了门槛，同时也为个体诉求的满足提供了越来越丰富的手段和途径。可以说，技术是塑造网络文化特征的重要工具，网络文化精神的自由性和开放性离不开网络技术本身的开放性和共享性，网络文化的平民性是与技术本身的低门槛等联系在一起的。在网络文化发展的初期，经济的作用似乎并不那么明显，但实际上经济是潜在地影响着网络文化发展轨迹的。而在网络文化发展的一定阶段上，经济因素就会更直接更深层地影响着网络文化发展的格局。在网络文化产品的生产与传播中，都离不开商业力量的推动，更为突出的是一些网络文化事件或网络文化现象，会由于商业因素而被放大或有意加以抑制。政治力量作用于网络文化的走向更是明显，有关的政策与法律法规、相关机构的管理方式与手段等，都可能影响到网络文化的发展。在发展网络文化中，尊重网络文化发展的内在规律，不断完善网络文化管理的方法与策略，成为党和政府必须面对的重要现实问题。在网络文化发展的实践当中，技术、经济、政治这三者之间并不是孤立地起作用的，而是以一种合力的形式作用于网络文化的发展。

从网络文化发展的具体情况来看，其内部动力系统与外部力学系统，有时是一致的，有时是冲突的。网络文化正是在这些复杂的力量要素的运动关系中，不断地变换着自己的外在表征甚至可能是内在特质，不断呈现新的景象。对于网络文化的创新与发展、调控与治理等，都需要在对这样一个复杂系统的内部规律的探知与研究中，找到其科学的决策依据。

（三）以文化的自信建设自信的网络文化惠民工程

建立在文化自信基础上的网络文化繁荣发展，是网络文化建设的应有之义和源头活水。以文化的自信建设自信的网络文化惠民工程，就要保持对自身文化理想、文化价值的高度信心，高举我们的文化旗帜、坚守我们的文化立场、彰显我们的文化优势，把蕴含于文化自信中的文化责任扛在肩上。

1. 用网络文化价值涵养网民的核心价值观

怎样以网络文化涵养核心价值观，则是实现文化自信的重要环节。"涵养"可以使社会主义核心价值观更加充实丰满，更加成长壮大。当下的网络文化惠民能否承担起这样的责任？这是摆在我们面前的现实问题。

随着当下虚拟生活实践的展开和深入，网络文化所负载的文化价值和意义也越来越被凸显出来。网络文化价值所肯定的内容，折射了网络社会客体或现象的存在、作用及其变化对特定网络文化主体的需要，并涵盖了文化进步的某种适切的、接近的或一致性的文化意涵。在进行网络文化价值建构的过程中，包括特殊性与普适性两种价值文化选择维度。网民社会作为一种全新的、以网民和虚拟实在性为基础的存在方式，既包含一般现实公民社会的文化结构与特质，又具有自身的独特之处。网民的核心价值观的意义建构，在社会价值、社会经验评判价值、社会和谐互动和社会理性价值等诸多方面，都得到了充分而又集中的体现，从而最大限度地促进了实现网民的价值和网民社会的理想。只有建立在中国虚拟社会经验基点上的网民社会的核心价值观研究，才能更好地把握网络价值文化的本质，处理好网络化时代所面临的文化融合与冲突问题，并由此提升中华民族的文化软实力，推进国家的文化总体发展战略，实现文化自信。

从价值论的角度来看，网络文化的价值与网民的价值观之间是既存在联系又有区别的。我们所讲的网络文化的价值，主要是针对网络文化的客体而言的，其价值属性兼具了客观实在性和多元性。但是作为一种虚拟实在世界文化主体的网民，是有其特定价值观的，并且能够构建起属于自己的价值观体系，从而对网络文化起到指导作用和具有社会建构意义。要真正体现网络时代的文化精神，就有必要运用哲学社会学的相关理论工具和方法，对网络文化实践中所揭示和隐含的文化价值进行科学阐释，更好地促进网络文化惠民工程的发展。

（1）作为虚拟社会哲学范畴的网络文化价值概念。在日常生活和文化哲学领域，所谓文化价值就是文化的好坏。如果我们认为文化是存在着比较性、参照性社会事实的话，"好"与"坏"乃是虚拟日常生活语言中对网络文化的积极（正面）价值与消极（负面）价值的文化判断和文化表达。网络文化价值的基本含义是一种有价值的、可敬的或有价值的网络文化，它是一种积极的、良好的网络文化意义，而网络文化的含义"坏"（如网络暴力和色情）是一种特定作为一个虚拟社会，消极的文学价值的表现。作为虚拟社会哲学或虚拟文化哲学范畴的"文化价值"，显然是来自人类当代虚拟生活实践的一种抽象概括。网络文化价值折射着网络社会客体或现象的存在、作用及变化对特定网络文化主体的需要，并且涵盖了文化进步的某种适切的、接近的或一致性的文化意涵。从具体的网络文化价值来看，都是这种网络文化价值的特殊表现形式。从我们国家网络文化的发展看，人们对网络文化价值的认识，是经历了一个短暂而又非常复杂的历史过程。

（2）网络文化建构价值观念的机制。我们应当运用价值社会哲学的思维视角，来研究和探讨虚拟心灵与网络文化世界的交互作用是怎样发生意义、意识并积聚、内化、整合为某种价值意味、价值心态的。首先，网络世界是一个以虚拟现实为背景和空间的文化世界。这个网络文化世界，是人类在虚拟实践过程中创造的由不同的文化特质承载的有文化意义的世界，是人类个体（计算机专家、网民）和群体创造或建构起来的，以独特形式存在的特质所建构。不论它们采取哪种文化形式（如英语或汉语），作为人类对客观网络世界各种存在的价值思维的肯定，都承载着特殊的文化意义，并作为一种新文化的力量独立存在于人类的物质文化与精神文化世界之间。其次，网络文化世界是承载着虚拟实在文化意义的人与物、主体与客体、个体与社群、网络社会关系等具有多样性的虚拟现实世界。网络文化世界不是孤立地存在和演进的，它与网民的发展、网络社群与网络社会关系的发展以及整个网络社会、经济、政治等的发展紧密地联系在一起。因此，丰富的网络文化产品和资源一经被人们所创造和开发出来，其相应的文化形式或特色也就被肯定下来，并在人的心理机制里发生了文化意义。网络文化之所以有价值，不仅在于它的某些单一化的技术特质，更加重要的是在于其多向度的文化张力和社会互动的品格。最后，网络文化世界的意义性成为在网民的心理机制上建构网络文化价值意义或观念的基础。网络文化世界与生活世界的同构性、网络"文化场"与"行为场"的"互构性"，必然会成为推动和影响多元化、开放化的网络价值文化建构的内在与外在的文化力量。我们国家网络文化的经验与价值意识之间存在着的文化共享性及文化限制性，成为有中国网络文化风格的价值意识建构的主导因素。

（3）网络文化价值建构的特殊性和普遍性。思考网络文化的价值论意义建构问题，必然会遇到两个特殊的范畴：文化的特殊性和普遍性。一方面，网络文化的价值建构，必然会遵循来自地方性、民族性、个体性、语言性等网络文化的特殊性原则，把网络文化置于特定的虚拟文化经验当中；另一方面，网络文化的价值建构，也不能背离于诸如全球性、一般性、平等性、互动性等网络文化的普遍性规则。以往的文化是一种具有某种前规定性的习惯，网络文化是一种新形成的人类生活习惯。在作为一种网络文化价值体现的网络语言与网络互动当中，包含着网络文化的特殊性和普遍性因素，在线与在世的虚拟生活关系及存在状态中，体现出网络文化的两种价值向度。

（4）网络文化的价值判断和社会评价。文化是人类精神客观化的产物，表现为一种普遍的经验或体验。网络文化只有被自我经验或体验时才有价值。应当从社会认同的角度对网络文化的价值进行判断和评价，从网络文化价值评价的本质来说，它是网络文化主体对网络化社会及其文化事实、文化存在的一种反映。网络文化价值意识与网络文化主客体价值关系的现实联系，是一种价值意识朝向网络世界的对象性精神活动或心身行为，它形成对网络文化的价值评判。网络文化价值评价的主体，既包括网络个体（网民）和社群，也包括政府、学界、媒介和公众在内的国家与社会。网络文化价值评价的标准，应当以虚拟生活实践为依据，同时，还要考虑人的心理评价和社会评价两者的结合，注重对客观的虚拟实践的观察与思考。

2. 以文化精神自信推进网络文化惠民工程

我们所说的文化精神的自信是对中华文化精神的信仰。文化精神是一种文化体系所蕴含的基本的、起主导性作用的思想内容，它是文化的理想追求、价值体系。在漫长的历史进程中，中华民族逐渐形成了以讲仁爱、重民本、守诚信、崇正义、尚和合、求大同等为鲜明标识的价值体系和文化理想。中华文化之所以绵延不绝，是与其中所内含的仍然鲜活于当今时代的优秀文化精神分不开的。近代以来，中华民族在抗击外辱、救亡图存的拼搏中所形成的革命文化，在社会主义建设进程中所形成的先进文化等，都是与这些优秀文化精神一脉相承的。中国特色社会主义文化，是从五千多年的中华文明中走出来的，它是以新的文化形态承载着中华民族的文化理想、传承着中华文化的精神基因的。社会主义核心价值观作为当代中国文化精神的集中体现，是中华民族优秀文化精神的时代性转化和升华。我们增进文化精神的自信，就是要增进对优秀中华文化精神及其在当今时代崭新体现的社会主义核心价值观的信心。

在新时代,我们应该在网络文化惠民工程中改造和发展我国的人文传统。中国古代人文传统的显著特点是强调价值的完整性、社会目标的统一性、人与自然的协调性、人的修养的内在性、人格境界的高尚性等。虽然这个特征具有古老的传统色彩,但却引起了西方的关注。英国著名历史学家汤因比说,人类已经掌握了摧毁自己高度技术文明的手段,同时它处于一个极端的政治和意识形态的阵营。

3. 建设文化正生态实现网络文化惠民

党的十八大以来,习近平总书记网络强国战略思想以及网络安全与信息化、网络内容建设与管理、传统媒体和新兴媒体融合发展、让互联网更好地造福社会服务人民等重要指示精神,是信息化时代对马克思主义和中国特色社会主义理论的丰富与发展,勾画出建设与发展中国网络文化正生态总基调总纲领,是"新时代中国特色社会主义思想"的重要组成部分。

网络文化是随着现代科学技术的发展而出现的一种现代文化,尤其是多媒体技术,是人类社会向信息时代发展的新文化,是网络技术条件下人类文化的衍生品。网络文化同人类文化的"血缘"关系表明,网络文化具有很强的继承性,不是从天而降的,是从传统文化中衍生出来的。其独特的特点表明,网络文化具有较强的独立性,可以成为人类文化世界中的一种独立的文化形态。网络文化惠民必须注重网络文化生态问题,它包括正生态、负生态和融合态,建设与发展中国网络文化理想乐园与和谐生态,瞄准中华民族伟大复兴中国梦这一目标,推进网络文化惠民工程,必然将建设"天朗气清"的网络文化正生态放在首要位置。中国建设网络强国、网络文化强国,通过互联网向全世界传播中国文明中国智慧,传达中国声音,表明中国在世界互联网领域的自觉担当和高尚承诺,创立平等、协调、平衡、协作、和谐的世界互联网文化传播新秩序。推进网络文化惠民工程,建设与发展中国特色网络文化强国正生态,要对网络文化主流和支流、正面和负面效应以及"中间地带"(网络文化融合态)有明确的认识,对于网络文化的支流和负面方面,要明辨是非、去粗取精,吸收借鉴具有创新性和生命力的文化养料,保持一个健康良好的网络文化生态环境。必须立足中国国情民情,通过深入互联网的各个传播渠道、各种传播形式,洞悉网络空间所呈现出的民情民意,建立一个信息高速流动且促进社会稳定、提升民众福祉的有序的网络空间,充分发挥互联网通顺畅达的民意疏通作用,排解怨气怨言、谬误谣言等负能量,使更多的正能量得以抒发、弘扬。

第三章　网络文化惠民工程的现实基础

文化自信是对中华文化的历史起源、发展、精神特质和精髓的总体性判断，是秉持对中华文化的科学、礼敬、继承、创造性推进的基本立场和态度。文化自信问题在当代中国之所以成为一个问题，既是基于近代先进的中国人在民族苦难和奋斗中民族自强与文化自觉的展示，又是当代中国面临的民族伟大复兴对文化自信和文化自觉的迫切需要；既是对全体中国人树立文化自强自信心的鼓舞，又是对当代一切否定中华民族文化言论的回击，包括一百多年由于受侵略受压迫造成的某些人心中残存的民族自卑情结的解扣。在当代中国，文化自信的主体是中国共产党和中华民族。当代中国的文化自信，是中国人民的文化自信。文化自信最终体现在每位国民的行动上，有了丰富且有效的载体，文化自信就成了摸得着看得见的具体符号、标志和实物，远比抽象的理论陈述更具说服力。网络文化惠民是一项与提升国家道德水平和文明素质有关的文化项目，也是一项丰富人民群众精神生活、提高人民群众生活质量的民心工程。通过网络文化惠民工程这一增强文化自信的重要载体，我们能够不断提升人们对当代中国精神的感受力，不断提升人们对中国特色社会主义文化的认同感，从而潜移默化地提升人们的文化自信。

一、网络文化惠民工程的理性基础

网络文化惠民工程的推进，可以准确把握社会主义先进文化的发展脉络和基本趋势，为我们坚定文化自信提供实践遵循和路径所依。

（一）网络科技与文化传播的学理分析

目前，国内学界在探讨互联网科技与文化传播的关系时，比较多的都是从技术载体与传播内容的利弊视角进行研究，而忽略了更加深远持久的隐性特征——互联网科技"内嵌"的"去中心、共享、平等、互联"等文化属性。20世纪，西方马克思主义法兰克福学派曾提出科学技术成为意识形态的观点，这对于我们分析和研究科技对于文化传播的影响具有重要的借鉴参考价值。从马克思主义历史生存论的视角来看，应该以人类生存的二重结构作为确立文化自信的依据，以工具理性与价值理性相统一的生存理性作为文化自信的理性基础，以人的健康生存与全面发展作为科学与人文的结合点，使文化自信体系建构在真正的人的价值需要的支撑点上。

1. 工具理性与价值理性的内涵

"理性"是现代哲学体系中出现频率很高的概念之一。我们在这里所讲的"理性"，是指主体认识客体运动变化规律的一种抽象思维形式和思维能力，是主体把握世界的一种方式。认识"理性"的目的表现为两个方面：一方面向自然界索取更多财富，以消灭物质匮乏和辛苦的劳作；另一方面是认识自身和他人，追求理想的社会组织形式，以减少战争并获取更多幸福。

德国社会学家马克斯·韦伯和法兰克福学派的代表人物霍克海默，对工具理性和价值理性的内涵进行了深入的研究。马克斯·韦伯在对人类行为的研究中，提出了工具理性的概念。韦伯认为，工具理性即"通过对外界事物的情况和其他人的举止的期待，并利用这种期待作为'条件'或者作为'手段'，以期实现自己合乎理性所争取和考虑的作为成果的目的"。① 换句话说，为了达到一个精心选择的目的，人们将考虑各种可能的手段及其带来的后果，以便选择最有效的行动方式。韦伯认为，工具理性关注的是目的、手段和后果的综合。霍克海默将理性分为主观理性与客观理性。所谓主观理性（或叫工具理性），指的是以工具的、主观的意识来理解的理性，注重的是所用手段是否能达到目的，并不注重目的本身是否合理。霍克海默认为，主观理性"最

① 韦伯.经济与社会：上卷[M].林荣远，译.北京：商务印书馆，1997：56.

终被当作一种合作协调的智慧能力，当作可以通过方法的使用和对任何非智力因素的消除来增加效率"。①从中可以看出，工具理性意味着以最有效的手段达到预想的目的，在实践中表现为效率优先性和物质需求优先性。工具理性主义者常常把他人或外在事物看作实现自己目的的工具或障碍。

对于价值理性，马克斯·韦伯的解释："通过有意识地对一个特定的行为——伦理的、美学的、宗教的或作任何其他阐释的——无条件的固有价值的纯粹信仰，不管是否取得成就。"②价值理性只赋予选定的行为以"绝对价值"，而不管其目的究竟是为了伦理的、美学的、宗教的，还是出于责任感、荣誉、忠诚等；只注重行为本身所蕴含的价值，并不去考虑行为可能产生的功利性结果；重视实现社会的精神文化需要，强调社会的公平和正义，其关注焦点在于人们的行为是否合理，并不看重物质利益。对于价值理性者来说，人们应当逐渐用精神追求和价值意义去取代对物质利益的追求，会积极地去关怀人，让整个社会变成具有"精神意义"和人文情怀的世界，而不是只讲求物质利益关系的冰冷世界。

2. 价值理性的导向作用

价值理性通过在头脑中调动理想自我，实现人性的导向作用，具体认识价值理性对人性的导向作用，离不开对人性的认识。人性的本质是自然属性、社会属性和精神属性的矛盾统一，三者相互渗透。在特定的社会条件下，价值观是人们对一切价值所持的立场、观点和态度的总和。人们的价值观不同，对自身行为的价值评价、对利益的选择与追求，在实践中对自身价值的定位、定向是不同的，由此所产生的在实践中的思维目的、思维过程、思维结果就会不同。这体现出价值观对人的精神生活的支配作用，同时借助思维的传导功能，实现价值观在价值理性中的主导作用。因此，理性的价值可以引导人们在未来的实践和思维过程中，理性地选择在外部和内在精神世界中接收与储存各种信息的过程，是价值理性对它的指导作用的重要体现。由此，人们在现实的学习、工作、生活和对与错、好与坏、美与丑、善与恶、荣辱、苦

---

① 霍克海默，阿多诺. 启蒙辩证法 [M]. 洪佩郁，译. 重庆：重庆出版社，1990：8–9.

② 韦伯. 经济与社会：上卷 [M]. 林荣远，译. 北京：商务印书馆，1997：56.

与乐等方面的价值评价，均体现人们对某种价值需求的认可，所具体表现的价值倾向及由此形成的价值尺度、这个尺度带来的人们对自身行为的自我规约等，均体现出人们的这种自我引导作用。人的价值观不同，价值取向就不同，价值理性也就不同。

要理解价值理性对人的本质的指导作用，还需要在实践中体现出理想自我超越现实自我的过程。人具有自然属性、社会属性和精神属性，在人的头脑中如网状般紧密交织着从属于人的三种属性的多重需要，形成人的精神性、社会性、自然性需求的集合。在一定的内外因条件下，这些需要是互相依存、相互矛盾的，其中有些需要受到人头脑中"主导思想"（人头脑中占支配地位的思想）的压抑，成为人的次要需要，处于被支配地位，有的甚至隐匿在人的潜意识中沉寂；而有些需要会由于主导思想的认可与激励，被主导思想将其调动到头脑里的显意识中，其中有些需要成为主导思想形成的动力。对于人的精神世界空间内在矛盾运动的复杂性，是通过头脑中双重自我的辩证关系具体体现出来的。价值理性通过调动理想自我潜移默化地体现对自身本质的导向作用，使人头脑中的"现实自我"在一定条件下转变成"理想自我"并发展自己。理想自我和现实自我是一样的，不能与现实生活相分离，它的存在也要有社会政治生活、经济生活的物质支撑，但理想自我能够从思维与存在的辩证关系中来看待现实社会，站在社会发展规律的角度，前瞻性地预见人的社会存在，一定条件下现实同未来之间有一个必然存在的逻辑转换关系。实践是人们在认知过程中对事物包括对自身进行概念、判断、推理的基础，同时由于人的社会实践的结果会在一定意义上反映为双向价值，一方面体现为从物质或精神等方面对社会政治、经济利益有所补益的实践活动的成果；另一方面体现为人的能力、潜智、个性等综合素质的提升，从而形成个人的生存与发展同国家的生存与发展之间的互动互补性。由此可以看出，在人的实践中主体能动性的发掘是一个永续的过程，理想自我立足未来，使人的自我超越成为永恒，构成社会发展的前提，对个人生存与发展的理性反思，形成人的需要、能力、潜智、个性等素质在限定的社会关系中获得最深层面、最大限度发展的某种精神需求，我们以此来衡准与规约理想自我在社会生活中的生存质量与人自身的其他一切需求。

3. 工具理性与价值理性的有机融合

韦伯对人类理性行为的区分和分析为我们反思人类文化精神的走向、思考其利害得失提供了思维的范式。一般来说，每个文明社会，都会追求文化的理性化。西方理性主义源远流长，中国"理学"长盛不衰，可以说正是人类追求社会文化理性化的不懈努力。西方从近代开始的理性化进程，从一开始就是以追求功利为动力，以科学技术为工具，并在此基础上发展了一套以数学的定量化、逻辑学的明晰性为特征的理性主义思维方式。因此，西方近代以后的理性化进程，把工具理性行为推向了极端，经济、科技、文化教育、精神均以效益为准则，技术成为主宰一切的力量。虽然也有些人文学者（如浪漫主义者、马克思主义者、非理性哲学家）不断提出对这种以工具理性为原则的工业文明的强烈抗议，但均因物质文明的巨大成功，生活享乐的不可抗拒的诱惑，使这种少数智者发出的声音湮没在消费主义的物欲洪流之中。直到 20 世纪中叶，在经历了两次世界大战的灾难之后，西方人才惊讶地发现，他们的文化危机已经到了足以毁灭人类生存家园的地步，才回头过去正视人文学者早已发出的警告，检讨工具理性带来的深刻的价值危机和精神危机。在他们重新设计通向 21 世纪的精神之路时，有识之士尤其强调使工具理性和价值理性统一起来。

要实现工具理性与价值理性的有机融合，首先，应当明确工具理性能为价值理性实现提供物质支撑。价值理性是依赖于工具理性而存在的，也就是说，没有工具理性也就没有价值理性。工具理性是体现为主体思维对客体规律的认识和把握的，这也就产生了基础科学和应用技术，为人类的文明进步提供其理论基础和知识积淀。从社会实践的情况来看，工具理性能促使人们去改造世界，实现人的本质力量的对象化，工具理性奠定了物质文明，使人们在物质文明发展的基础上，能够进一步去体悟人生的价值，自觉去实现人的自由全面发展（价值理性）。工具理性为价值理性的实现提供物质保障和现实支撑，是价值理性的基础。其次，充分认识价值理性能为工具理性的实现提供精神保障。如果允许工具理性的无限制扩张，把物质财富视为衡量社会进步的唯一尺度，必定导致人类的"物化"和人文精神的萎缩。例如，近代以来的西方知识分子们高举所谓理性的旗帜，认为科学是万能的，使工具理性逐渐侵占了理性的地盘并以异化形式呈现出来，带来价值理性的失位，引发人与自然、人与人、人与社会的全面冲突。这就要求我们在把握规律和克服挫折时，应当充分发挥价值理性的引领作用，要有坚定的信念和高尚的情操，为科学工具理性的实现提供精神保障。"如何做"与"为何做"构成社会实践活动的基本内容，共同决定着实践活动的成败得失。工具理性解决的是"如何做"的问题，而价值理性解决的是"为何做"的问题。不懂得"如何做"，人们的愿望和需求便只能停留在理想阶段；不懂得"为何做"，就可能出现"为了做而做"的情形，使自己成为别人奴役的工具。

在社会主义精神文化中，之所以要培育工具理性和价值理性相融合的理性精神，是因为没有以科学技术为手段、以效率为原则的工具理性就没有物质文明建设的高速发展，我们的经济发展就会拉大同世界先进水平的差距，就要被排除在世界民族文明之外，中华文化就会成为一个远古的、衰落的历史符号，而不能同世界文化一道进入新时代。相反，倘若我们只注重工具理性而不重视价值理性，我们的文化也会是一种偏颇的片面发展的文化，就偏离了文明的理想之路和正确方向。在世界已缩小成一个地球村的今天，文化发展更要有全球战略，发达国家以历史性的递进方式走过的文化发展历程，现在却需要发展中国家在共时性的条件下完成。这就需要我们扬长避短，把工具理性和价值理性有机地统一起来，这是人类文化摆脱困境的根本出路。

价值理性与工具理性的有机结合是人类意识的重要贡献和进步。应当把人类社会和科学技术的发展协调起来，以时代特征和需要为标尺，采用辩证扬弃的科学方法正确地诠释和利用价值理性与工具理性。从我国的现实情况来看，人们在探究和协调人与人之间的关系时，注重了人自身的完善，却忽略了人与自然之间关系问题，科学技术在生活的各个领域都发挥了巨大作用，我们所面临的紧迫任务是需要建立科学的思维方式，避免简单庸俗化的工具理性，注重工具理性与价值理性的统合。中国社会正处于一个特殊的发展时期，中华民族正走向伟大复兴，这不仅是一个增加经济总量的过程，也是一个向全世界推广中华文化的过程，在前现代、后现代交替的复杂阶段，必须正确处理工具理性与价值理性在社会发展中的作用。因此，创造具有鲜明时代特征的先进文化即"文化软实力"，这是在实现中华民族伟大复兴的过程中，我们能够为人类社会文明做出更大贡献的最佳选择。

（二）现代工具理性与价值理性的有机统一

在以工具理性为主导的所谓现代化历史进程中，人类社会面临着严重的发展危机。解决这种现代化的危机，必须把道德精神作为现代化的支撑点和导向力量，对理性精神文化做出认真的反思，合理把握和运用理性精神文化。社会的健康发展应当建立在重塑理性精神文化的基点之上，要将已经被肢解的理性精神文化能够重新恢复其完整的状态，将抽象的所谓理性主义回归到真正的理性主义，真正扭转现代化建设中的极端功利化、工具化倾向，从而用价值理性引导工具理性，促使现代化向符合人性与物性的方向发展。网络文化惠民工程正是在这种历史背景下产生的。

1. 工具理性与价值理性的历史分离

现代社会是以启蒙理性为基础的，康德在《历史理性批判文集》中曾经明确指出："启蒙运动就是人类脱离自己所加之于自己的不成熟状态。要有勇气运用你自己的理智！这就是启蒙运动的口号。……必须永远要有公开运用自己理性的自由，并且唯有它才能带来人类的启蒙。"[①] 理性不但是探索世界、追求真理力量的理智的方式，而且是启蒙运动中寻求和实现人的自由与解放的动力。大卫·雷·格里芬等指出，"现代常常被认为是理性的时代，它是相对于被看作是信仰甚或迷信的时代的中世纪而言的"。[②] 韦伯把理性看成是流布于整个现代社会全过程的一个关键现象，是我们认识现代社会的一根红

---

① 康德. 历史理性批判文集 [M]. 北京：商务印书馆，1990：23–25.

② 格里芬. 超越解构：建设性后现代哲学的奠基者 [M]. 北京：中央编译出版社，2002：229.

与线，是现代社会及其发展的最本质特征。在这样的一个时代里，人们相信理性能够克服宗教、愚昧、迷信等对人的压抑，能够把人从匮乏、灾难、必然王国中解放出来，从而使人获得终极性的自由和幸福。

在启蒙运动之后，理性的发展逐渐发生了蜕变。我们应当看到，在科学理性取得辉煌成就的同时，理性的权威也达到了登峰造极的地步，理性成为新的上帝。正像恩格斯所指出的那样，"宗教、自然观、社会、国家制度，一切都受到了最无情的批判；一切都必须在理性的法庭面前为自己的存在作辩护或者放弃存在的权利"。[①]但在长期对理性的讴歌中，人们却不自觉地形成形而上的理性概念，不适当地理解和运用理性，完整的理性被肢解，导致抽象的、片面的理性的产生。当对理性形成迷信时，理性就变成了"工具理性"。理性只是被当作工具性的能力，这种"工具理性"就会挤压、侵蚀、否弃价值理性，遮蔽、忽视理性本身所具有的"去蔽""祛魅"等功能，理性的理想性质和价值观念就会被置之度外。工具理性使人类走出了愚昧、盲从却又陷入了简单化、平面化，陷入了意义危机和精神上无家可归的境地。用这样的理性来思考问题与指导行动，形成片面化的、畸形化的后果。当代社会各种异化现象的出现，确实是与理性的这种片面发展密切相关的。我们要使社会能够得到健康的发展，就必须重塑理性，当然，这并不意味着简单地恢复原有的理性主义，而是要在新的历史起点上，充分吸取当代先进文化价值观念，认真把握时代精神，重新建构一种适应时代发展和人的全面发展要求的新的理性。

2. 网络文化惠民工程的理性精神文化重塑

在工具理性与价值理性相结合的基础上，重塑网络文化的理性精神文化具有鲜明的特点。

（1）辩证性特征。具体体现在工具理性与价值理性的"二律和合"上。所谓"二律和合"是指在对立两极中求统一、和谐、浑融。"二律"是一种事物的存在状态和属性，是事物内在的矛盾、存在的对立双方；"和合"，则是事物矛盾的协调、融合、同一，是对立面存在的相互渗透和统一，而且，

---

① 马克思，恩格斯．马克思恩格斯选集：第3卷 [M]．北京：人民出版社，1995：355.

这种统一是处于最佳状态的统一，对立的双方都没有离开对方而突出自己。①从人类在认识世界和改造世界的活动中所表现出来的思维特征与行为方式的理性来看，其归根到底都是在实现着人的两个方面的宗旨，即求真与求善。以求真为宗旨的工具理性和以求善为宗旨的价值理性，是构成总体性理性的两个维度，在社会运行的过程中，要把理性的工具功能与价值理念功能内在地结合在一起，二者不可偏废，应当保持其相对平衡。

工具理性与价值理性的二律和合，成为人类文明发展到一个新的历史高度的重要标志，是人类历史发展中不可缺少的坚实支撑和必要机制。理性的生成与发展，以及工具理性与价值理性的二律和合，既在很大程度上能够满足人类生存发展的需要，提高人类的物质生活水平和质量，彰显人类自由自觉的创造性本质，提升人的地位，又能够为人类告别原始的丰富性，告别人对人的依赖，为人走上全面发展，获得自由个性，即步入全面自由发展的最高境界开辟道路，奠定坚实的基础。

我们所要建构的发展社会学，应当体现工具理性与价值理性有机统一、体现科学主义和人文主义的二律和合，强调社会发展是决定性与选择性、统一性与多样性的二律和合。既要合理地拓展价值理性的内在张力，矫正工具理性的偏执，弥补单纯经济增长主义的缺憾，又要合理地拓展工具理性的内在张力，防止价值理性的过度张扬，出现唯价值论和纯道德批判的悬设。分析、思考和解决当代中国社会发展问题，应当在坚持工具理性与价值理性二律和合的基础上，实现人类观念的真正转变，从而在实践中能够处理好人与自然、当代与未来、经济发展与生态优化、物质丰富与精神升华、短期利益与长远利益等方面的关系，促进社会的发展进步。

（2）批判性特征。理性不是简单地、轻易地接受和照搬某些结论，是通过其特有的反思特性，对原有的认识提出批判性的挑战，修正和完善原有的认识，从而达到新的认识。康德在《纯粹理性批判》第一版序言中说，"这个时代不能够在被虚假的只是拖后腿了，它是对理性的呼求，要求它重新接

---

① 杨建华. 二律和合文化精神下的中国现代化 [J]. 探索与争鸣，2008（8）.

过它的一切任务中最困难的那件任务，即自我认识的任务，并委托一个法庭，这个法庭能够接受理性的合法性保障的请求，不是通过强制命令，而是按照理性的永恒不变的法则来处理，而这个法庭不是别的，正是纯粹理性的批判"。"我们的时代是真正批判的时代，一切都必须经受批判。通常，宗教凭借其神圣性，而立法凭借其权威，想要逃脱批判。但这样一来，它们就激起了对自身的正当的怀疑，并无法要求别人不加伪饰的敬重，理性只会把这种敬重给予那些经受得住它的自由而公开检验的事物。"①康德的批判是对一般理性能力的批判，也就是批判性地审视人的一般理性能力及其适应范围和所能达到的限度。其结果是康德发现，不是只有传统和权威而是理性能力本身也可能使我们误入歧途。在很长一个时期里，我们对工具理性偏执的推崇，坚信一切社会问题都可以在工具理性的范围内得到有效的解决，忘记了康德一再强调的"一切都必须经受批判"的思想，康德说，"理性必须在其一切活动中都把自己置于批判之下"②，造成工具理性尽管在社会发展中能够独领风骚，但也带来沉重的代价与灾难。

现代社会应该是一个理性批判的社会，是一个通过质疑、反驳、证伪和批评来促进社会进步和知识增长的社会。我们在揭示社会现实的过程中，不能只局限于一种忽此忽彼的"外部反思"，而不能深入到内容本身，不能够领会真正的社会现实。社会要取得巨大进步，必须深入到对当今社会现实的深刻反思之中。理性所具有的这种批判性，恰好是保证人类认识不断发展的生命力之所在。德国哲学家卡西尔指出，人不仅仅是存在着的动物，更是理解、反思着的动物，人不仅仅生活在现实之中，也生活在理想之中。思考着未来，生活在未来，这是人的本性之一。③近代以来文艺复兴和启蒙运动的兴起，就是借助于这种理性批判的力量，此后科学技术的快速发展和人类社会的不断进步，也是依靠这种力量。从某种意义上说，没有批判，就没有理性的进步，就没有社会的进步。

① 康德.纯粹理性批判 [M].邓晓芒，译.北京：人民出版社，2004：3.
② 康德.纯粹理性批判 [M].邓晓芒，译.北京：人民出版社，2004：569.
③ 卡西尔.人论 [M].上海：上海译文出版社，1985：68.

（3）包容性特征。现代社会是一个包容的社会，理性是人类思维的伟大进步，人类创造辉煌文明的根源是人类的理性。近代以来，人的理性主义觉醒与人的主体性高涨，极大地促进了人类认识征服自然、改造社会的历史进程，但理性的极度膨胀以及神化，也给人们带来了不利于发展的因素，甚至是束缚人类的发展。这便是让人类"绝对理性"中迷失。人总是在理性的指导下有计划、有目的地去认识、改造世界，去追求并实现一个个宏伟目标的，理性的绝对则是非理性，人类很多历史浩劫都是因信奉绝对理性而导致，绝对理性成了绝对荒谬。这就要求我们的现代新理性必须具有包容性。

在人们的认识中，每一个概念都在本质上反映着人们对某一阶段或某一种程度的存在认识。这表明每个概念都不是最后的和固定的，而是开放的和发展的，人们依据概念对事物的逻辑思维，就需要随着人们对事物的不断认识加以调整和发展。封闭的逻辑思维所依据的概念，由于自身的封闭性，不能准确地表达出发展中的现实，其结论也就失去了现实的真实性。只有一种具有开放性、包容性、客观性的概念，才能构成一种健康的理性思维得以存在的根基，那么，包容性也就成为人类理性发展的重要因素。

现代健康理性之所以是一种包容的理性，是因为在人类思维中并没有绝对真理，我们有的只是相对真理，永远不可能得出最后的真理，只能在一个具体的时间空间里反映出这一具体时空范畴里的客观真实性，这一时空范畴里的真理只是人们思维对这一具体时空真实的客观反映。真理就是这样一个不断前延的阶梯，其包容性理性思维能够彻底解放人类的智慧，让人类永远不再满足和停留在一种有局限的真实之上，这就使"超越"成为理性人们最基本的一种冲动，只有建立在一种客观的、包容的并蕴涵着一种逻辑关系的理性概念之上，才是真正的人类思想。

理性的包容是理性选择后的理解与包容。这种包容体现着一个人的通达和一个社会的完善，以及一个国家的进步和发展。在我国处于急剧变化的社会转型时期，理性的包容性显得尤为重要，社会赖以生存、和谐发展的基础在于理性所具有的包容性。一个现代文明的社会，必是一个包容的社会，而一个包容的社会，必是一个因富于创造而生机盎然的社会。理性的包容性体现出一个人、一个社会的自信和成熟，包容"异质思维"，呈现为一种平衡、协调、综合、可持续性、"求同存异式"的发展思维。包容性发展也就成为在理念确认和价值导向上，能够更多地体现出利益公平、机会均等、规则公正、分配公平等发展的内在特质。

3. 网络文化惠民工程对工具理性与价值理性的融合

人的双重性存在，构成网络文化惠民工程工具理性与价值理性融合的根基。网络文化惠民工程的对象是人，其目的是人的全面发展。要实现网络文化惠民工程的工具理性和价值理性的融合，就必须以分析网络文化惠民工程对象——人的特性为出发点。在马克思看来，人是双重地存在着的，主观上作为他自身而存在着，客观上又存在于自己生存的自然无机条件之中。作为双重性存在的人，一方面，要利用科学技术改造自然，获得生存和发展所必需的物质基础，这就需要工具理性；另一方面，人作为精神存在者不仅仅是工具理性，而且也具有自己的内在尺度，并通过自我意识把自己从自在世界中提升出来使人真正成为人，建构起具有价值理性意义的世界，这是人类价值理性存在方式的表现。工具理性和价值理性都是以人为原点的，一个是面对人类当下的需要，希望寻求更好的方式、方法和手段，追求以最小的代价实现最大的目标，解决人类目前的生存困境，改善人类的生命质量；一个是注重人类存在的终极价值，强调维护人类的基本价值观念，探寻人的生命价值及其意义之所在。我们在推进网络文化惠民工程中，要基于人的双重性存在，才能实现工具理性与价值理性的融合。在将网络文化融入惠民实践活动的过程中，要改变现有的惠民手段、方式方法以及环境，以优化惠民过程，提高惠民效率和效果，这需要工具理性。与此同时，网络文化还要关注惠民主体的内在尺度和精神存在，落实到个体的全面而有个性的发展上，成为真正意义上的人，也需要价值理性。

网络文化惠民工程的重要支撑是对中国优秀传统文化的继承与创新。一方面，就中国传统文化重义轻利，不以功利为原则而言，可以说它不是工具理性的。但另一方面，我们不能因此就说中国传统文化是追求价值理性的。因为中国传统的理性既没有像古希腊和近代德国那样抽象的形而上学本体论追求，也没有像印度佛教那样沉入厌弃人世的来世主义，而是执着于人间世道的实用探求，形成其独特的"实用理性"。现实中人的每种行为都是既有工具理性的成分，也有价值理性的因素。每种文化也是既有工具理性，又有价值理性，区别只是在于"价值"取向何方。西方文化从近代以来，它的主要价值取向是外界物质功利的获取，工具理性大大压倒了价值理性。而中国传统文化大致可以说是以显示人生的经世之道为价值取向，与工具理性和价值理性的取向都不相同。但从世界文化发展的趋势来看，已经走到了工具理性与价值理性相融合的新时代。西方文化世界通过对近代以来的工具理性膨胀所导致的文化危机的恶性循环的批判反思，正在重建价值理性的人文根基，提出了科学技术的道德价值要求和精神含量问题，使工具理性融入价值理性，走出技术统治的机械化的单一价值领地。而在我国的文化理念中则相反地一改过去重科学技术，不以功利、效率为原则的老路，强调我们要赶上西方的物质文明，必须以科学技术为第一生产力，必须以经济建设为中心，以市场的效率为原则去大力加强物质文明的建设。这实际上是往传统的价值理性中注入了新的工具理性的内容，但我们不是要返回到西方近代工具理性的老路子上去，而是试图辩证地解决工具理性和价值理性的关系，既强调以科学技术为手段、以效率为原则（工具理性），大力发展物质技术文明，同时强调物质技术文明要以社会主义精神文明为指导，培养有理想、有道德、有文化、有纪律的四有公民（价值理性）。这也就是我们的物质文明和精神文明两手都要抓、两手都要硬的战略方针。这个方针是符合世界文化努力使工具理性和价值理性相统一的大趋势的。我们从中国传统文化的改造需要以及社会主义初级阶段文化的现实基础出发，主张精神文化必须培养起实事求是的科学精神、开拓创新的敬业精神、独立自主的主体精神；从世界文化发展的趋向和人类全球意识出发，我们必须培育出工具理性和价值理性相统一的理性精神。

（三）网络文化惠民工程致力于文化中国建设

文化中国建设是文化自信的具体体现。文化中国既是对整体中国而言的，也是对每个中国人个体而言的。如果只是国家强大、内涵丰满、气韵生动，而个人则品位、气质和修养欠缺，也不能说就是真正意义上的文化中国了。文化中国是硬实力和软实力集于一身的感性符号，需要国家与个人的共同努力和不懈追求，这就需要网络文化惠民工程的支撑和保障。

1. 文化中国建设的基本内涵

文化中国是相对于法治中国和生态中国而言的，它是依据文化在当今世界以及未来中国发展中的地位和作用而提出的一个感性符号，文化中国建设是一幅说明现代中国追求文化、创新文化、利用文化创造世界和表现行为的形象图式。

（1）理论图式。理论图式不仅意味着我们所有的工作都需要以科学理论为指导，不能一切只靠经验办事，而且我们需要用不断创新的理论来指导我们的发展。改革开放40年来的成功，可以让我们有充分的道路自信、制度自信和理论自信。但自信不等于可以傲视一切，我们需要清醒地认识到目前我们的道路、制度特别是理论还有不够完善的地方，还需要我们不断总结、丰富和发展。从世界的视角看，我们的理论话语声音还不够强大，我们的底气还不是很足，许多影响全球的重要理论与话语还不能够由我们来主导，以理论创新为其核心的众多创新还任重而道远。

（2）知识图式。文化的发展必须着眼于科学的发展，实现自然科学和人文社会科学的共同繁荣。自然科学是生产力，人文社会科学也是生产力。现阶段我国的GDP总量已居世界第二，综合实力明显增强，人们热爱知识、追求知识和利用知识的局面已逐步形成。但我们也要清醒地认识到，我国无论自然科学还是社会科学与西方发达国家相比还有一定差距，相当多的高科技产品都是由西方人发明创造，就连花木兰、熊猫与功夫等中国元素经过西方人影视播放后轰动全球，一些核心技术仍掌握在西方人手中。如何由中国制造走向中国创造，这是摆在我们面前的迫切任务。

（3）意义图式。文化有其科学内涵，也有其价值内涵，科学内涵能为价值内涵祛魅，使文化价值内涵更有"人"文意义；价值内涵也可以促使作为科学的文化更好地为人类自身发展服务。但在另一种意义上，它们又是不能互相代替的。科学要求冷静客观，保持价值中立，而价值始终意味着一种承诺与维护。从客观现实看，我国在经济发展的同时，也存在着一定程度的信仰缺失问题。这表明，建构一个符合当前我国实际的文化意义图式是十分必要的。中华优秀传统文化强调天人合一，注重和谐，重视天时地利人和，强调内在精神与气质的养成，这恰恰可以弥补当代人物质生活相对富裕、精神生活相对贫瘠的问题。在科学理论、科学知识指导和以先进制度为保证的前提下，我们可以用中华优秀传统文化去补充和完善国人的意义世界。

2. 文化中国建设凸显文化自信

一个社会的组成，可以分为经济、政治、文化、社会与生态等方面。意义图式对文化繁荣与发展是非常明显的，表现为软实力和吸引力。意义图式对社会秩序的建构与维护也是非常重要的，能够使人们在有亲和力的环境中交往与成长。虽然这个环境不可能一下子消除人们之间的贫富差距，但能让每一个人都感受到做人的尊严、人间的温暖。意义图式对建设生态中国也是非常重要的，能让人们在感受到美丽中国的同时，增添更多的诗情画意。文化中国的意义图式彰显了文化自信。

（1）我国经济的发展需要意义图式。从世界的发展历程来看，当一个国家人均 GDP 达到 5000 美元时，经济中三大需求结构将会发生变化，原来占主导地位的投资需求会让位给消费需求。随着消费需求主导地位的不断增强，一个国家就会从生产社会进入消费社会。消费社会与生产社会有着明显的区别，前者是消费引领生产，后者是生产决定消费。而在消费社会中，人们需求的基本特点表现为由物质需要转化为精神需要和文化需要。按照法国社会学家让·鲍德里亚所提出的象征意义理论的表述。消费社会的主要卖点不是物品，而是符号。鲍德里亚所谓的符号是指有象征意义的文化符号。同时，文化产业在未来经济发展中所占比重也会越来越大，虽然文化产业的发展要靠资本与技术，但是离开强大的文化想象力和丰富的文化象征资源，是不可能建成世界一流文化企业的。根据国家统计局网站发布的《2017年国民经济和社会发展统计公报》显示，2017年国内生产总值（GDP）达到827122亿元，比上年增长6.9%。全年人均GDP为59660元，比上年增长6.3%。如果以美元计价，2017年中国全年人均GDP为8836美元。世界银行的高收入国家标准为人均国民收入1.2万美元左右。2017年中国人均国民收入在8790美元左右，和人均GDP接近。如果此后几年人均GDP和收入维持2017年增速，则大约在2022年，中国将进入高收入国家行列。这表明，我国社会需求结构已经发生了重大变化，人们的文化需求程度越来越高，要建设经济强国，不仅需要更充足的资本与更高含金量的科技，更加需要有一个丰富的意义世界。

（2）我国政治建设离不开意义图式的社会功能。西方马克思主义者葛兰西指出："一个社会的霸权地位表现在以下两个方面：'统治'和'智识与道德领导权'。一个社会集团统治着它往往会'清除'或者甚至用武力来征服的敌对集团，他领导着同类的和同盟的集团。一个社会集团能够也必须在赢得政权之前开始行使'领导权'（这就是赢得政权的首要条件之一）；当它行使政权的时候就最终成了统治者，但它即使是牢牢地掌握住了政权，也必须继续以往的'领导'。"[1]这给我们的启迪是，无论是国家权力还是意识形态都不可能管理到人们日常生活的所有方面，对这些方面社会秩序的确定与人际关系的管理，应该靠建构一套与意识形态保持一致的文化模式。文化所涉及的范围要比意识形态大得多，虽然意识形态能够渗透到不同文化领域，但它终究不能代替这些领域文化的社会功能。从实践来看，一种政权模式或意识形态只有与本民族的文化传统相结合，才能体现出更好的意义，才能真正获得民众的支持与认可。中华民族伟大复兴的中国梦体现了人们内心追求成功、实现人生价值的理想，反映了民族的呼唤和历史的祈盼。

（3）我们向世界提供的"中国方案"需要意义图式的支撑。中国道路的世界价值首先体现在中国文化的不断发展之中。中国的社会主义建设取得了

---

[1] 葛兰西.狱中札记[M].曹雷雨，等，译.北京：中国社会科学出版社，2000：38.

骄人的成绩，但仍面临着各种严峻的挑战，需要我们保持清醒的头脑，应当以更加宽广的眼界来审视马克思主义在当代发展的现实基础和实践基础，不断推动马克思主义与当代中国发展的具体实际相结合，把中国社会主义道路走得更加稳健、更加辉煌。中国道路的世界价值还体现在中国文化的精神价值上。世界观及其所衍生的人生观构成文化最核心的竞争力，中华文明蕴藏着深厚的社会思想和人文理念，在精神上追求"天人合一"，在政治上崇尚"仁义教化"，在文化上主张"和而不同"，这对于近代以来的"天人对立""人我对立""身心对立"价值观具有明显的修正作用。中国在经济、政治和世界文明交往等领域所走过的独特路径，使世界现代化进程的探索和人类精神生活的内涵得以丰富，然而，要让世界接受这些思想的内涵并不容易，这就需要我们努力寻求中华文明与世界文明沟通的基础和可能的途径，以世界其他文明能够接受的理论、观点和理念向世界传播。

3. 网络文化惠民工程推进文化中国建设

在不到一百年的时间里，我国走完西方几百年的现代化历程，创造出人间奇迹。但一些西方马克思主义者和后现代主义思想家对当代西方社会的批判，不能不引起我们的高度重视。如果我们在很短的时间内走完了现代化历程，但也犯了西方人同样的错误，那就必定带来严重的后果。西方的现代化过程过于重视工具理性，最终导致在经济发展的同时，出现生态平衡的严重破坏和人际关系的淡漠。这使我们在强调科学知识和技术作用的同时，必须不断完善与建构一个意义世界，能够在人们的物质生活得到不断满足的同时，精神生活也同样能够得到满足。意义世界的建构必须同现代化进程同步进行，把工具理性与价值理性有机统一起来。

我们要用网络文化惠民工程营造文化繁荣氛围。文化中国建设需要有巨大的文化资源，更加重要的是培育尊重文化、追求文化和崇尚文化的社会氛围。传播社会主义先进文化，必须营造健康积极向上的网络文化氛围。只有把文化既当成外在力量，又当成内心需求，真正化为品位修养，文化才能真正成为一种形象。这就需要我们在方式方法上，必须着力破解网络传播话语转换、加工的问题。网络文化的发展传播不同于传统媒体，有其自身的规律和特点。网络文化空间的教育引导活动，不能仅仅拘泥于单向灌输式的教育引导模式，既要注重发挥教育引导者的主导作用，又要注重在与受教育者的互动中实现潜移默化的引导。网络正能量的无限放大，能够有效挤压负面信息，避免"虚拟"扰乱"现实"。我们应充分重视网民作为受教育者的主体性地位，尊重网民的网络行为方式和接受习惯，提高主动设置议题和引导舆论的能力，善于用网民容易接受的"普通话"来阐释他们关心的热点难点问题。网络既是现实的人的延伸，又是现实社会的延伸，但网络世界不是现实社会的简单"复制"，网络舆论引导和网络思想政治教育也不是网下对应工作的"电子版"。这就需要我们立足于掌握网络信息传播交流技术的作用机制，坚持文化传播和思想政治教育的基本原则，不断创新网络文化建设的方法方式，注重文化产品标题的凝练性、内容的故事性、蕴涵的深刻性、语言的感染性、阅读的便捷性，提升网络文化传播的有效性。

二、网络文化惠民工程的"文化场景"

文化自信是在一定的"文化场景"中实现的。作为一种文化消费，"场景"体现为一定区域内蕴涵特定价值观的设施组合。设施的不同组合及其文化消费，其价值观维度具有不同的内涵和侧重点。美国人罗伯特·斯考伯和谢尔·伊斯雷尔在《即将到来的场景时代》一书中指出，"未来的25年，互联网将进入新的时代——场景时代"，认为互联网时代的"场景"应该是基于移动终端、传感器、社交媒体、大数据、定位系统提供的应用技术以及由此营造的一种"在场感"，5种技术原力正在革新着消费时代人类的行为体验。[①]移动互联网时代是一个场景的时代，其内容媒体、关系媒体和服务媒体，围绕的都是"场景"这一新的核心要素。也就是说，媒体在移动时代的争夺，就是对场景的争夺。

"文化场景"这种新的思路对于研究和推进网络文化惠民工程，具有重要参考价值和借鉴意义。

---

① 斯考伯，伊斯雷尔．即将到来的场景时代 [M]．赵乾坤，周宝曜，译．北京：北京联合出版公司，2014：124．

（一）"文化场景"的基本理论

"文化场景"理论是由美国芝加哥大学的一些学者提出来的，立足于文化的视角来研究一个地方的发展及其形成的内生动力。公共文化空间是城乡居民文化生活的重要场所和文化传承的重要载体。

1."场景理论"的概念

场景理论中的"场景"一词来源于"scenes"的翻译，最初指的是戏剧、电影中的场面，它包括对白、场地、道具、音乐、服装和演员等影片希望传递给观众的信息和感觉。场景中各个元素相互有机关联，同质元素布局之间有必然的出现关系，异质元素布局之间将表达颠覆性的思想。"场景"后来逐步为社会学、传播学等学科所应用，其释义逐步由单纯的空间偏向转为描述人与周围景物的关系的总和，其中最为核心的要素是场所与景物等硬要素，以及与此相关联的空间与氛围等软要素。特里·克拉克把这种现象引入城市社会的研究之中，进而形成了"场景理论"。认为在城市中，场景的构成是"生活娱乐设施"（urban amenities）的组合，不仅蕴含了功能，同时也传递着文化和价值观。文化、价值观蕴含在城市生活娱乐设施的构成和分布中，并形成抽象的符号感和信息传递给不同的人群。这时的"场景"概念已经超越了生活娱乐设施集合的物化概念，呈现为一种涂尔干所描绘的社会事实，是作为文化与价值观的外化符号而影响个体行为的社会事实。

场景理论研究的出发点是在后工业社会中，个体的空间行为动机在个体对文化和价值观的诉求中凸显出来。特定的地域文化和价值观被嵌入社区、建筑、人口、风俗和群体性活动等方面，外化为生活娱乐设施的功能、种类、布局的总和（场景）。文化和价值观通过区域场景来反映和塑造着人们的空间行为动机与现代生活秩序。正如社区概念的运用一样，它揭示的是个体围绕生老病死所展开的各种实践活动组成的符号意义，"场景"这个工具也会揭示各种消费实践活动的符号意义。克拉克认为,场景理论包括5个要素:邻里，社区；物质结构，城市基础设施；多样性人群，如种族、阶级、性别和教育情况等；前3个元素以及活动的组合；场景中所孕育的价值。场景因各种消费实践而形成有符号意义的空间，把空间看作是汇集各种消费符号的文化价值混合体，个体在其中进行消费实践，收获由实践带来的情感体验，如愉悦或憎恶等，场景赋予各种消费实践以意义，对场景的辨认就建立在这一基础上。场景主要制造一种"审美（文化）品位"和体验，它包含3个维度：令人快乐的外观（外表），个体自我呈现的方式（个体努力创造在别人眼中属于自己的形象），即戏剧性；同一性所产生的乐趣，真实自我与本地风格是否具有同一性，排斥或接受，否定还是赞扬，即真实性（本真性、原真性）；符合信仰和道德所带来的快乐，政府主管部门对个体评价作出错或对的裁决即合法性。戏剧性、真实性和合法性是理解"各种都市设施混合体所形成的具有价值取向的场景"的3个维度，这就为场景理论提供了一个分析框架。场景理论的研究体系建立在主观认识和客观结构两大体系上。客观结构由被研究区域中的生活娱乐设施构成。主观认识体系是指文化价值观场景的3个主维度和15个次维度。其中，主维度分别是"真实性"、"合法性"和"戏剧性"。真实性是对社会个体身份内涵和意义的鉴别，即对"真"的认识；真实性这一文化既直观维度又包括5个次维度，即理性、本土、国家、社团和种族。合法性体现了人们为某些社会存在所进行的对错的判断，即对"善"的感觉；合法性这一维度细分为传统主义、自我表现、实用主义、超凡魅力和平等主义5个次维度。戏剧性设计人们看待别人以及被人看待的方式，即对"美"的认识。戏剧性也包括5个次维度，分别为亲善、正式、展示、时尚和违规。

2."场景理论"概念的发展

（1）从戈夫曼到斯考伯。20世纪80年代，随着电视媒体的兴起，传统的研究理论已经无法支撑媒介对社会行为影响的阐释，梅罗维茨的《消失的地域》提出了"媒介场景理论"。这是对戈夫曼的拟剧理论和麦克卢汉的媒介理论的继承与发展。早期的场景主义者戈夫曼被认为，每个人都在社会舞台上扮演着不同的角色，并根据自己所处的情境，比如"前台""后台"，来调整自己的行为。拟剧理论为以往抽象、宏大的社会理论引入了独特的分析路径，但因为经验主义的倾向被诟病为缺乏逻辑。麦克卢汉在《理解媒介》

中提出"媒介即人的延伸"的主要概念，认为不同的媒介是不同感官的延伸。新媒介出现后，会引起人的感觉的改变，进而影响人的意识，最终影响人的行为。麦克卢汉的论述虽然阐释了媒介与行为的关系，却缺乏对场景中介意义的足够讨论，更多的是停留在"洞察"的思辨性层面。电视的出现，模糊了前台与后台的界限，也促成了私人情境与公共情境的合并。不同场景的融合，驱动着人们不得不采取一种适应新场景——"中区"的新行为。梅罗维茨在"将对媒介的探讨同与地点有关的场景的探讨联系起来"的观点基础上，构建出"新媒介—新场景—新行为"的关系模型，认为新媒介的大量引入和广泛使用，可以重建大范围的场景，并延伸出适应新的社会场景的新行为。梅罗维茨的场景理论也赋予"场景"一词新的内涵。他突破了戈夫曼所理解的场景就是教堂、咖啡馆、诊室等物理隔离地点的空间概念，积极导入了"信息获取模式"——一种由媒介信息所营造的行为与心理的环境氛围。这不是一种空间性的指向，而是一种感觉区域。正是在这个意义上，国内学者有时候也将梅罗维茨的"场景"（situation）译为"情境"。

斯考伯等人的研究是场景理论的又一次发展。梅罗维茨将媒介场景作为文化环境与具体场景作为内容进行区分，但缺乏足够的阐述，难以解释互联网时代空间与情境、现实与虚拟、公域与私域等诸多场景的重叠耦合。斯考伯提出，互联网时代的"context"应该是基于移动设备、社交媒体、大数据、传感器和定位系统提供的一种应用技术，以及由此营造的一种在场感，这种"场景"同时涵盖了基于空间的"硬要素"和基于行为与心理的"软要素"，这种具体的、可体验的复合场景，与移动时代媒体的传播本质契合，更加尊重"人"作为媒介与社会的连接地位。虽然我们把两者都翻译为"场景"，但在其内涵偏向上是不同的。梅罗维茨的场景"situation"，强调的是由于信息流动的模式不同而造成的感觉屏障，其侧重于媒介形式本身；罗伯特·斯考伯所说的场景概念"context"在英文字典中的解释包含了"语境""上下文"的意思，突出新型媒介技术所带来的行为环境或心理背景，其侧重于研究媒介内容。虽然表述不同，但其背后的理论逻辑是相通的，都是注重电子媒介所营造的信息环境和技术体验如何影响甚至决定人们的行为特点和需求特征。

（2）出现适配需求与隐私保护的现实困境。场景的价值越来越受到移动时代媒体的重视。在传统媒体时代，媒体注重内容生产，流量成为考核指标。在PC互联网时代，社交行为背后聚集的用户成为媒体最宝贵的财富，以用户为中心成为媒体互联网运营体系的核心。在移动互联网时代，特别是随着智能设备的广泛普及，适配用户的特定场景及需求成为新的理念引领。这就要求我们不仅要理解特定场景中的用户，还要迅速挖掘出用户在特定场景中的信息需求或服务需求，推送相应的产品。信息或服务的挖掘与推送，决定着适配的水平，检验着移动媒体能否达到"场景即入口"的应用目标。"场景应用"已经在现实中成为移动媒体竞争的主要领域，基于地理位置的场景应用，也成为不少移动媒体努力的主要方向。总的看这些努力还存在一定的现实困境。从类型上来看，目前的"场景应用"还停留在标准化适配层面，只是针对用户群体在某个特定场景中的普遍性、一般性需求，提供信息和服务，是很难达到个性化适配层次的。也就是说，对用户的实时状态、生活惯性、心理状态、体验追求等行为与心理的场景"软要素"把握不够。这既是场景应用开发的现实难题，同时也塑造了"场景应用"的未来方向。

在未来的场景应用中，可以通过可穿戴设备、蓝牙智能信号APP、移动设备传感器等技术趋势来精确识别场景，以适配用户的需求。谷歌眼镜的失败案例引发人们的思考。按照设计思路，谷歌眼镜强大的场景感知操作系统将通过红外线视觉传感器获知使用者的位置、活动以及暗含的意图——它会知道你当时是在行走、跑步、购物还是开车，并根据这些信息进行数据处理，提供相应的信息，进行适配的个性化定制服务。但谷歌眼镜在上市后不久就退市了，除了技术的不足，更加重要的原因是涉及隐私问题而被消费者排斥。然而，谷歌眼镜失败并不是毫无意义的，它至少表明，在场景的开发应用中，寻求精准与个性的适配应保持必要的警惕与节制。这是现实困境。

3. 文化场景理论及其核心要义

城市发展的实践表明，在消费视野下以文化形态存在的娱乐设施，可以成为城市经济社会发展的重要推动力量。"文化场景"理论凸显了文化的意味和创意的价值，认为如果都市设施所彰显的价值观与创造性群体等优秀人力资源所珍视的价值相一致，就能够对这些优秀人力资源的居住地选择及空间迁移产生影响，进而为城市经济社会发展提供动力支持，并为城市改造、区域发展、政府服务管理以及相关公共政策制定提供理论依据。"文化场景"理论为观察、分析和研究城市转型发展提供了理论框架。都市娱乐休闲设施和各种市民组织的不同组合，能够形成不同的都市场景，而不同的都市场景是蕴含着差异化的文化价值取向的，这种单纯的某个城市场域就超越了物理性存在，上升到文化和价值层面，因为有了意义的生成和价值观的传播而成为文化空间。场景理论并不排斥以生产和人力资本为主建立的理论，它是在承认二者功能的前提下，增加了消费的维度，是从消费、生产和人力资本三者来解释都市社会的。在后工业社会里，它启发人们的研究视角由生产转向消费，把不同社会符号或纽带（邻里关系、阶级、社区等）中的个体（居民与劳动者）视为消费者，其目的就是要用场景把消费组织成有意义的社会形式。"场景理论"不仅是把消费当作消费活动本身来研究，更加重要的是着重研究消费的社会组织形态，认为便利设施作为某一场景的组成元素不能被"原子化"地去理解，它是作为整体体验中的一部分被消费的。在消费单个便利设施时，文化价值被镶嵌在不同的设施组合即场景上，能使一个地方变成一个具有吸引力的空间的，不是餐馆、酒吧、人流以及自然条件等有无或多寡，而是这些设施会以什么样的方式组合来形成特定的场景，正是这种组合形式，能够使生活在其中的个体滋生出共同的文化价值。

　　文化场景不等同于简单的文化娱乐设施，而是与人们的交流和价值观相联系的。在不同的文化娱乐设施中，是有着不同的价值取向的，差异化的文化价值取向能够吸引不同的群体前来进行文化实践，推动区域经济社会的发展。对于一定空间内都市娱乐设施的不同组合及其文化消费来说，其价值观维度的内涵和侧重点是不同的，只有体现一定价值取向的文化娱乐设施才是文化场景。文化场景是依托于城市空间而被赋予某种文化价值的，这就要求我们要以整体性、系统性、协调性思维看待文化场景，在诸多要素的集聚、集合中才能生成特定的意义，使其真正成为一个体现意义和价值的场景。"文化场景"理论强调的是社会成员共同的生活环境和消费理念对其价值观与生活方式的深刻影响。城市研究必须从注重经济因素分析转变为对文化消费及生活方式的关注，探索和建立以价值观为核心，以社区环境的文化建构与创意阶层的集聚为诉求目标，在社区生活环境与创造性人才集聚发生内在关联的基础上，立足于以培育创意为城市转型提供新动力，构建在城市化运动中的城市转型发展模式。"场景"是一个有着社会学和人文学意味的概念，提供社会成员的归属感和文化需求的协同管道，建构基于生活方式的消费性体验的文化品位和情趣，并寻求身份认同，从根本上超越了"设施"的本来意义，因其与价值观的密切结合演变成为具有精神象征和文化意义上的"都市设施"。

文化场景的建构表征着城市的品位诉求和价值追求，城市文化政策会影响场景的塑造，并促使其不断明晰自身定位。"文化场景"是一个人文意味的概念，就其内在理路来说，秉承的是"城市文化支撑着城市发展"的理念，文化、价值观蕴含在城市生活娱乐设施的构成和分布中，形成抽象的符号感和信息传递给不同的人群，并把个体行动目标锁定在文化与价值观诉求方面，是人（主要是城市居民）和城市空间的共在、共享及其相互生成。其理论核心在于赋予一定的文化空间某种价值观的维度，意义的抽象生成是与创意人才集聚有一定关联的，并与体验性文化消费、文化实践活动及某种趣味间隔相互切近。从"空间"到"场景"凸显的是大众消费实践中意义的建构和价值的传播，以及审美品位和体验的生成。加强都市设施建设要以价值观的体现和彰显为核心，以吸引创意人才为目标，以人气带动资金流、信息流和高科技及其先进管理经验，来激发创意和孵化产业，为城市转型发展培育新动力。

文化产业发展实践表明，产业集聚和人才集聚密切相连、交互影响，其中的连接点之一就是周边的文化娱乐设施及其文化艺术氛围。一定的文化场景有利于促进创意人才的集聚和文化创意产业发展，文化创意人才的集聚反过来也会对城市建设者提出建构和完善"文化场景"的要求。对于人才特别是创意阶层的集聚，既要依靠城市公共设施、文化空间、娱乐设施和城市的宜居度，更加重要的是依靠文化的包容性、艺术的多样化、审美品位的塑造和城市创意氛围的营造及其价值认同感的吸引力，还有对创意成果的保护和商业开发。全国文化中心必定是创意培育中心，没有创意支撑的文化场景是不可持续的，也很难形成城市转型发展的内生动力。

（二）网络文化场景思维方式的形成

文化场景理论的形成，为考察移动互联网时代的连接模式提供了新的视角，使得传统社会中人与人的连接、人与商业的连接方式迎来前所未有的变革，这就为网络文化惠民工程提供了条件和新的要求。

1. 网络文化场景的思维方式

场景无处不在，具体的时间、地点和人物是有着特定的场景关系的。在场景视角下，我们不得不思考一个问题。在快节奏的社会生活中，如何才能长期保持人们对自身服务的记忆？互联网场景中有一个特别重要的元素就是"用户"。要想很好地分析"场景"，就要很好地理解"用户"。我们处在一个以人为中心的时代，腾讯提供的是人与人的连接，阿里提供的是人与物的连接，百度则提供的是人与信息的连接，再加上移动互联网的发展，人的位置越来越凸显了。因此，分析"场景"的关键还是要从人开始，从洞察用户开始。

网络文化随着互联网的变化而变化。传统文化的思维禁锢与媒介的机械化运作，导致依附于传统媒体、传统产业生态的传统文化在互联网时代已经日薄西山，行将被新兴的互联网文化所替代，信息碎片化造成了新兴文化的细分化、即时化，曾经一度阅后即焚成为年轻用户追捧的新潮，个性化文化层出不穷。在新文化盛行的泛社交生态圈，幽默、搞笑、贱萌符合年轻人口味的个性化兴趣文化泛滥成灾，新的网络文化标签和网络流行语瞬间引发互联网爆炸。随着移动互联网生态的逐渐形成，新的年轻的、个性的互联网文化将充斥整个移动互联网生态圈，新兴文化引导互联网潮流成为历史发展的必然。

网络文化场景深度加强。在移动互联网的环境下，场景已经融入基于社交、媒体、电商、金融、智能等硬件的产业形态之中，移动互联网时代的社交和支付等各类新产品顺应场景而自然诞生，无处不在的场景成为移动互联网时代的标签。随着移动互联网的全面深化，"互联网＋"上升到国家高度，全面渗透进社会生活之中，以互联网为核心的场景也将会更加密集和深化。在各种场景之下，一切新的产品都将被发明和引爆，场景就像移动互联网时代的一种引火器，有着颠覆一切的无限可能性，呈现为场景意味着创造，场景意味着分享，场景意味着流行，场景意味着消费。可以说整个移动互联网时代都是场景时代，场景深度还会在未来不断地加强。在此基础上，消费将会成为最终自然的结果，场景消费化，进一步形成整个移动互联网环境生态。

2. 网络文化场景中的人与商业连接变革

（1）商业的人格化。在场景时代，浏览痕迹背后的大数据、人性化的传感器、精确的定位技术等成为不可或缺的助力器，构成商业走向人格化的技术前提。互联网时代的商业运营，已经不再是单纯的"产品、用户、平台"三驾马车独占鳌头的时代，而是"人、货、场"的场景化时代。人也不再只是冷冰冰的批量化的消费者，而是成为一个个独特的、有鲜明个性的、诉求独立的主角。人们不再需要迁就商家为了满足大多数用户而提供的普适性的内容与服务，个性化和定制化成为消费主流。这一切的形成，不需要用户绞尽脑汁、长篇大论地去与商家讲述自身的需求到底是什么，只要通过平日里在移动设备、社交媒体的使用足迹，通过传感器和定位系统所透露的个人数据，就能够悄无声息地将自身诉求的信号发射出去。每个人在互联网终端上下载的各种场景应用软件，在微信朋友圈发布的状态，订阅的公众号类型，关注的微博或贴吧，都能够成为新的人格化象征。移动设备、传感器和定位技术共同搭建起来的可量化数据平台，成为商家能够准确掌握用户需求、提供场景化体验的新的入口。

（2）商业的社交化。传统的场景体验是基于世界状态、地理环境的感知，而移动互联网时代的场景则是以人为中心，一种被智能的移动终端所重新赋能的人。场景中的消费过程的意义，不再是仅仅表现为行为本身，而是表现为通过社交网络的分享、转发、点赞、评论等场景共享进化生成的新型购物关系。以现实关系为组织逻辑的社交平台，将会逐步让位于以空间或场景体验要素为构建基础的社交行为和社交关系。小米的产品研发之所以采用发烧友参与的模式，就是在通过社交关系打造操作体验的场景。塑造商业场景化的核心要素之一是社群，它主要包括社群感、亚文化形成内容能力的可复制性、造成大规模传播以及用户的卷入感等。

3. 网络文化场景中的人与人连接变革

（1）原子化个人带来的社会角色泛化。构成场景的基本要素之一是空间与环境。移动媒介的便携性预示着人机一体化时代的到来，人与移动设备的绑定，极大地改变了人们对时空的感知，进而影响到人与人之间互动连接的方式。以手机为代表的移动设备，也包括可穿戴设备等形成"身体缺场"而"注意力在场"的流动空间。从传统的人际交流来看，人们利用声音、表情、肢体及任何非语言符号开发他们业已控制的一些相互作用的小片地区，这个过程称为地方空间意识。人们是在同一固定的区域内实现彼此的沟通交流的，形成关于这个地方空间相对稳定的认知，按照世代传承的文化模式和传统习俗来生活。在这个场景中，阶层构成和社会关系是相对稳固的，人们知道如何按照此空间的关系模式找到自身的定位，扮演合适的社会角色。在互联网移动设备时代，为人们提供了不同于传统人际交流的场景与空间格局，重塑了人们的交流空间，模糊了社会角色的边界，形成了个体身份角色的泛化。互联网时代的社交媒体，使人们在另一地点就能把几个小时前所拍摄录制行为通过移动设备上传到社交平台，而处在另一地点的人们则通过另一移动设备进行评论、点赞、转发等，这种行为的发生地与进行交流的空间不再非得是重合或相同的。这种社交媒体使用的全民化、平等化，造成前台、中台、后台的行为空间消失，人们可以通过社交媒体看到平常看不到的情形，使得原先的社会身份的差异和社会行为的层次在移动互联网时代被消解，从而形成真实世界中所应遵循的社会行为的固有模式和规范被开放的信息系统所架空的场景状况。

（2）民族歧视。弱关系和弱关系的加强是人们与外界沟通的桥梁。不同地方、不同领域的人们可以通过脆弱的关系获得不同的信息。最亲密的朋友的生活圈子往往是相似的，他们的生活条件也是相似的。随着互联网时代的到来，社交网络逐渐成为媒体的核心内容。人们沟通和沟通的基础上建立的信息平台薄弱的关系。根据大数据和定位系统提供的痕迹，人们甚至可以准确地找到符合自己利益和价值观的群体，使它们离散而艰难。与 PC 时代互联网的普及相比，移动时代场景的意义得到了极大的加强。移动通信的本质是基于场景的服务，即感知场景（情境）和适应信息服务的，而不管情境如何。难忘的旅行可能必须归因于个人对旅行网站的看法，以及热点评论栏中屏幕后面人群的评论和感受；年轻人的微博关注的是时尚、美食、健身和陌生的博客。虽然在现实生活中，人们可能永远无法实现面对面的互动，但移动互联网创造了大量的虚拟空间和环境，使人们能够离线到活力和生活，成为一条普遍可访问的路线。离散化族群带来的弱关系强化。弱关系是相对于亲近关系来讲的，它是人们与外界沟通的桥梁，在不同地点及领域的人们能够通过弱关系获得多样的信息，也正是通过这些"微弱关系"的存在，信息才能在不同的圈子中流传，从而形成弱关系的特有威力。

随着互联网时代的到来，社交成为媒体的核心要素之一，使人们基于弱关系搭建起来的信息平台实现了彼此的沟通和交流，人们根据大数据和定位系统所提供的痕迹，能够准确地定位到与自身的兴趣、价值观相一致的群体，从而构成离散却又坚韧的族群。尤其是在移动时代的场景，无论是情境的塑造或者信息的服务，都必须依赖移动互联网技术背后及其设备彼端的人，通过互联网技术，这些来自五湖四海的人们将自身的实时状态、所思所想化为移动数据，能够为人们所共享。虽然在现实生活当中，一些人们彼此之间永远不可能实现面对面的交往，但是通过移动互联网构建的辽阔无比的虚拟空间和环境，能够使人们将线下的实时状态、生活惯性搬到人人可享的线上平台，从而形成一个有别于现实场景的社交氛围。

（三）"网络文化场景"中的网络文化惠民工程

随着网络文化逐渐渗透到人们社会生活的方方面面，给传统的生活方式带来了极大的影响，使社会生活以一种全新的生活方式呈现在人们的面前。这种网络文化场景体现在社会经济生活、社会文化生活以及社会政治生活等许多方面，既给人们的社会生活带来极大改善，又给人们带来巨大挑战。要想积极引导人们形成良好的社会生活习惯，就必须在构建"网络文化场景"中大力推进网络文化惠民工程。

1. 网络文化惠民工程对社会经济生活网络文化场景的建构

随着网络文化的发展，网络信息技术已经融入社会领域的各个角落，人们的生活有着非常重要的联系，网络文化使得互联网信息技术融入社会领域的各个角落，与人们方方面面的生活产生非常密切的联系。网络文化的发展促进了社会经济生活的改变，其表现有以下方面。

（1）企业管理模式中网络文化场景的建构。网络文化的发展能够为建立全新的商业模式提供条件，企业通过网络能够更快捷地获取客户的需求信息，有效降低交易成本，提升企业运作的经济与管理效率，从而在与客户建立更加紧密联系的同时，有效提升企业市场竞争力。其根本性改变有：首先，网络覆盖的全球化，给企业产品宣传等提供便利。企业可利用网络及时了解市场动态信息，加大对自身产品的宣传力度，提升企业产品的品牌效益。其次，便利企业的生产营销活动。网络既是企业与客户联系的便捷渠道，也是企业与供应商之间联系的便捷渠道，这就使企业能够利用网络方式对各个供应商进行较大范围的选择，节约企业运营的成本。同时，通过网络方式企业还能够建立新的销售服务模式，吸引更多的客户。最后，网络文化的发展改变了企业的组织管理模式。网络文化能够使不同的主体与个体之间的信息交流更加快捷，实现上下级之间的直接互动，有效剔除中间一些不必要的以及烦琐的程序，使组织与管理结构更加高效。

（2）社会生产力发展中的网络文化场景建构。网络信息技术的高速发展，极大地改善了产品的生产和销售环境，在一定程度上激发了劳动者的积极性。

在网络文化发展的背景之下，传统的生产方式已经很难满足实际的社会市场需求，这就需要将传统的生产方式转变为数字化、信息化和智能化的现代生产方式，提升社会生产效率，增强企业在市场上的竞争力。同时，智能化、信息化、数字化信息设备的引入，还能够为消费者提供更加优质的服务，有效地促进社会经济的发展。

（3）社会需求中的网络文化场景建构。人们的观念意识，在生活水平的提高和网络文化的发展中逐步发生改变，从人们对生活的需求方面说，已经不再是只关注物质需要，更加注重精神方面的需求，对于产品的要求不单是要有使用性能，还要有美观性以及舒适性。对于不同性别、年龄、兴趣爱好以及职业等人群来说，对产品性能的要求也存在着很大的差异，从人们生活需求的总体趋势看，是朝着个性化、小批量、多种类的需求方向发展的。这就要求我们为了满足消费者的不同需求，必须不断进行技术升级和产品结构优化，最大限度地满足人们的实际需求，从而提升在市场竞争中的优势。

2. 网络文化惠民工程对社会文化生活网络文化场景的建构

（1）人们生活与学习方式中的网络文化场景建构。互联网时代，人们的生活和工作方式同网络建立起非常密切的联系，尤为突出地表现为其逐步朝着智能化、数字化的方向发展。网络文化的发展不仅极大地提升了网络工作者的工作效率，也使人们的学习方式发生了很大改变。学校不再是人们学习的唯一途径，实体化的教学课堂逐渐被网络代替，网络教育形式逐渐实现多样化，人们根据自身的实际情况在网络远程教育平台上进行学习，变被动学习为积极主动地学习，学习效率大大提升。

（2）社会交往方式中的网络文化场景建构。人们的交往方式在网络信息时代发生了极大变化，传统人际关系交往是以见面为基础的，但在网络时代可以通过虚拟的方式进行交流。网络交流方式相对于传统交流方式来说具有很多特点，交流的对象具有流动性，传统上的交流对象大多是熟人，彼此之间比较了解对方身份，而网络交流具有隐秘性，身份也相对复杂，不受时空上的限制，人们可以利用不同的身份与不同的交流对象或者是群体进行沟通；

网络交流的内容更加广泛，在传统的人际关系交往中，主要是通过肢体动作、面部表情、语言来传递信息的，而在网络交流中既可以利用视频、语音以及文字的方式进行交流，也可以利用图片来表达自己的感受，还可以利用网络聊天的语言更加生动形象、幽默地交流思想；网络交流没有制约，传统的交往方式一般是通过信件电报等方式传递信息或者是电话方式交流，随着网络社交工具的发展，人们可以利用的交流工具逐步增多，网络交往方式对人们有非常积极的影响，能够增强人与人之间的平等意识、不再受传统中的长辈、教师和领导等权威的束缚，人们的交往范围得到拓展，在交往中不仅能表达自身的情感，还能够释放内心的压抑，使交流更加轻松自由。

（3）休闲娱乐方式中的网络文化场景建构。休闲娱乐的主要目的是让人们在工作之余身心得到放松，能有更多的精力去面对工作，从这种意义上来，休闲娱乐构成工作的一部分。随着人们生活水平的提高，休闲娱乐需求增多，人们开始注重休闲娱乐的形式，更多地把休闲娱乐当成一种有目的性的活动。现阶段，网络文化已经成为人们主要的休闲娱乐项目，特别是网络游戏更是成为网民最喜爱的娱乐项目。在网络文化的发展中，网络游戏的品种飞速增长，让网民在网络游戏中使自己的情感得到完美绽放。

3. 网络文化惠民工程对社会政治生活网络文化场景的建构

（1）公共行政中的网络文化场景建构。其一，网络文化的发展，改变传统的行政组织形式。能够让决策者与组织成员之间及时了解到双方的思想，更好地找出解决问题的方法，减少人力消耗以及时间的花费，节约出更多的人力投入其他工作当中，大大提升行政办公的效率，有利于创建廉洁和高效的政府组织。其二，网络文化的发展，促使行政决策更加合理。网络技术的发展能够使行政决策者的眼界更加开阔，网络文化发展背景下的决策过程更加公开、公正，为了满足广大人民群众的利益政府必然会选择更加理性的决策。其三，网络文化的发展，促使行政机关转变办事方式与手段，逐步朝着智能化、电子化的方向发展。其四，网络文化的发展，促使行政人员更加专业化。行政人员不断汲取信息，能够使他们的认知水平、发散思维能力以及判断能力得到有效提升。

（2）行政管理模式中的网络文化场景建构。网络文化的发展，在给社会经济生活与社会文化生活带来很大影响的同时，也逐步改变着政府的管理模式。政府部门满足人们需求的职能是多方面的，保持社会健康稳定发展是其重要职能，这就需要我们在面对社会上出现问题时能够具有预先判断和处理的能力，这样才能够更好地维护社会的稳定，只有实现电子化、数字化、智能化的政府行政管理，才能够提升政府的管理效率，真正使政府管理模式走向服务型的方向。

（3）民主监督中的网络文化场景建构。在传统的政治生活方式中，社会大众有效参与政治活动的路径受到了许多限制，人民群众与政府部门进行沟通交流缺少有效的渠道，难以自由地发表自身的建议和看法；网络文化的场景，使网络技术为广大人民群众搭建起畅所欲言的平台，人民群众可以对政治、经济、文化教育等活动自主地提出自身看法和建议，有利于促进政府决策的更加民主、科学合理。

以上分析表明，网络文化的发展是科学进步的表现，构成社会生产力水平不断提高和生活方式得到改善的重要标志，网络文化场景的构建，给社会经济生活、文化生活、政治生活等产生巨大的影响，而网络文化惠民的发展使得人们的价值观念、民族意识等产生巨大变化。在网络文化发展趋势给社会生活带来很多优势条件的同时，也给社会的发展带来很多冲突与挑战。我们既不能否认网络文化发展所创造的巨大价值，又要采取有效措施阻止网络文化发展给社会生活带来的各种危机，尤其是要通过大力推进网络文化惠民工程，使网络文化的发展更加有利于中国特色社会主义建设事业。

三、网络文化惠民工程的人文基础

文化发展的根本任务是不断满足人们日益增长的精神文化需求，尤其是不断提升人们的精神境界，引导人们在追求更高的人生境界的同时，实现人的全面发展。"网络文化惠民"是中国当代文化建设进程中的一个进步，它使我们的文化理念发生了重要转变，使文化建设从此前片面强调抽象而宏观的"引领提升"层面进入具体而微观的"针对满足"层面，文化建设比以往更加人性化，更具亲和力，也更具针对性和建设性。"网络文化惠民"真正使发展与繁荣文化的主体，同时成为发展与繁荣文化的受惠对象，充分彰显文化自信。

（一）文化惠民与中国文化主体性重建

文化自觉和文化自信表征的是当代中国在文化领域自我意识的觉醒和文化主体性的确立。我国文化主体性的重建是中国社会由传统向现代转型的重大历史性课题。

1. 文化主体性的含义

主体性的思想根源是传统的西方主体性思想，萌芽于古希腊哲学，是哲学的基本概念，是对世界及其本质的主要探索，起源于人类的主要思想是这一哲学的尺度，付出特殊的代价。19 世纪以前，主体性思想尚未被一般思想家所认识，但认为它是诡辩，而黑格尔则从认识史的发展的角度，认为这一命题体现了思维的主动性，值得肯定。后来，法国哲学家笛卡儿提出了"自我意识"的命题，告诉我们主体性是一切存在的基础；然后，德国古典哲学的奠基者康德确立了人类精神活动的主体地位。马克思哲学主体间性理论，强调"主体—客体—主体"的辩证逻辑，是"主体—客体"和"主体—主体"思维模式的综合统一，经历了"人的依赖关系"形态、"物的依赖关系"形态、人的自由而全面的发展形态 3 个形态，具有现实性、异质性和平等性等基本特征。在 20 世纪 80 年代初之前，马克思主义的反映论在当时我国的哲学界占据主导地位，主要讨论人在认识世界和改造世界过程中的主观能动性，主体性思想并没有受到国内哲学界的关注。我国对主体性研究的热潮开始于 20 世纪 80 年代的美学界，随后迅速在其他学科领域产生强烈反响，对主体性思想的本质、结构、功能和意义等进行了深入探索，其他学科结合相关研究的理念，在各自的领域也都有了快速发展。

学术界对民族文化主体性的研究源于近代主体性思想的繁荣和发展。从理论上说，不同民族的文化没有优劣之分，它们之间彼此平等，不存在主体和客体的区别。但在近代主体性思想成为人类文化的主导思想以后，主体性概念被移植到文化领域，主要探讨民族文化的本质、功能和意义等，以及处理不同民族文化之间的关系。一个健全的民族文化体系，必须表现出民族的主体性。"民族的主体性就是民族的独立性、主动性、自觉性。……如果文化不能保证民族的主体性，这种文化是毫无价值的。"① 在前人研究成果的基础上，我国著名社会学家费孝通先生提出"文化主体性"概念，指的是本土文化对现代化的主动适应。文化主体性是民族文化的灵魂和旗帜，本土文化应该适应现代化的发展规律，当两者之间发生矛盾时，本土文化要发挥自身的创造力，建立起适应时代发展的本土文化。文化主体性，既是一个文化立场和态度问题，更是文化上的自觉能动性，表现为对自己民族文化传统的自我认识、自我反省、自我更新。文化主体性的意蕴：文化认同中的自我意识和文化建构中的自主能力。前者是说在文化选择和文化认同的基础上，对自己文化的来历、构成、特征和发展趋势要有自知之明，通过批判性反思达成某种程度的文化自觉意识；后者是说任何一种民族文化都必须扎根于自身文化的土壤之中，在对自身文化有了充分的理解和认识的基础上，通过保护和发扬，才能够适应自身社会健康发展的要求，形成深厚吸收其他民族的文化的能力。一个没有能力吸收其他民族的文化并丰富和发展其自身的民族，将或被消灭，或被全盘同化。② 文化主体性的确立，意味着在不断发展的多元文化世界里，能够具有自身文化的自主地位及自我调适能力，并且通过与其他文化的沟通融合，形成一个相互认可的基本秩序和相互促进的共处原则。

2. 当代中国文化主体性重建的历史必然性和现实必要性

有着五千年文化慧命绵延不绝的中华民族，在经过欧风美雨的文化洗礼后，凤凰涅槃式地重新确立起自身的文化主体性，新中国的诞生为我们文化主体性的确立奠定了坚实的基础，新民主主义文化是中国文化主体性在经过失落后得以重建的主要成果。那么，在当代，为什么我们还要提出文化主体

---

① 张岱年. 张岱年全集：第 7 卷 [M]. 石家庄：河北人民出版社，1996：64.

② 汤一介. 儒学的现代意义 [N]. 光明日报，2006-12-14（1）.

性的重建呢？

第一，吉登斯曾形象地把全球化指认为"流动的现代性"，现代性文化的全球流动不可避免地带来后发现代化国家的文化认同危机，使一些人把西方现代化的知识和价值当作普适性的知识与价值。从实际情况来讲，后发现代化国家对现代化的适应性追求，同样不可避免地受制于它自身的文化历史传统，是在传统与现代的相互作用中来重新识别、定位、安顿自我，以此来建构新的文化身份认同。这就构成我们考量当代中国文化主体性重建的时代历史语境。第二，当代文化的全球传播，正在创造一个流动的空间、电子空间、没有中心的空间、可以渗透疆界和世界的空间，这就使文化身份认同的问题日益凸显出来。面对西方的文化扩张，发展中国家往往会把对本民族和国家的文化认同作为维护其自身存在的传统力量，产生强烈的捍卫本土文化主权的文化主体性意识。我国作为世界上最大的发展中国家，在文化发展的选择上，也同样面临着西方文化全球性流动所带来的文化主体性的困惑和焦虑。怎样在文化全球化的过程中捍卫中华文化的价值，重塑中华民族的文化主体性，强化对自身文化的认同和对自身文化的自觉、自信、自主意识，成为当代中国必须解决的文化历史课题。第三，中国特色社会主义现代化的成功，对现代化的中国特殊性、中国经验、中国模式、中国道路等"中国性"的强调，以及"中华民族伟大复兴中国梦"的价值目标，都强化了对中国本土文化的认同。中国特色社会主义现代化在文化意义上更是强有力地支撑了中国文化主体性的重建。我们提出的这种重建再也不是近代的那个"东亚病夫"对西方现代文化挑战所作出的被动文化回应，而是一个崛起大国在全球化时代对自身文化发展的主动选择和创建。第四，西方现代化进程中所呈现出来的个体生存的意义危机和人与自然、人与人之间的对立与分裂的文化历史困境，从另一个方面证明中华文化在当代世界所具有的新的生命力，人们正在从中华文化传统中寻求救治西方现代性缺失的思想文化资源，带来中华文化传统在现代化的语境中被重新激活。这绝不是对传统的简单回归，而是在传统与现代相互作用、相互适应所形成的张力基础上的一种文化重构。第五，当代中国虽然在经济上取得巨大成功，但在文化上还没有显现出一个古老文明大国在当代崛起的文化气象与文化格局，我们在由传统向现代社会转型中的文化认同问题还没有完全得到解决，影响世界的原创性知识与思想还比较欠缺，文化传播能力还很弱，还无法用中国的话语来讲好中国的故事，还没有创造出具有普遍意义的价值观念和话语体系，以便真正参与到国际规则和议程的制定及新的国际秩序重建的历史进程当中。

3. 网络文化惠民工程在重建当代中国文化主体性中的责任和使命

网络文化惠民工程是围绕中国文化主体性的当代形态展开的。坚持中国文化主体性，就是要坚持以现代化国家认同为核心的民族文化主体性。价值观是民族文化主体性的核心，体现着民族的理想追求、民族精神的独立性和民族文化的独特性，对制度和行为能够产生持久而稳定的影响。核心价值观构成中国文化主体性的当代形态。

（1）网络文化惠民工程在建立文化、政治和价值自我认同的基础上，尤为突出地强调民族理想和国家价值观。对于赋予核心价值观以具有民族文化特征的表达与阐释问题，习近平总书记在北大五四讲话中指出："我们生而为中国人，最根本的是我们有中国人的独特精神世界，有百姓日用而不觉的价值观。"①核心价值观反映的是一个民族精神文化生活的理想与追求。一个民族对核心价值的解释，关乎它的文化传统、社会理想、行为秩序，构成其自身的文化优势与特性，体现着"国民精神"的文化独特性和多样性。我们强调民族文化的独特性，这既是民族自信心的表征，又是一种对世界文明负责任的心态。

（2）网络文化惠民工程立足于加强民族的自我教育和自我反省。网络文化惠民工程是通过对民众的政治文化价值观的培养，来形塑一种国家层面上的伟大人格的。马克斯·韦伯在《民族国家与经济政策》一文中有一段令人深思的话，也适用于当下中国："当我们超越我们自己这一代的墓地而思考时，激动我们的问题并不是未来的人类将如何'丰衣足食'，而是他们将成为什

---

① 习近平.青年要自觉践行社会主义核心价值观——在北京大学师生座谈会上的讲话[N].人民日报，2014-05-05（1）.

么样的人。"①我们今天正面临着这样一种历史使命，如何全面提升国人的价值认同感和文化主体性，以便使国人尤其是知识群体，在相互竞争的世界文明体系中有意愿为自身的文明进行辩护，并在捍卫民族文化的价值体系时，勇于承担起自己的历史责任。

（3）网络文化惠民工程引导人们正确认识和理解自身文化、他者文化和多元文化及其相互关系。一方面，坚持民族文化的主体性，把民族的历史与文化传统作为文化之"根"，既看到民族文化构成的独特性因素，也看到民族文化中具有普适性意义的价值要素；另一方面，尊重理解他者文化的经验和长处，自觉吸收他者文化精华，尊重那些为国际社会大多数国家和民众所认同的文明准则、价值观与理想信仰，并把它们作为建构新价值共识的重要资源。应当看到任何一种民族文化都有其存在的尊严和发展的特殊性，推行文化霸权主义和文化中心主义都是行不通的。

（4）网络文化有益于保持开放的民族主义文化立场。特里·伊格尔顿指出，中国的现代性已经走出了一条独特的发展道路。西方文明作为另一种文化，只是我们建构自己文化的参照系，只有顺应人类文明的主流，植根于自己的文化传统，才有民族文化的复兴。网络文化惠民工程秉持开放的民族主义文化立场，理性对待自己的文化传统，既不崇洋媚外，也不盲目排外，坚持自尊而不自封，自信而不自大；认同文化的多元性，宽容对待异质文化，坚决摒弃将本民族的利益、文明、价值观凌驾于其他民族之上的狭隘民族主义和极端民族主义；既能够看到民族文化价值的差异性，又能够看到不同文化之间存在着共性和对话的基础，明确拒绝文化优越论等霸权观念。网络文化惠民工程，强调谨慎处理多元文化问题，努力实现民族文化的自我更新和再生。在多元文明冲突的情况下，只有不断强健自身文化的体魄，增强民族文化的主体意识和自主能力，才能在迅速全球化的时代护住文明进程中的必要张力，实现与其他文明对话互补、共生共荣。"社会主义共同文化观的充分含义是，应该在全民族的集体实践中不断重新创造和重新定义整个生活方式，而不是

---

① 韦伯.韦伯政治著作选 [M]. 阎克文，译 . 北京：东方出版社，2009：12.

把别人的现成意义和价值拿来进行被动的生活体验。"①我国的现代化在世界上走出了一条独特的发展道路，在文化发展上，只有顺应人类文明发展主流，植根于自身文化传统，才能有民族文化的复兴和未来，才有可能使中华文明作为一个新的文明形态在世界上崛起。

（二）文化惠民与促进人的全面发展

从根本上说，人的全面发展是人的劳动能力和生存能力的全面发展，也就是人的智力和体力的充分与统一的发展，其中也包括人的才能、志趣和道德品质方面的发展。马克思在《共产党宣言》中把人的发展表述为"每个人的自由发展是一切人自由发展的条件"。②"人的全面发展"是马克思主义的基本原理之一，在人与自然、社会的统一上表现为在社会实践基础上人的自然素质、社会素质和心理素质的发展，表现为在人的各种素质综合作用基础上人的个性的发展。文化是以自身特有的方式来塑造人的，网络文化惠民工程立足于用优秀文化丰富人的精神世界，激发人内心的正能量，引领人们对真善美的追求，对促进人的全面发展起着不可替代的作用。

1. 文化权益和文化环境

保障公民文化权益是实现社会走向文明的必然过程和必由之路，网络文化惠民工程的基本任务就是满足公民的基本文化需求。"人不仅是实践存在物，是社会关系存在物，也是文化存在物。"③文化是人的存在方式和本质的重要体现，文化权益（也称文化权利）也就构成"人权"的重要内容。"人民的文化权利是人权的基本构成要素，是文化发展的内在要求，也是文化价值最大化的实现形式。"④这就包括人民"享受人类文化成果的权利、开展文化创造的权利、参与文化活动的权利、所创造的文化成果受到保护的权利"⑤等。换句话说，作为动物性的存在，人生活在一定的自然环境中；作为社会

---

① 伊格尔顿. 历史中的政治、哲学、爱欲 [M]. 马海亮，译. 北京：中国社会科学出版社，1999：40.
② 马克思，恩格斯. 马克思恩格斯选集：第 1 卷 [M]. 北京：人民出版社，1995：294.
③ 韩庆祥，亢安毅. 马克思开辟的道路——人的全面发展研究 [M]. 北京：人民出版社，2005：168.
④ 张筱强. 十七大精神深度解读——文化建设篇 [M]. 北京：人民出版社，2008：196.
⑤ 张筱强. 十七大精神深度解读——文化建设篇 [M]. 北京：人民出版社，2008：197.

性的存在，人生活在一定的社会环境和文化环境中。文化权益同经济权益、政治权益一起，共同构成人们最基本的人生权益，它们之中任何一方面的缺失都会带来对人的整体存在的压迫，造成生存延续的困难。相对于人的基本物质需求来说，文化需求是具有滞后性的，但从人的全面发展视角具有更为本质的属性。正是基于这种认识，联合国教科文组织在《文化政策促进发展行动计划》中指出：发展可以最终以文化概念来定义，文化的繁荣是发展的最高目标。中国共产党使"人民基本文化权益得到更好保障"[①]的承诺，把人民对文化的需求上升到基本文化权益的理论自觉，拓展了我国经济社会发展中公民权益的内涵，体现了我们党对维护人民群众全面发展的高度重视。

人类生产生活所依赖的环境可以分为三大类：自然环境、社会环境、文化环境。任何一个国家、民族和个人的生存都离不开这三大环境。文化环境是人生存环境的有机构成部分，文化构成一定社会有机体存在、发展和演变的基本因素，同时也构成人的历史性存在中无所不在的基本环境因素。马克思指出："在不同的所有制形式上，在社会生存条件上，耸立着由各种不同的，表现独特的情感、幻想、思想方式和人生观构成的整个上层建筑。整个阶级在其物质条件和相应的社会关系的基础上创造与构成这一切。"[②]文化环境看起来是无形的、软性的，但实际上对人类生存有着关键性的影响。不同的上层建筑形成不同的文化生存环境，进而影响人的生存质量及其历史性发展。马克思对资本主义社会的批判，不在于它造成人的自然生存环境的恶化，而最根本的是它的制度和文化造成人的"异化"，把人变成"单面的人"。社会主义之所以成为比资本主义更优更好的价值选择，重要原因之一在于社会主义先进文化能够塑造一个更有利于最大多数人全面发展的良好社会文化环境。塑造良好的社会文化环境，提高人的生存质量，维护人存在的丰富性，推动人的全面发展的基本要求。

---

① 中共中央关于深化文化体制改革推动社会主义文化大发展大繁荣若干重大问题的决定 [C]//《人民日报重要报道汇编》编辑组 . 学习贯彻十七届六中全会精神：人民日报重要报道汇编 . 北京：人民日报出版社，2011：7.

② 马克思，恩格斯 . 马克思恩格斯文集：第 2 卷 [M]. 北京：人民出版社，2009：498.

2. 网络文化建设实质内容

"网络文化惠民"的提出是人们对文化建设实质内容认识的深化。文化所涉及的是人的本质属性问题，只有在文化的范畴内人的本质属性才能够获得最充分的说明。德国著名哲学家恩斯特·卡西尔在《人论》中指出："人的突出的特征，人的与众不同的标志，既不是他的形而上学本性，也不是他的物理本性，而是人的劳作（work）。正是这种劳作，正是这种人类活动的体系，规定和划定了'人性'的圆周。语言、神话、宗教、艺术、科学、历史，都是这个圆的组成部分和各个扇面。因此。一种'人的哲学'一定是这样一种哲学：它能使我们洞见这些人类活动各自的基本结构，同时又能使我们把这些活动理解为一个有机的整体。"① 人的一切活动都可以看作是"文化的活动"，"文化的活动"成就了"文化的人"，文化在这种意义上说就是"人化"。人不仅是文化的创造者，还是文化的享有者，促进人的全面发展，提高人的文化程度和文明程度，必须充分认识文化发展对人自身的意义和价值。拥有文化是人获得进一步发展的前提条件，漠视人的文化建设无疑是片面的。网络文化惠民在中国当代文化建设进程中被提上重要议事日程，这是对文化建设"人"的主题的回归，将会促进我国文化建设走向更加自觉和深入。

马克思指出，人类在改造客观世界的同时，也改造着自己的主观世界，生产者也是改造者，"他炼出新的品质，通过生产而发展和改造着自身，造成新的力量和新的观念，造成新的交往方式，新的需要和新的语言"。② 通过文化的创造，人们才突破自然界所给予人的自然禁锢，摆脱动物般的自然生存状态，能够成为一个自由自觉的存在物。这就构成人区别于动物的类本质特征，反映出文化的创造性的自由本质。从历史发展的角度讲，"文化的产生和发展是以人的实践活动为基础的，作为人的创造物，文化在本质上是实践的，是人的本质力量的对象化，是人的本质力量的展开"。③ 恩格斯对此作出非常精辟的表述："最初的、从动物界分离出来的人，在一切本质方面是

① 卡西尔 . 人论 [M]. 甘阳，译 . 上海：上海译文出版社，2003：106-107.

② 马克思，恩格斯 . 马克思恩格斯文集：第 8 卷 [M]. 北京：人民出版社，2009：145.

③ 韩庆祥，亢安毅 . 马克思开辟的道路——人的全面发展研究 [M]. 北京：人民出版社，2005：171.

和动物本身一样不自由的；但是文化上的每一个进步，都是迈向自由的一步。"①
人的自由发展与人的全面发展是辩证统一的。从一方面来说，"人的全面发
展是人的自由发展的前提。要使人真正成为自由发展的人，人的个性、能力
和知识的协调发展就必须要达到一定的全面性程度"②，"人的全面发展本身
就蕴涵着人的自由发展的成分和要素"③；而从另一方面来说，"人的自由发
展对人的全面发展也有极大的制约作用。没有人的自由发展，就没有人的全面、
充分发展"。④在现实中，人的自由发展与人的全面发展两者是相互依存、相
互渗透，不能截然分开的。作为人的存在方式重要体现的文化，不但构成人
全面发展的重要一环，而且也深刻体现着人自由发展的属性和要求。

3. 网络文化发展是人实现自身发展的重要方式

人是文化的主体，从本性上看，文化是人创造出来的，是"人化"；从
其功能目的来看，文化是用来教化涵育人的，是"化人"。作为人的类本质
的重要体现，网络文化的建设发展是人实现自身发展的重要途径。"文化本
质上也是创造价值的活动，是把旧人改造成新人的活动，是标志作为目的本
身的人的发展过程及其成果的范畴。文化的创造性是人类进步的源泉，文化
的发展表现为人的发展。"⑤联合国在 1949 年颁布的《国际图书馆宣言》中
明确指出：自由的不受限制的获取知识、思想、文化和信息，是个人行使民
主权利和获得平等发展机会的基础。从一方面来说，人是文化的人，文化是
人的存在方式。"世间并没有'自然人'，因为人性的由来就在于接受文化
的模塑。"⑥文化由人所创造的，但文化一旦形成，就构成人必须面对的一种
客观生存环境。每一个个体都要面对先于它而存在的一种文化传统。"从我
们投入母腹直至告别人世，我们的文化始终以一种不可抗逆的方式影响着我
们，甚至在死后的葬仪中，仍然是这样。"⑦"每个人都降生于先于他而存在

① 马克思，恩格斯．马克思恩格斯全集：第 20 卷 [M]．北京：人民出版社，1971：125-126.
② 刘同舫，马克思人类解放理论的演进逻辑 [M]．北京：人民出版社，2011：198.
③ 刘同舫，马克思人类解放理论的演进逻辑 [M]．北京：人民出版社，2011：200.
④ 刘同舫，马克思人类解放理论的演进逻辑 [M]．北京：人民出版社，2011：198-199.，
⑤ 韩庆祥，亢安毅．马克思开辟的道路——人的全面发展研究 [M]．北京：人民出版社，2005：171.
⑥ 马林诺斯基．文化论 [M]．北京：华夏出版社，2002：106-107.
⑦ 韩庆祥，亢安毅．马克思开辟的道路——人的全面发展研究 [M]．北京：人民出版社，2005：170.

的文化环境中。当他一来到世界，文化就统治了他，随着他的成长，文化赋予他语言、习俗、信仰、工具等。总之，是文化向人提供作为人类一员的行为方式和内容。"①从这个层面上也可以说，所谓人，就是指人的文化世界。从另一方面来看，文化既构成人的存在方式，同时也构成人的发展方式。作为生物性的自然人，人的生命演变表现为受生老病死自然规律控制、永不停息的历史过程；作为社会性的文化人，人的进化遵循的是社会历史规律和人类文明演进的内在机制。可以看出，文化给人（或者说人通过文化给自己）创造的是一种完全不同自然界生物进化的全面进化方式，在文化的发展、积累、传递进程中，人（人类）获得一种超越自然肉体生命的暂时性、有限性，呈现为一种具有无限延续可能的文化生命形态。因此，在历史文化生命的长河中，每个时代、时代的每个个体都能成为过往所有时代历史经验和文化发展的受益者，并在汲取历史文化营养中得以不断发展完善。从这个意义上讲，作为文化整体发展的人类网络文化发展进程，就表现为人类不断实现自我解放的进程。

（三）文化惠民与现代公共文化服务

建设现代公共文化服务体系，是网络文化惠民工程的应有之义，是保障人民群众基本文化权益，保障和改善文化生活，建设社会主义文化大国的重要制度设计，是社会主义文化发展道路的重要内容。

1. 具有中国特色的现代公共文化服务体系的内涵

构建具有中国特色的现代公共文化服务体系，总的要求是：按照全面建成小康社会的总体要求，以保障人民群众基本文化权益、建设社会主义文化强国为主要目标，以正确导向、政府主导、社会参与、共建共享、改革创新为基本原则，逐步建设成覆盖城乡、便捷高效、保基本、促公平的现代公共文化服务体系。其主要特征表现为以下几点。

其一，以人民为中心：构建中国特色的现代公共文化服务体系的出发点和落脚点。习近平总书记指出："人民对美好生活的向往，就是我们的奋斗

① 怀特 . 文化科学——人和文明的研究 [M]. 杭州：浙江人民出版社，1988：158–159.

目标。"① 现代公共文化服务体系的构建，必须把全心全意为人民服务的精神贯穿始终，真正实现文化发展为了人民、文化发展依靠人民、文化成果由人民共享的中国特色社会文化建设目标。其二，以社会主义核心价值观为引领：构建中国特色的现代公共文化服务体系的内在灵魂。社会主义核心价值体系决定着中国特色社会主义的发展方向，是社会主义先进文化的精髓之所在。现代公共文化服务体系的构建，必须以社会主义价值观为引领，发展先进文化，创新传统文化，扶持通俗文化，引导流行文化，改造落后文化，抵制有害文化，从而为实现中华民族伟大复兴的中国梦提供强大的精神动力和文化支撑。其三，以均衡发展为要求：构建中国特色的现代公共文化服务体系的基本特点。社会主义的本质要求是消除两极分化，最终达到共同富裕。在公共文化服务体系建设中，我们还存在着地区间、城乡间和不同群体间的差距，影响文化惠民的效果。现代公共文化服务体系的构建，必须把工作重心放在基层，着力加强老少边穷地区公共文化服务体系建设，实现均衡发展，真正保障全体人民群众的基本文化权益。其四，以改革创新为动力：构建中国特色的现代公共文化服务体系的活力源泉。现代公共文化服务体系的构建，应当理顺政府与公益性文化事业单位之间的关系，加快转变政府职能，完善管理体制和运行机制，优化配置各方资源，提升公共文化服务的整体效益；真正促进文化与科技的深度融合，推动文化事业和文化产业协调发展，创新和丰富公共文化服务的内容和形式，进一步提升公共文化服务质量和效能。其五，以公共文化立法为保障：构建中国特色的现代公共文化服务体系的战略基石。党的十八届四中全会提出依法治国要立法先行，把文化立法作为重点立法领域。现代公共文化服务体系的构建，必须形成以宪法为根本，以公共文化服务基本法律、专门法律和行政法规为主干，以地方性法规和行政规章为补充的完备的、与时俱进的现代公共文化服务法律体系，从而使法制成为公共文化服务建设的有力保障。

① 习近平 . 人民对美好生活的向往就是我们的奋斗目标 [N]. 人民日报，2012–11–16（1）.

2. 推进公共文化服务数字化建设

加快推进公共文化服务数字化建设是数字化时代的必然要求，科技进步为现代公共文化服务体系的构建提供了新的动力。推进公共文化服务数字化建设的现实着力点有以下几个。

①公共文化机构数字化建设。应当结合"宽带中国""智慧城市"等国家重大信息工程建设，在推进国家网络建设、信息化建设战略中，有力促进数字图书馆、数字博物馆、数字文化馆、数字农家书屋等公共文化机构数字化建设。②公共数字文化服务网络建设。应当结合公共文化机构数字化建设，统筹实施全国文化信息资源共享、直播卫星广播电视公共服务、农村数字电影放映、城乡电子阅报屏建设等项目，努力打造全域化、标准统一、互联互通的数字化公共文化服务网络，真正在基层实现公共文化服务的共建共享。③公共文化服务内容和产品数字化建设。应当通过文化产品数字化，努力增加公共文化服务内容的保存期和可获取性，从而有效提高文化资源供给的速度和便利性。④公共数字文化资源供给和保护能力建设。应当科学规划公共数字文化资源建设，建设分布式资源库群，实现分布在不同区域的海量公共文化资源的存储、交换与整合。有效整合地方的中华优秀文化资源，开发特色数字文化产品，以此来提高资源供给能力，并且通过数字版权公共服务平台建设，真正实现公共数字文化资源的有效保护。⑤公共文化服务体系中的大数据技术应用建设。应当进一步加强公共文化大数据采集、存储和分析处理，加快推进数字文化资源在智能社区中的应用，实现"一站式"服务，对公众多元化的文化需求进行动态分析，针对公众需求提供丰富的、个性化的公共文化产品，实现公共文化服务的有效供给。

3. 提升公共文化服务现代传播能力

公共文化服务现代传播体系的构建成为现实的客观要求，以网络传播新常态的新经济、新媒介、新思维为其主要特征的现代传播体系，便于推动公共文化服务资源的共建共享，提升服务效能，增强服务传播的创新性和开放性。

（1）在实现新旧媒体的融合传播中创新传播手段。我们要掌握传播关系的变化和受众个性化的信息需求，把握云计算、物联网、大数据、空间地理信息集成等新一代信息技术的应用，改变固定场所、封闭的文化服务传播手段。我们应进一步整合传播媒介，打造全媒体传播网络，实现传统媒体和新兴媒体互联互通。建立新型主流媒体和新型媒体集团，形成立体多样、融合发展的现代传播模式，充分实现不同媒介平台资源的共享，借助数字智能终端、移动互联，实现传统媒体、互联网、移动终端以及社交媒体等全方位发展，在公共数字文化服务平台上实现网络文化的随时服务和随地享用，从而使互联网传播手段的创新成为建立现代传播体系的重要途径。

（2）在推动业态升级中创新传播内容。我们应通过数字技术等对传统的公共服务内容和资源进行改造升级，推进传统文化、非遗文化的数字化保存和传播，实现业态创新；通过现代传播实现全业态内容的覆盖，充分利用宽带互联网、移动互联网、广播电视、卫星网络等现代传输渠道来拓宽公共文化服务内容和资源的传播；通过全社会对公共文化服务体系原则、内容、要点和创新之处的了解，明确基本文化权益和服务标准，引导文化类社会组织和文化志愿服务规范、有序、健康发展，从而实现传播内容和功能的集约化、现代化。

（3）在构建多元传播主体中创新传播治理模式。依据现代传播方式和传播渠道的互动性、参与性、体验性、定制化特点，积极面对信息传播格局的转变，创新体制机制，构建公共文化服务的多元传播主体格局，把社会力量引入现代公共文化服务传播体系的构建中来，形成政府、个人、社会、市场的良性互动与平衡机制。坚持政府主导，确保传播导向，实现主流渠道、民营企业、文化类单位、个人广泛参与，多屏传播、多终端接收，权威媒体与自媒体结合，非营利性与专业化经营相结合，社会管理与人文营造相结合，有效推动基层文化服务普惠大众。

（4）在推进双向互动和完善考评机制中提升传播效能。按照现代公共文化服务集约化、内涵式发展的要求，完善建设和管理效果的评估考核标准。充分利用现代传播方式的双向互动性，接触规模和人群覆盖的广泛性，推动服务的普及率。推动内容和功能集约化，整合文化服务资源，以提升数字化、信息化服务水平和整体效能，实现基层公共服务资源的共建共享；在重视均等化的基础上，加强个性化的市场服务意识，注重地域性和多样性问题，实现服务的精准推送、个性化服务，保障服务到达率；借助现代传播渠道构建覆盖广泛的公共文化服务供需的互动反馈机制，通过网络便捷、快速、真实、直接地表达文化需求，形成政府与居民之间的良好互动，实现公共文化服务的简便、透明和高效。

第四章 文化自信对网络文化惠民工程
建设提出新要求

文化自信的现实维度是由 3 个方面构成的：文化认同、文化自觉、文化担当。我们应当从文化认同、文化自觉、文化担当的视角来进一步思考网络文化惠民工程建设问题，按照文化自信对网络文化惠民工程所提出的新的更高要求，来切实推进网络文化惠民工程。

一、惠民工程的立足点在于文化认同

在文化自信的现实维度中，文化认同构成文化自信的立足点，网络文化惠民工程只有在文化认同的基础上，才能实现其本质内涵。

（一）文化自信与文化认同

从文化建设的实践来看，文化认同与文化自信是推进文化发展进程的两个重大命题。增强文化认同是坚持文化自信的基础，更是建设现代文明社会的有力支撑。

1. 文化认同的概念

从词性上看，认同有动词和名词之分。作为动词的认同，表示认为彼此是同类，具有亲近感或可归属的愿望。作为教育心理学名词的认同，是在思想、情感、态度和行为上主动接受他人的影响，使自己的态度和行为与他人相接近。我们所研究的认同是作为一个名词来使用的，是指认同主体的认知过程及其结果。"认同"直接涉及作为人的"我是谁"和"谁是我"的问题，一直是哲学、心理学、社会学、政治学、文化学等诸多学科探讨的主题。认同是一种意向性反应，如果一个人处在某种特定文化情境中，没有接触到不同的文化，呈现为一种完全融入的状态，就没有认同的需要或冲动，因为他已与认同对象相同一。因此，认同是发生在不同的文化接触、碰撞和相互比较的场域中的，是个体（群体）面对另一种异于自身存在的东西时，所产生的一种保持自我同一性的反应。

认同与认可不是同一个概念，认同是在认可的基础上，报以赞同、尊重的态度，表现为对不同事物中共同和相同部分进行整合的动态的过程。可以从微观和宏观两个层面来认识认同，从微观层面看，它是人类行为与动力的持久源泉，坚定人们对自己的看法，是一种自我认同，呈现为自己对自我现况、生理特征、社会期待、以往经验、现实情境、未来希望、工作状态等各层面的觉知，在他们与他人的关系中派生出生命的意义，最终统合形成一个完整、和谐的结构。从宏观层面看，它是一个更深的个人意义的代码，将个人与最一般层面的社会意义相联系，是一种社会认同，呈现为个人拥有关于其所从属的群体，以及这个群体身份所伴随而来的在情感上与价值观上的重要性知识。也就是个体身为一个群体成员这方面的自我观念，个体认识到他属于特定的社会群体，同时也认识到作为群体成员带给他的情感和价值意义。其中个体对自我微观层面的认同是社会认同这个宏观层面的基础，要发展文化认同、民族认同、国家认同等个体以外的认同，就必须首先认同自己。

美国著名精神分析学家埃里克松在 20 世纪 50 年代初期提出文化认同理论。《中华文化辞典》[①]把文化认同解释为一种肯定的文化价值判断。可以理解为文化群体或文化成员承认群内新文化或群外异文化因素的价值效用符合传统文化价值标准的认可态度与方式，经过认同后的新文化或异文化因素将被接受和传播。概括起来讲，文化认同就是指一个群体中的成员在民族共同体中长期共同生活所形成的对本民族最有意义的事物的肯定性体认。作为对人的精神存在作出价值肯定的文化认同，主要是通过民族本身的特性、习俗以及生活方式，以"集体无意识"的方式流传至今的，它融合了人们的各种

---

① 冯天瑜.中华文化辞典[M].武汉：武汉大学出版社，2001：20.

认同，从而有效阻止了不同的认同之间因部分认同的背离或异特性所可能发生的文化冲突。

文化认同属于以个体自我认同为基础建立的宏观层面的认同。自我认同与文化认同之间是一种互相影响的关系，个体对于文化的认同是不可能脱离社会群体的影响的，社会群体的主流文化所追求和认可的价值观，必定会潜移默化地影响个体的生活方式、行为模式、价值观念、思维方式、情感表达方式等，同时个体也需要从群体文化中寻求符合自我价值观的文化来产生归属感，从而进一步完成自我认同，这是一个相互选择和构建的过程。因此，文化认同是较其他认同（政治认同、民族认同、族群认同等）更具有"自我认同"特征的。作为政治概念的国家认同，其认同的对象是政治国家，其认同的主体是"公民"。作为社会认同表现形式的文化认同，其认同主体"自我"就应该是任何一个生活在社会中的个体，任何一个有思想、有行为的人。从文化的本质含义讲，也表明文化认同主体的人的定位。文化是讨论人类社会的专属语，文化在汉语中实际就是"人文教化"的简称，文化的前提就是"人"，有人才有文化，而"文"只能是作为基础和工具，包括语言和文字都是如此。

2. 文化认同的构成

文化认同表现为人们对于文化的倾向性共识与认可，使用相同的文化符号、秉承共同的文化理念、遵循共同的思维方式和行为规范、追求共同的文化理想是人们文化认同的依据。亨廷顿曾经说，不同民族的人们常以对他们来说最有意义的事物来回答"我们是谁"，也就是用"祖先、宗教、语言、历史、价值、习俗和体制来界定自己"，并以某种象征物作为标志来表示自己的文化认同，如旗帜、十字架、新月形甚至头盖骨等，认为"文化认同对于大多数人来说是最有意义的东西"。①

在 1840 年鸦片战争以前，我国古代的文化发展和转型，经历了夏商周、春秋战国时期、秦汉时期、三国两晋南北朝时期、隋唐时期、宋元时期、明清时期几千年的历程，我们把这期间所产生和发展的文化统称为中国古代文

---

① 亨廷顿. 文明冲突论与世界秩序的重建 [M]. 周琪，译. 北京：新华出版社，2002：171.

化。在中国古代文化的产生、发展、转换过程中，我们创造出众多物质财富和精神财富。中国古代文化与中国传统文化是两个不同的概念。我们所讲的中国传统文化特指中华文明演化而汇集成的一种反映民族特质和风貌的民族文化，表现为民族历史上各种思想文化、观念形态的总体表征，是由居住在中国地域内的中华民族及其祖先所创造的、为中华民族世世代代所继承发展的、具有鲜明民族特色的、历史悠久、内涵博大精深、传统优良的文化。简言之，中国传统文化就是通过不同的文化形态来表示的各种民族文明、风俗、精神的总称。文化的发展既具有连续性，是在继承前期文化的基础上存在和发展的，又具有明显的阶段性，在不同时期的文化是具有不同特征的，只有在这个漫长的文化发展历程中所传承和延续下来的文化精髓才能够被称为中国传统文化。

文化认同自身是建立在文化的分化、差异的基础上的一个异中求同的过程。我们国家是一个多民族国家，这个大家庭中的每个民族都有自己的特色和优良传统，有自己民族秉承的一套思维模式和行为规范，所以我们所说的文化认同的内容绝不能只是针对自己民族共同文化的认同，文化认同必须上升到国家的层面上，作为构建国家认同的重要途径之一。从这个意义来说，作为"相同的文化符号、共同的文化理念、共有的思维模式和行为规范、共同的文化理想"的文化认同，就应当是在中国传统文化与现代文化相结合的基点上所产生的。

现实中的文化认同是分为不同层次的。文化认同是一个完整的体系，包括人们对自然、社会和人类自身的总的认识，体现人们的世界观、价值观和人生观，反映着人们对文化的认识和接受程度。文化认同呈现为一个由表及里逐渐发展的内化过程，根据文化认同的程度可以分为3个层次：文化认同的表现层，也就是对文化形式的认同；文化认同的保护层，也就是对文化规范的认同；文化认同的核心层，也就是对文化价值的认同。正是这3个层次的相互影响和相互作用过程，构成文化认同体系。

文化认同在不同的社会环境中表现为不同的情形。当处在稳定的社会环境之中的时候，人们会表现为自然平静地接受文化的规范，因为文化认同具有"先天"的稳定性；而当处在动荡复杂的社会环境之中的时候，人们就会表现为复杂的文化选择。在当代世界，出现不同国家民族的文化相互交流碰撞的情形，文化认同成为人们进行选择的一个重大问题，原有的文化认同面临着多元文化价值的严峻挑战，导致文化认同危机的出现。从历史上看，在西方工业社会开启的时代，曾造成殖民国家文化主体性的形成和被殖民国家文化主体性的丧失，从而引发近现代第一波世界性的文化认同现象；在两次世界大战期间，众多知识分子在世界范围内漂泊、散居，凸显了人们的文化身份问题与文化认同危机。

3. 文化自信根植于深层的文化认同

从历史发展的过程来看，文化认同与文化自信是文化发展这一问题的两个方面，文化认同侧重于对同一价值观的认知和归属，而文化自信侧重于文化功能作用的发挥，也就是在认同基础上的民族精神的力量凝聚及调动；文化认同过程之中产生文化自信，文化自信又带来更高层面上的文化认同。

我们的文化自信根源于中华五千多年的文明发展史。我们所讲的传统是人类创造的由历史凝聚并沿传着、流变着的诸文化因素如文化、思想、道德、艺术、制度等构成的一个有机系统，它不仅凝结在制度与文化观念之中，更是深藏在人们的心理意识之中。来自中国历史传统和现实发展形成的文化认同，凝结文化共同体，构筑中华民族共同精神家园，从而提升和坚定中国人的文化自信，这是一条有着内在紧密联系的逻辑链条。我们的文化自信既来自对中华优秀传统文化的高度认同，同时又在中国现代化建设的伟大实践中得以加强，在对西方资本主义深重危机的反思中进一步巩固。文化自信根基在于文化认同，没有文化认同的支撑，文化自信就会成为无源之水、无本之木，也就失去了存在根基、精神内核，更难以形成文化优势。假如我们把文化自信作为中华民族的精神大厦、大树，那么，文化认同就是其坚实根基和丰厚沃土。

在文化认同的视域下，文化自信是文化认同的向度和强度体现，蕴含着人的尊严和生命的活力，显示着人与社会精神品格。建立在文化认同基础上的文化自信，不仅使个体的品格有了差异，也会使国家、民族有分野，形成个体与群体精神品质的独特性展示。因此，人的理性不仅表现为人的目的性，同时也表现为人对自身行为的可控性和人的行为强度。从文化发展的视角看，文化认同是文化自觉、文化担当、文化自信的基石，是在实现文化自信过程中的一种肯定的态度选择与态度强度的显示，也就是向度意义上的强度差，文化自信则具体体现或展示文化认同的高强度。

文化认同还是民族认同、国家认同的重要基础，并且是最深层的基础。在经济全球化的新时代，作为民族的认同和国家的认同的重要基础的文化认同、价值认同，不但没有失去其意义，而且成为综合国力竞争中最重要的"软实力"。文化认同对个人、社会、民族和国家都有着巨大的作用。从个人的角度来看，文化是个体识别的重要标志之一，成为个体确定自我身份和意义边界的坐标、个体寻求同类和融入群体的标准与依据，以文化认同为核心所构成的个体的心理与思想体系，引导着个人的价值观念和日常行为。从社会群体的角度来看，文化认同是群体形成的核心要素之一，是群体特性的表现，是区别"我们"和"他们"的依据，具有增强群体凝聚力的功能。从民族和国家的角度来看，没有成员共同的文化认同，民族团结和谐就没有根基，国家稳定富强也就没有民心基础。从中华民族的角度来看，中国人的文化认同既是安身立命之本，也是实现中华民族伟大复兴中国梦的必备文化心理基础。

（二）网络文化惠民工程中的文化认同

从文化认同的形成和发展过程来看，其很大程度上是依赖于个体所处的生活环境或社会情境因素的，个体通过与所处环境的不断磨合从而形成较为成熟的文化认同状态，以达到良好文化适应的目的。从某种意义上说，网络文化惠民工程就是一个不断凝聚广大人民群众文化认同的实践过程。

1. 当代中国人的文化认同特点

当代中国人的文化认同形成自身鲜明的时代特点，我们应当加以深入分析与研究。

（1）国人所呈现出来的文化认同的群际分化与差异。中国人的文化认同表现为多元性的特征，相对于改革开放之前来说，不同人群的文化认同出现分化，在代际之间、阶层之间、区域之间的文化认同上存在差异性。国人文化认同的代际差异性存在于社会生活的各个方面，既表现为人生观、价值观、审美观、婚姻观、消费观甚至一些微小生活细节（如着装风格和饮食偏好）的不同，也体现在对一些重大的社会政治事件态度上的差异性。文化认同的代际差异性，是不同时代人群的成长环境和生存境遇的反映，是与每一代人的心理共性和心理共识紧密相关的。在改革开放之后，由于社会组织与就业岗位和形式的多样化，阶级结构、阶层结构也发生了相应的分化。这种阶级或阶层的分化，对中国社会形成共同的理想和价值观带来很大的困难与挑战，导致不同群体产生不同程度上的心理危机。职业和阶层是有着密切关联的，不同地域人群对主流价值文化的影响，主要是通过人群的职业构成和人群的素质来产生作用的，作为主流文化的社会主义核心价值观，在我国不同地域、不同人群、不同职业构成中差异性也是明显的。

（2）对于中国传统文化认同的下降与回升。在 20 世纪 50 年代以后，伴随着马克思主义思想文化的普及，许多传统文化淡出中国人的生活甚至记忆，尤其是在 10 年"文化大革命"当中，国人的现实生活与中华传统文化之间产生了难以弥合的断裂。改革开放以来，虽然市场经济的功利取向占据了一些人的价值系统，西方文化也在不断流入，但是伴随着中国传统文化复兴的图景，呈现国人对传统文化的认同度快速回升的情形，传统价值观或美德的认同度总体上得到提升。

（3）对于社会主义核心价值观认同的不断强化。尽管当代中国人的文化认同具有群际分化的特点，但通过近年来的一些调查研究结果表明，现实中，国人对于社会主义核心价值观的内容已经具有广泛的认知度，在不同的年龄、阶层、职业和地域群体中，都具有比较广泛的一致性。从总体上讲，社会主义核心价值观的认同度逐步强化和提升，形成当代中国人文化认同的一个显著特点。

（4）国人文化认同中的现代性色彩和全球化意识。与改革开放带来的巨大发展成就相适应，当代国人的文化认同中，对于外来文化的态度，呈现出好奇、包容以及合理接纳吸收的特点。中国文化的现代性尽管受到西方文化的一些影响，但我们建构的是具有中国特色的现代性。在当代国人的文化认同中，对于经济、政治、科技等的全球化所带来的一些全球性问题，也形成国人关注和思考的重要议题。

2. 网络文化惠民工程的文化认同根基是中华文化

中华文化是一个文化体系。中华优秀传统文化、革命文化和社会主义先进文化这"三大文化"，共同构成中国特色社会主义文化建设的内容体系，是支撑中华民族生存、发展的精神支柱，是推动中华民族走向繁荣、强大的精神动力，成为全国各族人民共同拥有和不断增强的中华文化认同感、归属感和自信心的源泉。对中华文化的认同就是对这"三大文化"的认同，我们的文化自信就是来源于对这"三大文化"的自信。对中华文化的认同与自信在价值追求的目标上是一致的，其目标就是要用这"三大文化"涵养品质、涵育文明、坚定信念、凝聚共识，共同构筑中华民族的精神家园，为建设社会主义文化强国，实现中华民族伟大复兴中国梦提供强大的精神动力；就是要以高度的文化自觉自信应对和参与全球文化的构建，为世界文化发展和全人类共同价值的实现贡献中国智慧与中国方案。

中华民族优秀传统文化构成我们文化认同的根本支撑点。从一般意义上来说，个体的文化认同和自信都是从本民族文化开始的。没有对本民族文化的自信，也不可能有对中华文化的自信。一个民族的文化认同是这个民族文化自信的基础，这个基础连接着这个民族优秀的传统文化。习近平总书记指出："抛弃传统、丢掉根本，就等于割断了自己的精神命脉。对我们来说，博大精深的中华优秀传统文化是我们在世界文化激荡中站稳脚跟的根基。"① 对于每个民族来说，都可以找到并确立自身的文化自信，关键在于能否站在自己

---

① 习近平.把培育和弘扬社会主义核心价值观作为凝魂聚气强基固本的基础工程 [N].人民日报，2014-02-26（1）.

的文化土壤上。我们只有立足于中华民族传统文化，不断解放文化生产力，发展文化生产力，不断吸收其他民族的优秀文化，用符合文化规律特点的方法建设文化，用马克思主义和马克思主义中国化的最新成果——习近平新时代中国特色社会主义思想的中华文化观指导我们的文化实践，才能使我们走向新的文明层次，从而确立起我们的文化自信。

中华文化是我国各民族的文化。文化认同是塑造中华民族共同体的核心。中华文明虽然是持久的，但也始终进行着动态的演变。中华文化自信的主体是中华文化，主体科学合理，自信才有支撑。习近平总书记在 2014 年召开的中央民族工作会议上的讲话中指出"中华文化是各民族文化的集大成"[①]，即中华文化是中国各民族的文化。这一概括与我们党对中华民族概念的既定表述一脉相承，既涵盖了中国各民族的文化，又平等地对待了中国各民族的文化；既考虑到了国家文化的统一性，又充分地尊重了具体民族文化的差异性、独特性。纵观中华民族的历史，从以华夏文明为基础的混合与孕育，到农耕文明同草原文明的冲突与融合，中华文明在一元文明体系下不断实现着多元文化的共生发展；从封建帝国的衰败、西方文明的入侵，到中华文明的自我觉醒和现代转型，中华文明在悠久的历史中逐渐形成的"大一统"理念使中华民族不断克服分裂、走向统一。一元文明体系下的多元文化构成是中华文明区别于其他人类文明的重要特征。在中华文明的"大一统"内核外还延伸着各具特点的民族、宗教和地域文化，这些丰富多彩的文化构成不断融合、借鉴、演进、升华，在宽广的中华大地上塑造出中华民族的民族实体与民族精神。各兄弟民族血脉相连、文化相通，各宗教包容共存、和谐发展，在漫长而深刻的交往交融过程中形成共同的价值观念，凝练为全体中华儿女对中华文化的根本认同。

3. 基于健全自我的网络文化惠民工程文化认同

文化认同在本质上是人的一种身份认同，因而，文化认同的主体不是国家、民族、阶级、社团等，而是带有国家性、民族性、阶级性、社群性等属性的

---

① 人民日报评论员. 筑牢中华民族共同体的思想基础 [N]. 人民日报，2014–10–10（1）.

个人，必须是自我健全的人才能建立起恰当的文化认同。我们当代的文化认同具有中国主流文化的特点，也具有时代性和多元性特点。自我部分的矛盾性和不确定性，反映在国人的文化认同中，会夹杂一定的价值冲突、选择困惑，如果这样的文化认同状态持续时间太久，可能会导致个人、社会和文化之间的冲突，不利于个人和社会的健康发展。我国社会还处在继续深刻转型和发展的过程当中，国人的文化认同也必然会随之波动和发展。这就要求我们必须把国人的自我完善放在文化认同建设的重要位置，这也正是网络文化惠民工程文化认同的核心问题。

网络文化惠民工程通过文化记忆的建构，为文化认同的生成提供文化的连续性内容和规范性生成机制，是使文化认同得以生成的有机土壤。从人类文化史的发展来看，每一种文化认同的生成都是以其内在的一个文化子系统作为参序量，整合组织其他文化子系统而实现的。在人类对自身的一切认识和反思过程中，记忆是最深刻的，也是最不可或缺的参照。文化记忆的主要功能是为"身份"进行"定位"，以保证群体文化认同在历史的发展中，能够保有其文化身份的完整性、连续性和统一性不被中断。

文化记忆是通过保存代代相传的集体知识来确证文化的连续性的，从而为后人重构文化认同提供一个历史性的维度。通过文化记忆，人不但可以确认自己的身份，而且可以更加明确地规划自己的未来和实现未来的具体路径。每一代人都会根据自己所处的特定历史条件和自己的需求，不断地丰富和充实"传统"。"未来需要来源"，每个个体都需要通过"传统"，通过群体的文化记忆，来确认自己的身份，了解自己的文化根基。文化记忆自身具有可持续的规范性和定型性的力量，它是文化认同的重要的生成机制。文化记忆，作为一种建立在有记忆力的心灵与回忆对象之间的客观联系之上的转喻，时刻提醒着我们，认同的形成受到各种各样的因素影响，但同时其本身也是独一无二的"自我"或主体。"记忆""文化""认同"这几个概念被密切地联结在一起，文化记忆与文化认同的共通之处，就在于二者都以文化普遍价值的有效性为基础。没有文化记忆，文化认同的生成就将失去现实的载体和媒介，作为群体成员的个体也就无法体认和接受文化的普遍价值；没有文化认同，文化记忆就只能是一些零散的、杂乱的素材，将因失去普遍价值而远离社会群体。作为保存意义和价值手段的文化记忆，无疑会成为帮助我们实现文化认同的一种极好途径。

为了维护和促进国人文化认同的健康发展，我们必须从文化和自我两个方面去努力。从文化方面讲，要充分尊重人的主体性和人性，通过丰富多彩的形式满足国人的多样化精神需要，给国人的自我价值实现提供人文环境和空间。从自我方面讲，要认识和接纳自我的多重身份及其变化，保持个人的心理健康和人格协调，充分认识并接受自己是"文化中人"的特质，使自身融入中国文化实践之中，从而成为中国文化的表现者、传承者与创造者。

（三）实现网络文化惠民工程从文化认同走向文化自信

引领人们从正确的文化认同走向坚定的文化自信，这是网路文化惠民工程的新时代任务。需要从文化认同的整体视角来深化认识，构建优秀传统文化转化的实践途径，优化文化生态环境，增强人们的文化获得感，在与"他者"的比较中进一步坚定文化自信。

1. 促进网络文化惠民工程的文化认同整合

在世界上的绝大多数国家中，都是具有多民族和多文化特点的，全球化背景下的人们流动日益频繁，不同文化群体之间的交往与合作也在不断增多，从而导致双文化现象越来越具有普遍性，同时拥有两种文化特征的人越来越多。如何处理当代国人中的两种甚至多种文化身份的认同问题，这就需要借鉴心理学中的文化整合思路。

社会心理学家提出了双文化认同整合的概念，这就为研究者考量双文化个体整合两种文化能力的个体差异提供了具体抓手，对开展实证研究有着重要的作用。在心理学中，双文化个体指的是那些接触两种文化并已经将两种文化加以内化的个体。双文化个体需要整合两种文化规范从而形成一种行为技能或文化模式，并且在两种文化之间进行有效转换。双文化认同整合是双文化个体协调和理解两种文化的一种方式。心理学相关研究表明，双文化认同整合具有广泛性特征，影响着个体在多文化情境中的心理调适、文化框架转换、认知加工方式以及个体的创造性等，也能够对群际关系产生积极影响。

对于个体怎样才能过渡成为一个新文化群体的成员？在接受一种新的文化时，怎样感知新的文化与原有文化的交叉与重叠？怎样认同新文化的价值和行为规范？这些问题涉及个体是怎样整合双文化身份，或者说双文化认同整合的过程。现代心理学研究表明，双文化认同整合的过程可以分为4个阶段：第一，预备分类阶段。发生在个体准备进入一种新的社会和文化群体时，在这个阶段自我锚定的过程被激活，个体会将自己的个人特征投射到新的社会群体，也就是会认为新的社会群体成员也具有自己的一些特征。这种投射过程的本质是个体寻求一种一致性和建立不同文化身份之间认知联结的需要。在这一阶段上，表现为通过寻找个体原有身份特征与新的文化身份之间的相似之处来进行整合。第二，类别化或者分类阶段。在这个发展和整合阶段，个体生活在一个新的文化群体当中，他们面对的是一些真实的变化，并意识到新的文化和原有文化之间具有很多不同。这时候，他们看到不同的文化有不同的价值观和行为规范，他们的文化身份变得高度凸显。这种现象类似文化适应相关理论中的文化碰撞，个体经常在面对不同的文化需求时左右为难，不知所措。在分类阶段，个体感知到的是更多的差异与不同，还没有感知到不同文化群体之间的相似和两种文化身份之间的认知联结，因此，个体还未将自己视为新的文化群体的一员，也未将新的文化身份作为自我概念的一部分。第三，分化阶段。随着时间的推移，个体与新的文化和文化群体成员的接触越来越多，人们也就变得越来越认同新的文化，同时会意识到自己是新文化群体中的一部分，而这种身份也渐渐地变成自我的一部分。然而，这时在自我当中，不同的身份依然保持着明显的区分，这些身份之间的相似点和联系尚未牢固确立，他们的双文化身份具有情境性，身份的激活取决于社会环境的变化。第四，认同整合阶段。这也是至关重要的一个阶段。它涉及个体已经意识到不同文化身份之间存在冲突，而且必须找到解决这些冲突的策略。最后发现，这些矛盾和冲突能够通过寻求文化相似性与建立不同文化身份间的认知联系予以调解。个体能够找到两种文化中的共同规范、共识和价值观，同时也珍惜各自不同的文化背景。这样做不仅使人们找到了不同文化间的认知联系和相似点，也能让人们感受到环境的连贯性和一致性。这一整合阶段最终的结果是承认不同的文化身份是自我的成分，不再由环境单一决定，不同的文化身份可以以一个积极的和截然不同的方式成为个体的整体自我概念。

从双文化认同整合的过程来看，其影响不仅局限在个体的心理健康水平、幸福感水平和社会适应等方面，还对群际交往和群际关系产生重要影响。双文化认同整合已经被证明与较少的不同文化群体之间的张力、较少的歧视和种族主义相关，也就是那些对两种文化身份整合程度较高的个体，他们在与外群体接触的过程中对外群体有较少的消极情感，而表现出更强的包容性和开放性，他们拥有更多的外群体朋友，因此，双文化认同整合更容易形成积极良好的群际关系。双文化认同整合之所以能够促进群际交往和群际关系，是因为双文化个体在文化适应的过程当中，不断地在协调两种文化之间的冲突与张力，经过长时间的适应，他们看到了两种文化各自的优势，逐渐认同两种文化，并将两种文化身份加以内化，纳入自我，成为自我的重要组成部分。因此，他们可以将更多的积极特质投射到外群体成员，对外群体成员产生积极的认知，减少消极的刻板印象和偏见，从而促进群际交往，并最终有利于两个群体之间的和谐共处。

2. 认识并巩固核心价值观认同在文化认同中的基础作用

当代我国网络文化认同的核心，表现为对于社会主义核心价值观的认同上。文化认同构成价值观得以传播与内化的社会心理基础，社会主义核心价值观在传播与内化的过程中，需要构建一个社会大众普遍认同的文化机制，并且通过这种文化机制来增强其实效性，进一步提升对社会实践的指导力。

文化认同机制的起点在于语境共享。社会主义核心价值观的认同过程是一个动态的过程，语境本身也是动态的，两者具备同一性。我们在构建社会主义核心价值观认同机制的过程中，教育者的施动过程与接受者的认同过程在相同语境下是能够实现对话的，进而变成理解。文化认同过程的动态变化能够为传播与理解构建一个良好的基础，在不断变化的社会语境体系之中，这种基础起着至关重要的作用，它能够使教育者与接受者之间保持知识和文化上的共享，并且在共享的过程中实现互通。在文化价值观传播过程中，接受者对于其内容的理解必然存在一定的语境基础，这种语境基础与自身的经验、认知是密不可分的。当教育者在社会主义核心价值观的传播过程中真切认识和理解受众的经验、认知和能力，就能选择合理的传播方式，提升社会主义核心价值观的传播效果，从而实现语境上的共通，使受众在理解社会主义核心价值观的过程中实现内化。

文化认同机制的基础在于视界融合。在文化认同的过程中，传播者与接受者是处于两种不同的视界的。实现社会主义核心价值观的文化认同，应当注重促进两种视界的融合，在此基础上形成新的视界，而这种新的视界是对社会主义核心价值观文化内涵的一种认可或体现。社会主义核心价值观是在社会主义革命、建设过程中逐渐形成的，其本身也是不同视界相互融合的一种结果。我们只有大力促进两种视界的融合，才能培育出共通的文化认同机制。当然，社会主义核心价值观在传播过程中，也并非是要接受者抛弃其固有的视界，而是强调要在自身视界的基础上，将自身的认知与社会主义核心价值观进行有机融合，形成真正认同社会主义核心价值观的视界，进入接受者与教育者相互理解的一种境界。社会主义核心价值观本身是一个开放性的思想体系，也具有保持自身视界与受众视界相融相通的机能。

培育文化认同机制的目的在于文化涵化。从哲学上理解文化涵化，它是一种文化诠释与内化的过程。从本质上讲，社会主义核心价值观是一种文化体系，认同机制的培育目的就是要使受众能够主动对其进行建构和诠释，从而认同社会主义核心价值观的价值内涵，使得受众的文化价值观能够与社会主义核心价值观保持一致。文化涵化是一个内在的过程，这个过程包括以下几个方面：一是社会主义核心价值观在传播过程中必须要先进行文化特质的传递。当然，受众可以选择接受或不接受这种文化特质。二是选择接受的受众在涵化过程中不是被动接受社会主义核心价值观，而是在动态的过程中将自身的文化特质与社会主义核心价值观的文化特质相结合。三是在结合的过程中形成一种全新的融合式文化特质，取代受众固有的文化特质。四是在取代之后，受众对社会主义核心价值观本身所体现的文化内涵有了个体性的认同和诠释，自觉地将社会主义核心价值观作为其文化认知的有机组成部分。

3. 在网络文化惠民中凸显"中国人"文化身份

文化认同的主体是人，中国人的文化认同的主体自然是中国人。要让中国人保持和增强文化认同，什么时候都不能够忘记"中国人"这个主体元素。无论是从主观上还是从客观上来看，中国人只有认同自己是"中国人"的时候，才能够深刻的、内在的和长久的认同中国文化。事实上，一个人是存在着多种身份的，国家的、民族的、政治的、地域的、文化的、性别的、年龄的、职业的、宗教的等，这些多重身份重叠于自我，是在社会交往的环境中漂移变换的。"中国人"身份，虽然只是作为个体的中国人的身份之一，却是影响中国人文化认同的最直接的身份。现阶段，文化身份焦虑是现代中国人身份认同焦虑的一个方面，从另一个方面看，则是人们对民族国家的认同困惑与焦虑。至少从精神角度看，文化与国家身份焦虑是一直困扰着中国人的，尤其在较为敏感的知识分子群体之中。但是在过去一个多世纪的大多数时间里，感受到这种焦虑的人们似乎总是在极端的情绪、观念之间摇摆着，难以做出理性的抉择。在大众媒体与互联网时代，这种困扰以一种更加缺乏节制的语言将其表达出来，让问题显得尤为尖锐起来。

现实分析表明，文化身份问题的凸显，是源自全球化过程中文化的流动传播与现代社会生活的流变性的，而确认文化身份的目的却是要寻求生活方式的稳定性和连续性。一个稳定的和同质化的社会更多的是无意识地接受既有的文化，而社会流动性的增强则促使人们不断思考自己的文化归宿及其价值观选择问题。从另一个方面来讲，若想保持社会文化生活的连续性与稳定性，应当把研究文化身份问题作为最佳切入点。随着资讯传播速度的加快、交通的日益便捷，文化全球化已经成为我们研究身份问题的自然语境。在不断的与"他者"文化的冲击与碰撞中，通过对各种文化差异与特性的自觉体认，个人或群体可以给自己一个或数个明确的文化身份，也可以使自己处在不知所属的文化焦虑之中。

从一般意义上来说，文化认同是确认文化身份的前提，追求文化认同的过程也就是确认文化身份的过程，而在确定的文化身份中必定是包含着某种文化认同的。在实际使用中，"文化身份"与"文化认同"会出现很多重合，无法做到准确区分。文化身份与社会身份关系非常密切，但又不完全相同。尽管两者都是对"我是谁"这个问题的回答，但相对来说，社会身份"务实"，主要是指个人由社会分工带来的不同角色，所属的某个阶层、民族，在社会、团体、家庭中充当的某个角色等。这些被社会的法律规则、风俗所公认的一个或多个具体的、明确的角色，也就是社会身份。文化身份则相对"务虚"，主要是指与人所属文化的信念、信仰相关的身份问题。它也可以通过外貌、服饰衣着、饮食、作息等生活方式体现并得到强化。每个人因为他生活于其中的社会文化环境的不同而有着自己独特的文化个性与文化身份，他们之间的区别绝不仅仅是所属地域、肤色毛发或经济发展状况的不同，更重要的是对所属国家和民族的文化传统、信念信仰等自我叙述与建构的不同。文化身份是"身份"问题在文化视域中的延伸，是在这个多元文化冲突并存的世界上对"我是谁"这个哲学问题在文化领域不断追问的结果。这个结果要既能体现自己的归属感又能体现自己的存在感。归属感是指个人明确自己从属于某种文化；存在感则是可以在与其他文化的对比中以某种方式凸显自己的不同。也就是说，对于个人来讲，既不能感到孤苦伶仃、无所归依，又不能泯然于众人，无法展现自己的特殊与不同。从外延上来说，文化身份包括个人身份、民族身份和国家身份3个层次；而从内涵上来看，文化身份实际上是一种文化视野中的坐标，是一个国家、民族或个人对自己文化历史渊源与发展向度的心理定位，它彰显着"主体"对文化归属感与存在感的寻求、表征。

确立正确的文化身份观需要主体意识的觉醒和对差异语境的自觉体认。在全球化时代，世界经济、政治、文化的联系日益紧密，文化既是一种精神现象，又是一种经济、政治实力的综合表现。正是凭借自己强大的经济、政治和科技实力，西方发达国家才使得其文化价值、生活方式成为其他国家学习的样板。中国文化的发展亦离不开国家综合实力的增强，富强、民主、文明、和谐的中国特色社会主义的逐步崛起为中国文化主体意识的觉醒提供了现实的依据。同时，我们应该认识到，人类历史上曾经拥有、现在依然拥有的文化并不是从来如此的。从纵向上说，社会主义先进文化需要与中国传统文化对话；从横向上说，中国文化需要同各种冲击我们生活的外来文化交流。无论现代社会时空压缩和非领土扩张化的现象多么明显，传统文化都是一个毋庸置疑的"在场者"。但任何传统文化都不是一个固定的、一成不变的存在，它的发展本就是一个连续与断裂交织的过程。这种发展中的"断裂"，往往受来自外来文化的冲击与震荡。因此，确立文化身份需要主体意识的觉醒及主体对传统文化与外来文化的自觉体认，在对话中继承传统文化，借鉴外来文化，并在一次次的对话中，明确我们前进的方向。

二、惠民工程的关键点在于文化自觉

在文化自信的生成中，文化自觉具有关键作用。文化自觉是文化自信的核心支撑，文化自信是文化自觉的目标和责任。网络文化惠民工程要站在近代以来中华民族文化自觉发展进程的角度，进行文化自觉的本真认知和实践探索，确定科学的文化自觉意识，促进人们的文化自信。

（一）文化自信与文化自觉

1. 文化自觉的概念

"文化自觉"不是一个新的概念，一个由中国知识分子所代表的一群人一直关注这个话题、概念和领域，反映了知识分子这个群体的责任与担当。"文化自觉"一词最早的提出者是晏阳初，见于 1937 年他发表的一篇名为《10 年来的中国乡村建设》的文章，他提出了民族自觉与文化自觉两个概念。由于当时社会环境的局限性，晏阳初此后对文化自觉概念并未进行更加深入的分析和研究。直到 1986 年，许苏民先生开始着手对文化自觉问题的研究，提出关于近代文化自觉的三大问题，即近代启蒙者对传统的超越与参照系的确定；从释义学角度分析近代启蒙者能否正确理解传统文化和西方文化；应该以何种态度看待西方学者对东方的文化探寻。

近年来，从费孝通先生提出的"文化自觉"概念出发，文化自觉再次成为一个热点话题。费孝通先生在 1997 年的北大社会学人类学研究所开办的第二届社会文化人类学高级研讨班上正式使用"文化自觉"的概念，他指出："文化自觉就是生活在一定文化历史圈子的人对其文化有自知之明，并对其发展历程和未来有充分的认识。换言之，是文化的自我觉醒，自我反省，自我创建"。① 他提出此概念的主要目的是应对全球一体化的势必发展，针对当时改革开放环境下人们对外域文化的一种不正确态度——仰视或俯视。身为社会学家、民族学家的费孝通先生在当时的社会环境中提出"文化自觉"这一概念是极其富有针对性和时代性的。1990 年 12 月，他在"人的研究在中国——个人的经历"的主题演讲中明确提出"各美其美，美人之美，美美与共，天下大同"的经典名言。这句话的大致意思是要对自身文明进行反思，这样才利于理解不同文明之间的关系，并且达到和谐相处，世界上不仅仅有华夏文明，还有许许多多其他种族的文明，我们应该保持一种"海纳百川"的姿态，才能达到"和而不同，多元共生"的美好境界。这充分体现出费孝通先生汪洋博大的人文情怀。

从字面意义上说，文化自觉是指在文化上的自我觉悟和觉醒。从学术范畴的角度讲，按照费孝通先生的说法，生活在一定文化历史圈子中的人对自己的文化要有自知之明，这就叫"文化自觉"。费孝通先生在《对文化的历史性和社会性的思考》中指出："文化自觉只是指生活在一定文化中的人对其文化有'自知之明'，明白它的来历，形成过程，所具的特色和它发展的趋向，不带任何'文化回归'的意思。不是要'复旧'，同时也不主张'全盘西化'或'全盘他化'。自知之明是为了加强对文化转型的自主能力，取

---

① 费孝通.关于"文化自觉"的一些自白[J].学术研究，2003（7）.

得决定适应新环境、新时代文化选择的自主地位。"①所谓"自知之明",是指明白自己文化的来历、形成过程、特色和发展趋向,即对自己所在的文化在历史进程中的地位和作用有充分的认识、了解。在多元文化并存的当今世界,只有做到文化自觉,才能在不同文化的对比和互动中稳住根基,获得文化选择的能力和地位,继而增强自身文化转型的能力。应该说,文化自觉不是一成不变的、封闭的概念,其内容随着经济社会的发展而不断丰富完善。综合分析有关文化自觉的概念,我们认为还是以费孝通提出的文化自觉概念更加准确、更加全面、更具有代表性。通过这个概念,我们可以知道,文化自觉的主体是广大人民群众。实际上,在每一种文化形式、每一个文化环节、每一项文化工作中,都有一个是否敢于和善于以人的生存发展尺度去衡量、选择的问题。只有做到尊重和理解人的权利与责任,充分信任并依靠人民群众的力量和智慧,我们的文化建设才能固本强基,获得不尽的资源,显示出强大的生命力。人民群众是历史的创造者,任何科学、文化艺术都来源于人民群众的生产实践和其他社会实践,人民是推动社会主义文化大发展大繁荣最深厚的力量源泉。只有作为个体的人和整体的人民群众对自己的文化的过去、现在和未来都有了清醒的认识,对其他文化也有了一定程度的了解,才能实现文化自觉。

从文化自觉的内涵可以看出,文化自觉既是一种思想观点,一种自觉接受、主动追求和自觉践行的理性态度和文化意识,又是一种批判、扬弃、超越和创新的实践过程,一种文化价值选择和建构过程中的文化活动、价值取向。因此,文化自觉不仅是一种文化意识,也是一种文化价值观,更是一种文化实践理论,它的基本特征主要表现在以下方面。

(1)理性特征。文化自觉的本质特征首先表现为理性。文化自觉根源于人的理性自觉,是与人类的理性自觉与发展保持一致的。作为一种理性的文化认知意识的文化自觉,表现在人们在文化选择上始终以理性的方式观察和思考,以此做出分析和判断,坚持自觉践行和主动追求,在价值的选择和建

---

① 黄金华."文化自觉"概念的辨析[J].陕西职业技术学院学报,2008(12).

构过程中坚持以现实的人作为理性的指向和最高尺度。

（2）历史性特征。所谓"历史性"指的是一种文化的形成和演变，归根到底是其主体实践过程不断自我凝聚、升华、积累的产物。一方面，文化自觉是一个历史范畴，不同时代的文化自觉有其具体的时代内容和价值指向。另一方面，文化自觉是一个动态的历史过程，而非静态的存在或传统。文化自觉与人类社会的历史进程相一致，在人类社会发展的不同历史时期，文化觉醒的程度也有所不同。整体看来，文化自觉经历了一个从自发到自觉、由低水平的自觉到高水平的自觉的不断深化的过程。从整个人类的发展历史来看，文化自觉是一个逐步扩大、不断深化和升华的历史过程。

（3）实践性特征。所谓"实践性"指的是文化是由人"活"出来的，靠人"做"出来的，不是单凭"想"和"说"就能造就的。任何文化体系的形成和改变，都以其主体的生存发展实践为根基，贵在心口如一、言行一致地坚守、探索和创造。文化自觉不仅仅是单纯的主观意识，更重要的是一种实践活动。它从实践中来，通过实践来体现，具有高度的实践性，是一种实践的自觉。文化自觉发生发展的现实基础是实践，每一个民族的文化自觉意识都不是虚无缥缈的，都是人类历史实践的产物，是人类在求生存、求发展的历史实践过程中产生、形成并逐渐得以实现的，并给予伟大作用和影响于这一时代。文化自觉既是一种思想观点也是一种批判的实践、创造的实践。文化主体的文化实践活动并非盲目的、随意的，它时刻需要人的自觉意识的指导。它是通过文化反省的途径来认识旧文化的没落和新文化的产生的必然趋势，从而清醒地意识到自身的历史使命，并付诸实践。

2. 文化自觉的生成

文化自觉，在于对文化尤其是精神性文化的两大功能进行"以思想本身为内容"的"反思"，使之不异化。特定历史时期的文化自觉与否，从根本上说就是特定的文化在其两大功能能动性的发挥中，能否在根本上促进人的自由而全面发展。文化自觉的生成过程有以下环节。

（1）文化自觉的基础：文化及其功能。由为我关系组成的世界就是广义的文化世界，它包括器物性文化和精神性文化两个方面。人通过文化作用于自然界和人通过文化达到自我意识这两大文化功能，是与自由的两大要义相联系的。狭义文化即精神性文化同样具有并且尤其能体现广义文化的两大功能。从一方面讲，精神性文化尤能体现文化"改造自然"功能的能动性。人类通过实践来改造世界，"实践高于认识，因为它不仅具有普遍性的品格，还具有直接现实性的品格"①。后一种品格是指实践是物质活动，前一种品格与实践的目的和方法相联系。目的和方法是认识活动的产物，属于理性范畴，具有普遍性品格，是实践能动性的根据。实践的普遍性品格体现了精神性文化改造自然的功能。生产力集中地体现着人改造自然的实践能力。劳动资料和劳动对象都是生产力构成中"物"的要素，只有"被劳动的火焰笼罩着"②，才能形成真正的生产力。"劳动的火焰"是直接与劳动者的体力和智力相联系的，体力是有限的，属于理性范畴的智力则是无限的。人们在实践中必然发生人与人之间的关系，形成以制度等为载体的"社会组织方式"，从而构成属于精神性文化的制度文化。制度文化以影响人们交往方式的形式影响着人们的实践活动，体现着文化改造自然的功能。这个功能是精神性文化所特有的，而器物性文化所不具有的。从另一方面看，精神性文化映现自我意识的功能尤能体现其能动性。精神性文化与器物性文化相比较，在本质上是在后者及其构建过程内化基础上形成的观念的为我关系，具有与后者的"直接现实性品格"相对应的"普遍性品格"。器物性文化总是以"直接现实性"的具体形式来映现主体，精神性文化则以普遍性形式来映现主体。"动物将自己的个体当作对象，因此有自我感，但是不能将自己的类当作对象"，而以普遍性形式来映现就意味着"将自己的类当作对象"，从而就有了"最严格意义上的自我意识"③。精神性文化的"普遍性品格"与符号联系在一起。人"生活在一个符号宇宙之中"，是使用符号的动物。④运用符号，精神性文化不仅能关照当下主体和过去主体，还能以"理想蓝图"的方式关照未来主体，

① 列宁.列宁全集：第55卷[M].北京：人民出版社，1990：183.
② 马克思，恩格斯.马克思恩格斯全集：第23卷[M].北京：人民出版社，1971：208.
③ 费尔巴哈哲学著作选集：下卷[M].荣震华，等，译.北京：商务印书馆，1984：26.
④ 卡西尔.人论[M].甘阳，译.上海：上海译文出版社，1986：35.

从而就能使主体更深刻地映现自我意识。主体包括个体和社会，因此还需要分析精神性文化对于社会主体达到映现自我意识的功能。社会心理和意识形态属于以社会化形式存在的精神性文化，前者是社会自我意识的"本真"体现；后者是"物质生活过程的必然升华物"，是"意识到了的存在"。①社会的自我意识的映现正体现在社会心理和意识形态的互动之中，舍此没有其他途径。

（2）文化自觉的机制：对文化两大功能的反思。反思不仅表现在思想上，还表现在实践上。一方面是对改造自然功能的能动性进行反思。精神性文化改造自然功能的能动性与实践的普遍性品格和积淀为制度的社会交往方式的观念形态联系在一起。对文化改造自然功能的能动性进行反思就是对精神性文化中所凝聚的普遍性品格和制度的能动性进行反思。在改造自然的实践中，普遍性品格是无限的，它是能动性之源，但也有可能带来灾难。因此，如何正确地对待这个无限性就成为文化能否自觉的根据。在物质变精神和精神变物质的"飞跃"中，对于精神的作用既不能低估也不能夸大。制度文化以制约人们交往方式的形式影响着人们的实践，这种影响可以对体现人们实践能力的生产力起促进作用，也可以起阻碍作用。当制度即生产关系超越或落后于生产力，前者就会成为后者发展的桎梏。如何正确地对待两者之间的关系就成为文化能否自觉的根据。另一方面是对达到自我意识功能的能动性进行反思。精神性文化的"普遍性品格"尤其与符号相联系，从而以社会化的形式存在。波普把这种存在类型理解为与物理世界和意识世界相并列的"世界三"。世界三是意识世界通过符号体系把其中的某些思想凝结在属于第一世界的物质载体上形成的。他举例说书籍就属于世界三，一本书的纸张及用油墨印在上面的字符，具有物理形态，属于第一世界；然而一本书中所体现的思想属于意识范畴，是第二世界的一部分；因此世界三是第一世界和第二世界相结合的产物，是"人造物"。世界三包括了社会性知识、社会心理和意识形态在内的绝大部分精神性文化。然而，世界三尽管仍属于意识范畴，但具有脱离个体意识的客观性，并具有自身规律。如何正确地对待世界三所体

① 马克思，恩格斯．马克思恩格斯全集：第3卷[M].北京：人民出版社，1960：30.

现的"普遍性品格"达到自我意识功能的能动性,就成为文化能否自觉的根据。宗教的产生正是人们把世界三在关照主体以达到自我意识功能异化的典型体现。这种普遍性品格在达到自我意识方面的异化正是对文化自觉的否定。社会心理尽管是社会自我意识的"本真"体现,然而作为自发的社会意识具有盲目性;意识形态尽管是"物质生活过程的必然升华物",然而毕竟"在全部意识形态中人们和他们的关系就像在照相机中一样是倒现着的"。①社会心理和意识形态的两重性,决定社会自我意识的实现必然体现在曲折的螺旋式的过程中。如果片面地夸大社会心理或意识形态在社会自我意识的能动作用,把它们之间的相互作用过程中的任何一片段或阶段凝固化,就会产生拜观念教或制度崇拜。这些都意味着对于社会自我映现所形成的异化,异化就是对文化自觉的否定。

(3)文化自觉的标志:人文精神的自觉。在文化世界的发展中,是不存在外在的目的或预设的目标的,人是文化世界的本体,虽然我们不能把人理解为宇宙的中心,但人是文化世界的存在及其活动的根本原因。对于一种文化来说,是否意识到文化中的人本体并是否回归到文化中的人本体,就成为文化是否自觉的根本标准和目标。作为文化世界精神的人文精神,体现着对作为文化世界本体的人的生命过程的一种理解,就其直接含义而言,就是我们所说的"世界万物唯人为贵"。人文精神的明确提出是在14、15世纪的文艺复兴时期,但在实际上是自从有了人和人所构建的文化世界,就有了人文精神。从人文精神的发展过程来看,它是在与超人性的"神性"、非人性的"物性"和反人性的"兽性"的对立和统一中改变、展开其具体形态的,其中具体地体现着自身的时代特征。我们在对文化"改造自然"和"达到自我意识"两大功能进行反思时,关键是要看这两大功能所发挥的作用能否与人文精神的时代特征相符合;如果是相悖的,那么文化功能的发挥就处于异化状态,这一历史时期的文化就是不自觉的。不自觉的文化意味着生活在这一历史时期的人的生命活动受到了压抑、破坏和毁灭。人的生命过程在本质上"恰恰

---

① 马克思,恩格斯.马克思恩格斯选集:第1卷[M].北京:人民出版社,1995:72.

就是自由的有意识的活动"①。这就决定了人文精神的展开在本质上体现着对自由的追求。哲学意蕴中的自由不仅在于如前所述，根据对必然性的认识来"支配我们自己和外部世界"以及"自由的首要条件是自我认识"，更在于"作为目的本身的人类能力的发展，真正自由的王国就开始了"。对于自由的追求就意味着人的能力发展或人的全面发展，由此意味着不断地把外部世界作为"人的无机的身体"②，即外部必然性与内部必然性在更广的范围内和更深的程度上相互结合。于是，人就能进入庄子所讲的"天地与我并生，万物与我合一"的这样一种"物我一体"的自由境界。当然，这是一种理想境界，然而却是人类的最终价值诉求。用人文精神作为标准和目的来反思文化，特定历史时期的文化自觉与否，从根本上说就是特定的文化在其两大功能能动性的发挥中，能否在根本上体现人对自由的追求，能否在根本上促进人的自由而全面发展。

（4）文化自觉的现实境界：本真认知。在人的知识不断增长和自我认识意识的提升中，文化交流和碰撞的频率不断加大，文化的作用和效果凸显出来，也就是在个体文化自觉的不断发展中，逐步形成民族文化自觉。任何一种文化都是在民族漫长的历史中长期形成的，文化创造是以民族为基本单位的，民族构成文化的基本主体。从文化学的视角来看，任何文化体系都是特定民族的文化体系，任何文化模式都是特定民族的文化模式，文化自觉也就理所当然地成为民族文化自觉。我们所讲的民族文化自觉是人们对自身命运的一种理性认识和价值把握，呈现为人们在价值观变革的基础上所进行的文化建构、文化选择，是推进包括物质文化、制度文化和观念文化在内的文化系统的整体发展。从个体的文化自觉看，是个体人从反思自身的思想、行为进而觉醒到孕育思想行为背后的文化；从民族文化自觉看，则是整个民族对自身文化经历获得的整体意识的一种反思。它们二者之间是辩证统一的关系，个体文化自觉表现和构成民族文化自觉，民族文化自觉又融入个体文化自觉之中。

---

① 马克思 .1844 年经济学哲学手稿 [M]. 北京：人民出版社，2000：37.

② 马克思 .1844 年经济学哲学手稿 [M]. 北京：人民出版社，2000：56–58，81.

3. 文化自觉是文化自信的核心支撑

文化自觉和文化自信是相互作用的有机统一体，缺一不可。只有坚持文化自觉，才能真正做到文化自信；拥有文化自信，才能够激发和深化文化自觉。

（1）文化自觉与文化自信之间有着天然密切的内在联系。从一方面来说，文化自觉意味着充当文化主体的人的觉醒和清醒，这具体表现为对文化的源头和根脉，以及它的历史、现状和未来发展有理性、系统的认知，构成文化自信的基础。从另一方面来看，文化自觉的根本目标是通过对文化的自知、自觉和自主，不断积累并最终确立文化自信。显然，这种自信既非凭空捏造、空穴来风，也非完全意义上的"与生俱来"，而是要在对历史和文化怀有尊重、敬畏之心的基础上，对其进行反复研究、不断实践，最终得以确立。文化自信能够将文化自觉过程中领悟到、体会到、触摸到的文化精髓和文化灵魂，通过各种渠道、各类场合适时推介和传播出去，并不断传承与发扬。

（2）作为文化自觉最高形态的文化自信，是在文化自觉的实践中生成。文化映现的是历史发展过程中人类的物质和精神力量所达到的程度、方式和成果，具体包括物质、精神和行为文化3个方面。作为历史实践主体的人，通过各种文化规范的建立、调整、改造与更新，也就是通过社会制度的改革或社会革命来改变自己的生存方式，以适应复杂多变的生存环境，并不断创造出新的生活。文化的核心功能是解决人的心灵抚慰和精神归依问题，亦即安身立命的根本问题。文化创造性是人类进步发展的源泉，文化自信实质上是对主体创造力即文化创造力与生命力的自信与肯定，亦即对主体自身力量的自觉确证与理性认同。

（3）文化自觉和文化自信都是对文化的属性、价值、影响、作用等方面的根本性认识，同属于认识论范畴。文化自觉本质上是对文化价值的觉悟觉醒，提升文化自觉需要我们有对文化意义、文化地位、文化作用的深度认同，对文化建设、文化发展、文化进步的责任担当。文化自信本质上是对文化生命力的信念信心，增强文化自信需要我们有对历史传统文化、红色革命文化、民族民间文化、当代中国文化的理性审视，对世界历史文化、异域民族文化、现代文明成果的包容借鉴。一个民族的觉醒，首先是文化上的觉醒。五四运动以来，中国人就有强烈的民族文化生命力的信念。鲁迅在《中国人失掉自信力了》一文中说，"我们从古以来，就有埋头苦干的人，有拼命硬干的人，有为民请命的人，有舍身求法的人……虽是等于为帝王将相作家谱的所谓'正史'，也往往掩不住他们的光辉，这就是中国的脊梁"。[①]认为当时虽有"自欺力"的笼罩，但我们还是有"并不失掉自信力的中国人在"的。引领中华文化前进的领袖人物，始终以强烈的文化使命感追求文化的先进性，从认识论的视角深刻认识不同时期的文化发展以及社会思潮，这也表明文化自觉和文化自信对推动文化发展具有极端重要性。

（二）网络文化惠民工程中的文化自觉

发展健康向上的网络文化，需要高度的文化自觉。网络文化惠民工程是围绕着文化自觉来得以实现的。

1. 网络文化惠民工程离不开文化自觉的支撑

网络文化自觉的程度不仅决定着文化品质的优劣，还关系国家和民族的文明进程。共享互联网时代为文化自觉提供新的内部与外部的机遇、挑战，从外部挑战看，是国家地位和新的经济社会布局（新常态）的调整与转变；从内部挑战看，则是更广阔的全球与地区定位及"互联网＋"与共享价值观的推广。如何有效激发并促进社会主义网络文化自觉，已经成为非常迫切的问题。

（1）网络文化自觉能够为网络道德规范建设提供有力支撑。具有高度的网络文化自觉，能够满足网络道德规范建设的内在道德情感需要。尽管网络文化属于后喻文化，但网络道德却是传承于现实社会和传统道德的。以网络文化自觉促进网络道德规范建设，能够取得文化和谐和道德自觉的双赢局面，是建构网络行为规范的有效方法。在这个过程中，我们必须注重传统文化、民族文化与网络文化的融合，把具备深厚文化底蕴的传统美德根据虚拟社会的特点进行时代再造，使之符合信息时代社会行为规范的需要。传统文化和民族文化将会因此被融入新的时代元素，借助互联网提升自身的生命力和辐

---

① 鲁迅. 鲁迅全集：第 6 卷 [M]. 北京：人民文学出版社，2005：122.

射力，改善网络文化与网络道德文化根基相对脆弱的现状。网络行为主体应自觉承担起网络文化发展的历史责任，主动选择蕴含高尚道德品质的文化产品，并以此为标尺不断地进行道德反省，检视自身的网络行为是否存在失范。从网络行为主体方面讲，也应通过学习实践增强自身的文化修养和道德修养，清醒地辨识网络中的低俗行为和失德行为，克服网络中精神文化和物质文化冲突的负面影响，自觉抵制那些以个人利益最大化为目标的网络炒作，从文化自觉走向道德自觉、道德自律，为最终实现行为自觉创造条件。目前，网络文化自觉程度和网络道德水平还不够理想，这就需要除了虚拟社会个体之外的其他外部力量的介入，政府与各种非政府组织应当充分发挥在道德监督、道德引导方面的作用，把虚拟社会的外部控制与网络行为主体的道德自律结合起来，通过褒扬善举德行、鞭挞失德失范的方式，为虚拟社会营造出良好的道德氛围，促进网络行为的规范化。

（2）网络文化自觉能够为网络文化规范建设提供有力支持。在较长的一个时期，网络文化在内容形式、传播应用方面的规范不健全，形成大量网络文化负面产品充斥在网络空间当中，许多网络行为的失范都与此相关联。面对社会公众心理宣泄的需要，网络文化的创造者和传播者，如果能够致力于建立理性的网络文化规范，使现有的网络文化具备更强的包容能力，帮助社会公众有节制地适度宣泄情绪，在不破坏社会运行秩序的前提下为现实社会减压，用这种方式就能够消解极端化的不良情绪，避免因心理异化而诱发网络行为失范，逐步培育出理性、和谐、包容等良好的社会心态。为了让公众意见得以有序表达并及时获得反馈，就应当从网络文化自觉入手，完善网络文化的社会功能和政治功能，提高网络文化的规范化程度，使多元化的社会治理获得长效化、制度化的实践基础。网络媒体作为网络文化传播的重要环节，应当自觉担负起构建网络文化规范的社会责任，以客观事实为依据进行信息传播，正确对待经济利益和社会效益的关系，充分发挥对失范网络行为的舆论监督作用。作为网络行为主体，应当自觉地紧跟先进文化的发展方向，在自己思想深处真正意识到网络暴力文化、网络色情文化、网络黑客文化所带来的危害，避免将其作为满足负面精神需求和心理需求的不良途径；应当自觉遵守相关的法律法规，不因虚拟世界的隐匿性就放宽对自己行为标准的要求，尽量降低负面网络文化产品对自身网络行为的影响，真正在网络文化面前做到慎独自省。

（3）网络文化自觉能够为个体价值规范建设提供正确引领。网络文化在强调多元文化共享性的基础上会出现淡化各种异质文化差异性的情形，网络行为主体不易意识到文化差异背后价值规范差异所带来的影响。不自觉的使用与主流价值观相悖的价值取向来引导自身的网络行为，引发网络行为的失范。在一般情况下网络行为主体很难意识到失范的发生，这就带来以网络文化自觉促进个体的价值规范建设的现实迫切性。虚拟世界与现实社会是不同的，价值观冲突暗流涌动，多元价值观的冲突非但没有减弱，其影响力和影响范围反而在信息技术的催化之下变得更加深刻，主流价值观面临多重网络文化的安全风险。以网络文化自觉引领个体的自我价值实现，必须强化主流文化在网络空间中的地位和作用，通过兼收并蓄汲取各种思想文化之长，以持续的文化创新确立主流文化在网络文化冲突中的主导地位，从而促使网络行为主体能够主动地去选择主流文化所代表的主流价值观，以此来规范自身的网络行为。还应当在虚拟社会中建立与主流价值观相符的价值评价体系，结合网络文化的特点来逐步扩大主流价值观的适用性和引导性，实现对网络行为失范现象的有效规制。在虚拟社会中构建个体价值规范，还需要以网络文化自觉促进网络行为主体树立正确的自我价值实现预期。在网络文化个性化因素的影响下，网络文化主体较为注重个人价值的自我实现，这种过高的实现预期或偏离实际情况的实现预期，会带来网络行为的异化。突出网络文化自觉中蕴涵的社会责任，让网络行为主体正确认识个体与社会的关系，从社会整体利益视角思考问题，形成个人价值与社会价值的有机统一，从而为人的自由全面发展打下坚实的基础。

（4）网络文化自觉能够为网络生态文明规范建设提供强大动力。现实中大量的网络生态文明危机表明，外部的控制体系固然必不可少，但虚拟社会内在的自治性特点，决定了网络生态文明规范更多的是要依靠内在的精神力量建设和维系，而网络文化自觉则是这种精神力量的内生源泉。网络生态文明建设涵盖虚拟社会中所有的行为主体，作为构建网络生态文明规范主导性力量的政府，不仅是网络生态文明外部约束机制的执行者，也是内在的参与主体之一，应以高度的网络文化自觉提升自身对网络文化的运用效果，提高信息技术与施政手段的融合度，为社会公众提供制度化的参政渠道，从而使社会公众的网络政治参与行为规范且有序。推进网络政治民主化，应当避免新型问政方式的政绩化和名利化现象，减少虚拟社会的资源浪费，强化电子政务、网络问政的实际作用，降低社会管理成本，真正构建服务型政府。在网络民主监督体系中，政府行为主体应当自觉规范自身的网络行为，防止网络群体事件的产生。社会公众、市场、非政府组织也属于构建网络生态文明规范的参与者，也需要以网络文化自觉提升内在的综合素养，与不断扩展的网络生态文明体系相契合，努力克服工具理性扩张对价值理性的抑制作用，用文明的社会实践活动服务他人和社会，真正成为网络中文明行为准则的建设者和践行者。

（5）网络文化自觉能够为虚拟空间社交规范建设提供有效保障。作为网络行为主体进行群体性交流主要空间的虚拟社交领域，在群体极化效应和社会流瀑效应的作用下，很容易出现群体性的行为失范，扩大个体行为失范的危害性。这就需要我们以网络文化自觉为切入点，加强这一新型社交领域的规范建设。处于群体交流应用空间的网络行为主体，应通过网络文化自觉提高自我认知能力，对自己的行为倾向、心理情绪、身份角色加以客观的自我评价，并将其内化为自身的虚拟社交准则，以此为基础进行自我检视和自我调控，防止自身成为非理性群体中的一员。虚拟社交的参与者，应该用正向行为相互影响、相互制约，共同制定虚拟空间社交的语言规范、行为规范和道德规范，自觉抵制低俗网络文化产品对虚拟社交领域的侵蚀，应该意识到虚假网络信息和非理性情绪借助"情感链"传播的危害性，在网络交往中以清醒的头脑、审慎的态度对待各种信息，建立虚拟社交领域诚信规范，从而使虚拟社交在善意无害的原则下健康发展。在网络空间的社会化演进中，网络行为主体的虚拟角色必须担负起相应的社会责任并遵守相关的行为规范。基于网络文化自觉建构网络行为规范，这是网络行为主体对自身行为的理性反思，体现为虚拟社会对网络文明的内在追求。

2. 网络文化自觉不足导致的现实问题

虚拟空间是集社会属性和文化属性为一体的，并演化为一种社会文化空间。然而，虚拟社会毕竟不同于现实社会。在这些因素的影响之下，人们在虚拟社会中的实践活动会出现异化现象，给社会和个人带来一些负面影响。

（1）失范的网络行为。在网络文化自觉程度不足的情况之下，网络行为主体很难在多元文化面前做出正确的选择，方向性的误判使得他们不能辨识文化冲突潜在的风险威胁，尤其是会忘记在全球化语境下应该秉持的"和而不同，各美其美"的文化选择和发展的根本原则，对本国文化以及民族文化的价值视而不见，主动放弃在虚拟社会网络文化实践活动中的应有责任。

（2）无序的政治参与。在网络文化自觉程度不足的情况之下，虚拟社会公民对网络文化政治功能的应用方式和控制能力明显不足，出现虚拟社会中的政治参与无序性状态。网络文化相对自由宽松的氛围能够增强人们政治参与的安全感，使现实世界中一些被压抑的社会情绪得以释放。网络中经常会表现出政治参与的反权威特征，网民通过自我赋权进行自我权威形象塑造。但网络文化自觉程度的不足，会导致网络文化的个性化因素失去抑制，容易产生过度的自我赋权，一些参与主体的目的仅仅是为了实现个人价值的社会认同，其政治参与带有很大的随意性和功利性特征。遇到政府做出的公共决策不符合他们的个人利益需求时，经常会使用刺激性、偏激性的方式和语言进行网络社会动员，以此对政府决策施加社会压力。部分群体为了把个体的政治表达最大限度地输入决策体系当中，开始以政治参与为目的寻求网络结社。这种非制度化的方式会进一步加剧网络政治参与的无序状态，诱发网络群体事件，从而损害政府的权威性和社会公众的政治权益。

（3）非理性表达意见陈述。在网络文化自觉程度不足的情况之下，网络行为主体的意志弱化，理性屈从于非理智性情感所带来的欲望和需求，陷入情绪化的焦虑、焦躁状态，自我品格的丧失导致个体出现自我认同危机，让网络行为主体的意见陈述局限于自身利益，将社会整体利益抛之脑后，并为了实现个人的利益诉求，会通过制造强势化的网络舆论对政府和社会施加压力，甚至不惜使用虚假和煽动性的言论，使个体的非理性表达演变为群体性的非理性表达。这些非理性表达主体的本意是要捍卫社会道德，可是非理性的意见陈述社会规范与道德产生了严重的破坏，加重社会整体的焦虑心态。同时，也会明显降低社会公众对政府权威性声音的接受度和认可度，损害政府形象。

（4）破坏性倾向的群体行为。在网络文化自觉程度不足的情况之下，不成熟的公民社会，会促使社会公众为了达到共同的诉求目的而聚集为随时性的网络群体，网络群体行为往往会不自觉地摆脱和逾越理性，群体性的参与增加个体的心理安全感，使本就失范的个体行为扩大化，把网络文化的传播渠道和文化形式视为可以利用的工具，背离网络文化的应用初衷和其中蕴含的社会责任。各种类型的虚拟社交空间会成为网络中群体性行为的最佳孕育场所，利益诉求和价值取向相近的行为主体是相互吸引的，并在虚拟社交空间中不断聚集，形成群体行为。一些原本细微的社会问题被迅速放大，并采用网络暴力、网络侵权等群体破坏性行为加以攻击，破坏虚拟社会原有的秩序和规范。

3. 亟待实现网络文化自律到文化自觉的跨越

"文化自觉"在如今网络文化入侵传统文化、虚拟幻象与真实社会对接的环境中同样适用，甚至具有更加重要的意义。我们所说的网络自律，是互联网媒体行业对文化自觉这一思想的执行和演绎，对于解决网络文化传播中所出现的恶意炒作、低俗趣味、盗版侵权等问题，具有现实指导性。我们比较多的是在发展较为成熟的电视、广播、报纸等传统媒体中探讨媒体自律问题，对于新兴传媒网络的健康发展、有效管控等自律问题的研究还远远不够。

不是说传统媒体没有自律行为，但相对来说，传统媒体拥有相对固定的信息源，所发布内容经由"把关人"控制，由于信息选择的"议程设置"功能，不同信息在传播中被赋予不同程度的显著性，影响人们对事件重要性的判断。在传统媒体信息的编辑发布过程中，由于参与者相对单纯固定，外部监管较易实施。但互联网不同于传统媒体，单纯的他律手段不仅在实施中遇到的难度更大，还可能在一定程度上有损网络文化中已经形成的自由、平等、开放的氛围，这就更加需要我们提倡媒体内部自发产生的行为规范、价值准则。在互联网上，以往媒体单向的议程设置不再成立，不同意见都获得了表达的空间，产生主体之间多元互动的影响，它帮助受众形成公众议程。网络媒体是没有固定信息源的，不同个体可直接发布消息，分散受众也能够即时接收，这就形成网络媒体的自身特性。我们应当认识到，任何媒体特别是网络媒体的健康发展并非是单一作用力的结果，应将自律与他律两个方面结合起来才能取得更好的效果。

网络文化的内容极为丰富、现象尤为活跃，当今的社会热点问题大多都是从中发起或得到全新演绎的。在网络社会条件下，文化自觉有赖于社会整体文化水平的提高和媒体从业人员素质的提升，在泛媒介时代也面临着极大的挑战。由于互联网发布主体的隐蔽性、参与者的互动性，信息传受双方很容易相互转化，"文化自觉"成为对全民素质发展方向的期待和要求。在媒体监管中，我们既需要鼓励网络保持活跃和动力，尊重网络民众意愿，积极探索并提倡自律，又需要及时建立规则，维持网络空间的文明秩序，采取切实有效的他律。文化自觉不仅是网络自律与他律结合的目标，也为他律和自律达到和谐统一提供了一个很好的切入点，是媒体努力的方向和发展的必然。

（三）实现网络文化惠民工程从文化自觉走向文化自信

作为内在精神力量的文化自觉，是推动文化繁荣发展的思想基础和前提，表现为对文明进步的强烈向往和不懈追求。历史和现实表明，一个民族的觉醒首先是一种文化上的觉醒，一个政党的力量在很大程度上取决于文化自觉的程度；文化自信作为一种正在进行中的知识实践形态，凝聚着对人类文化普遍本质和共同命运的深刻意识，超越了以自我中心为核心的各种地方文化意识。正是这种精神变革或"人心的革命"，将人类从自我中心和各种偏见等充满冲突的精神状态中摆脱出来，保持文化多元与一元、共性与个性、民族性与时代性之间的张力。遵循自觉到自信的文化建设和发展规律，是网络文化惠民工程的基本要求。

1. 掌握网络文化的发展规律

文化自觉的本质是人们对文化发展规律的认识，是依据文化发展规律来进行文化保护、文化传承与文化创造的过程。我们应当从以下层次来把握网络文化的发展规律。

（1）从认知层次来看。在这个特定层次上，文化自觉表现为对文化发展规律的认识活动。在文化的组成要素中，特定时代占主导地位的伦理观、价值观、风俗、习惯等往往不是自发改变的，而是通过思想的启蒙，使受众能够逐步接受和认同新思想、新观念，从而促进新的伦理观、价值观、风俗、习惯的形成。在马克思主义的哲学认识论上，这一层次的文化自觉应该是人对文化现象的本质、文化发展规律的理性认识过程，表现为一种思维活动。把文化自觉定义为对文化发展规律的正确认识，有助于我们把它和一般意义上的文化反思区别开来。虽然文化自觉与文化反思有着非常密切的联系，但它们是两个概念。在认识文化发展规律的过程中必然伴随着文化反思，从这一意义上说，文化自觉本身就是文化反思，文化反思是通向文化自觉的必由之路，与文化反思无法截然分开。但文化反思得出的结论并不一定是正确的，并不是所有的文化反思都能够达到文化自觉的程度。人们对文化发展规律的认识总是带有时代的烙印，在某一个时代的人看来已经达到文化自觉高度的文化反思成果，随着时代的发展，可能会被认为带有很大的时代局限性，甚至是错误的。文化自觉与文化反思是有着本质区别的，但不可将二者完全割裂开来。

（2）从通过教育把文化构成要素尤其是价值观、伦理道德观、风俗、习惯等传递给群体成员的过程来看。在这个层次上，是把文化自觉由少数人的理性认识活动转化为社会大多数成员的集体意识的中介，构成实现文化传承的必要条件。由于教育在实现文化自觉中发挥着特别重要的作用，可以说，它是将文化自觉的主体由少数人扩大到多数人的纽带，因此，这一层次的文化自觉能否实现，作为政府是具有举足轻重影响的。

（3）从社会成员都是在社会主流价值观、伦理观、风俗、习惯等群体文化支配下生活并有意识地使群体文化得以保存、延续、创新的情形来看。这一层次上的文化自觉主体是文化群体中的所有成员，文化只有在大众中获得普及才能薪火相传，绵延不息。从根本上说，文化自觉是人的一种自觉，不管是文化传承也好，还是文化创新也好，如果离开最广大的社会大众的参与，那就必定会一事无成。

2. 强化网络文化惠民价值观的引领

网络文化作为一种新的文化形态，日益彰显其独特的力量。它对全社会的主流意识形态和文化价值观产生强烈的影响。认真思考网络文化的价值观问题，真正用社会主义核心价值观来引领网络文化的发展方向，成为我国文化建设尤其是思想政治领域的一个重大课题。

网络文化价值观标准的科学确定。我国网络文化发展的价值标准就是社会主义核心价值观，用核心价值观来引领网络文化的发展方向是我们的基本遵循。我们之所以强调网络文化中存在的价值观问题，是因为在社会转型时期，人们的价值观呈现复杂化的情形，面对社会利益和社会结构的深刻变化，人们的价值取向形成多元化的发展趋势，迫切需要加强社会主义核心价值观的培育和践行。要培育和践行社会主义核心价值观，就必须从推进社会主义制度发展的层面上，立足于维护和发展中国最广大人民的根本利益，适应人类文明发展的总趋势，正确地处理普适性文明与制度性要求、民族性文化与全人类共识的辩证关系；充分体现出中国特色社会主义的制度特征和实践要求，反映社会主义建设规律和共产党执政规律；充分吸收中华民族优秀传统文化，反映中国人民的共同愿望和理想追求；充分吸收世界各个民族各种制度优秀文明成果，体现人类历史发展的普遍规律和基本趋势，反映人类共同的理想愿望和价值追求。必须认识到，一切离开社会主义制度发展方向而放弃基本原则，离开民族特点而照搬照抄的所谓普世价值，离开人类文明发展大道而封闭自守的做法，都不会取得成功。

用社会主义核心价值观引领网络文化发展方向辩证法的科学运用。要实现社会主义核心价值观的文化领导权，用核心价值观来掌控网络文化的话语权，使核心价值观深入广大网民、手机用户等新媒体使用者的头脑中，成为人们的共同理想和自觉追求，形成符合核心价值观的思维方式、思想认同，就必须科学把握引领网络文化发展方向的辩证法。在网络文化发展的实践当中，我们既要引领好网络文化的发展方向，又要有力抵制腐朽的、错误的思想动向；既要坚持社会主义意识形态规范性，又要掌握意识形态对网络文化引领的技巧；既要在网络文化发展中强调最大的包容性，又要坚决维持意识形态底线的不可触动性；既要坚持社会主义核心价值体系的严肃性，又要发挥网络文化在促进民主、政治透明和社会监督等方面的重要功能，从而通过建立核心价值观与人们生活方式的同构机制，把核心价值观渗透到人们的生活方式、交往实践和信仰层面，作为个人反省的价值标准、日常生活的基本遵循、交往实践的基本标尺；通过积极创建核心价值观在网络文化中的生产和再生产机制，把核心价值观渗透到网络文化的生产方式当中，真正使网络文化的创作、传播和消费成为核心价值观建设的重要载体。

网络文化领域反渗透意识的强化。客观地讲，网络文化之所以出现价值观问题，非常重要的原因在于网络管理某些环节上存在着"庸俗宽容"的情形。面对网络文化中的错误思想，一些门户网站袖手旁观甚至纵容其泛滥，极大地扰乱了人们的思想，造成负面影响。在网络文化高度发达的形势下，我们的思想政治教育工作没有很快地适应现代科技和传媒技术的发展，及时转换思路，更新工作方式方法，出现被动应付甚至手足无措的情形。这就要求我们为了更好地净化网络空间、加强网络文化的价值观建设，必须强化阵地建设意识，应当善于和敢于同网络上一切错误思潮进行交锋，切实增强主动性、掌握主动权、打好主动仗，真正做到守土有责、守土尽责。

3. 增强网络文化主体的规则意识

在"互联网+"时代的网络文化自觉，首先在于要能够形成和强化网络共同体意识、网络主体意识。大力推进"互联网+"行动计划，充分发挥其社会创新的动力作用，进一步增强风险防范的能力，这就需要我们努力寻求各类主体在互联网上和谐共生的"最大公约数"，维护好网络秩序的共同底线，对互联网的发展进行正面引导，着力构建网络共同体意识和网络主体意识，不断增强网络主体的规则意识、底线意识，以网络文化自觉来引领和推动网络公共责任体系的构建。在世界多极化、经济全球化、文化多样化、社会信息化的特定发展背景之下，思想文化的交流、交融、交锋会更加频繁，我们能否充分发挥"互联网+"的积极作用，真正激活各种创新要素，确立网络文化自觉是一个重要的前提条件。我们只有不断增强全社会的网络文化自觉，进一步强化人们的理性认同、社会责任、互惠协作、沟通共享、互促共进，才能真正使"互联网+"成为推动经济发展、社会变革的强大正能量。

依法治网是建立在不断增强网络文化主体的规则意识和底线意识基础之上的。在工业时代，人与人的关系侧重于分工；在互联网时代，人与人的关系则注重强调其融合。为了适应这种社会关系的发展变化，就需要我们构建人人有责、人人尽责的互联网治理体系，形成全民共建共享的互联网发展局面。对于一个成熟的社会公共空间来说，需要各方在规则框架内理性表达意见。我们应通过建立健全规则，形成较为完善的协商对话和沟通机制，来促进社会的良性互动，凝聚社会共识和社会力量。由于互联网监管等方面的法律法规还不够健全，还不能很好地适应社会价值多元、社会选择多样的现实，一些突破规则和价值底线的网络失范行为还时有发生，损害了社会信任的构建，加剧了不良情绪的蔓延。针对这种情形，我们不仅要关注"互联网+"能带来什么，更要提倡网络文化自觉，构筑和强化网络主体共同遵守的价值底线，不断增强网络主体的规则意识、底线意识、协作意识、共赢意识，树立公共价值规则，培育网络公共理性，尽可能降低网络的负面效应，从而引领和规范网络主体行为，推动实现互联网的善治。

4.培育网络文化惠民公共意识自觉

网络提供给人类一个新的"共生"空间，形成一种新的"交往社区"和"共同体"。由于受网络技术发展迅猛等诸多因素的影响，人们面对五花八门的网络交往方式时往往会产生"震荡"、困惑之感，同时网络文化公共空间也出现了各种网络行为失范的现象。网络失范现象的产生有着众多原因，其中一个重要原因与网民们没有形成正确的"网络文化公共意识"有关。因此，公民网络文化公共意识的养成和培育对构建和谐的网络文化共同体具有十分重要的意义。

（1）网络文化空间的公共领域特征。

从一般意义上讲，人们的日常生活空间可分为公共领域和私人领域。社会学家、西方马克思主义者哈贝马斯把公共领域看作是一个介于国家和社会之间的公共空间，也是一种不同于私人领域的公民社会交往空间。他注意到在资本主义市民社会转变过程中，诸如俱乐部、沙龙、咖啡馆、图书馆、新闻报刊、大学、博物馆等"公共领域"在社会舆论形成中的特定作用。与哈贝马斯一样，其他一些西方学者（如阿伦特等）也研究过公共领域的社会作用。在形形色色的公共领域中，公民可以自由地讨论公共事务、参与政治、进行社会批判、表达自身诉求等，以形成一个对抗强制权力的、政治建制之外的相对独立的行动和舆论空间。因此，相对独立性、自由参与、舆论的公共性等就构成公共领域的主要特征。

网络文化空间无疑是当今人类社会交往最主要的公共领域之一。与传统理论所说的"公共领域"相比，网络除上述"公共性"特征之外，更有以下的特征：一是参与主体的大众化。网络已经成为普通公民社会交往和政治参与的主要方式之一。二是行为空间的全球化。互联网几乎已经覆盖整个地球，网络已经把全世界各个国家联为一体，如果哪个国家和民族自"绝"于网络，必然面临着被"开除球籍"的危险。三是交往互动更加频繁。移动互联技术的运用，使得网民们能够在任何地点、任何时间与任何人建立联系，各种先进的移动终端能够使网民之间的交往变得越发便捷，大有"一网打尽天下"的趋势。四是信息传播增量。五是行为效果扩大。网络打破了国与国、民族与民族之间的交往界限，形成一个"无疆域"的"平"的世界，从理论上讲，世界上任何一个区域或角落发生的事件，通过网络的全球化传播，都可能成为一个"世界性"公共事件。因此，网络空间公共领域的特征，使得人们必须关注网络公共领域社会转型所带来的现实社会转变。而网民们也必须认识到，他们所参与的网络行动，不是孤立的私域行动，他们是作为网络公共领域的"公民"（"世界公民"）参与其中的，必须认识到自身行为的公共性和社会性。

（2）共生的网络文化共同体。

人是一种社会存在物，网络文化空间为人们的社会交往提供了必不可少的平台和公共领域，在网络交往中，人们应该树立一种自觉的网络文化空间的公共意识。网络文化公共意识是网民网络行为应该遵循的基本行为观念和共识，是保证网络社会交往正常进行的思想基础，应该包括以下一些基本内涵和要求。

网络文化公共意识是一种共同体意识。网络形成了一种新的交往空间和"社区"，每一个网民就是这个社区的居民，每一个网民的行为都会对他人或网络社区造成一定的影响。作为以"共同体"方式生活的各个网民，事实上都与其他网民形成一种"共生"关系：彼此关联，在网络环境中，往往是一损俱损，一荣俱荣。网络共同体意识就是要求网民们意识到自己是网络大家庭的一员，网络的事就是自己的事。

网络文化公共意识是一种责任意识。既然自己是网络大家庭的一分子，自己因此就有维护网络安全和正常运行的责任。如果我们过去说"国家兴亡，匹夫有责"，那么在今天完全可以说"网络兴亡，匹夫有责"。这种网络责任意识需要每个网民具有敢于担当的精神，自觉与破坏网络秩序的行为做斗争，而不是一味地抱着"打酱油"的态度，事不关己，高高挂起。权利与义务、权利与责任是辩证统一的，网民们在享受网络带来的各种便利和权利时，不可忘记自己同时必然承担的责任和义务。

网络文化公共意识是一种契约意识。日常生活中，契约是人们之间法律意义上的具有约束性的承诺。网络行为应该是一种自觉自愿的行为，不是出于被强权所制的被迫行为。契约精神要求网民彼此互动时一定要遵循平等、坦诚、公正、守信的原则，不要把自身的意愿和行为方式强加于他人身上，在一定意义上可以说"网络面前人人平等"，在网络交往时，己所不欲，勿施于人，即便己所欲，也勿施于人。

网络文化公共意识是一种政治意识。今天的社会远没有达到"大同"境界，网络公共空间同样如此。尽管人们认为网络空间是"虚拟"现实，但网民们都是一个个实际的社会存在者。而作为一个现实的"社会人"和"公共人"，人的思想无不带上现实的烙印，其政治意识形态倾向、世界观等都会受到其现实利益等因素的影响。网络信息承载着政治、意识形态性，需要网民们在网络交往和网络行动时，具有高度的政治警觉，努力分辨网络信息所包含的政治意蕴。

网络文化公共意识是一种规范意识。网络行为的一个基本特征就是自由，也正是网络提供的行为平台和社会交往方式赋予人们行为前所未有的自由空间，才使得网络技术本身得以如此迅猛地发展。但作为网民应该意识到，自由是有限度的，即网络自由也要受到各种规范的制约，而其中法律和道德的约束是网络行为最基本的行为底线，人们的任何网络行为都要遵循国家的法律要求和社会道德准则。

（3）提高构建和谐网络文化生态的自觉意识。

我们看到，由于部分网民网络空间公共意识的淡漠，已经对网络文化共同体和现实社会造成了极大危害。如果网民们都能有自觉的网络公共意识，尽管不能说完全消除网络空间的各种不良现象，但至少可以在一定程度上遏制这些现象的蔓延和泛滥。因此，网络文化公共意识的培育具有十分重要的意义。

人们的社会行为能否上升到"自觉"层面，这对其行为选择、行为实施以及行为反省非常重要。但往往一种规则意识能否提升到"自觉"的层面，不是一朝一夕能够完成的，需要人们在行为实践中不断践行，在网络交往中不断互动，在理论学习中不断思考，在思想探索中不断提炼才能实现。而且随着网络技术的发展，新的网络行为和交往方式不断涌现，更需要网民们在适应网络技术特征的同时，从技术适应上升到行为适应，从行为适应上升到规则适应，从规则适应上升到理性自觉。

在网络行为各层次的适应中，应该说达到对网络文化公共意识的自觉状态是一个比较高的目标，但这所谓的"高"层次实际上是网民网络行为最基本的要求。网络文化共同体"共识"的达成不能指望每个网民的"顿悟"，它应该是一个建构的过程，即网络文化公共空间为网民的社会交往提供了互动、学习的平台，同时人们的网络文化公共意识也在这一过程中形成。

在中央网络安全和信息化领导小组第一次会议上，习近平总书记指出："网络安全和信息化是事关国家安全和国家发展、事关广大人民群众工作生活的重大战略问题，要从国际国内大势出发，总体布局，统筹各方，创新发展，努力把我国建设成为网络强国。"① 毋庸置疑，要建设网络强国，并不只是国家政府的事，更是我国每一个网民的责任和义务，网络文化公共意识的培育是维护和谐、安全、健康网络文化公共空间过程中的重要环节。

三、惠民工程的着力点在于文化担当

网络文化惠民工程的集中体现就是振奋起全民族的"精气神"。文化在促进经济、政治、社会、生态整体进步中的主导性的作用，可以从 3 个层面来理解：一是培养和树立社会牢固的秩序感；二是激活社会昂扬的竞争力；三是厚植社会持续的稳定感。正是从这三者形成的整体效应上，我们说文化是制度和秩序的基础，构筑着一个国家、一个民族、一个社会的精神、价值和力量。概括起来，这就是"文化担当"。我们强调坚定文化自信，不是要在苦难历史的回望中找到精神慰藉，也不是要在今天辉煌成就的展示中彰显自尊，而是要在高度的文化自觉中坚定文化自信，具有新的、更大的文化担当。

（一）文化自信与文化担当

文化担当是文化自信的实践形态。十九大报告提出，坚持中国特色社会

---

① 习近平 . 在中央网络安全和信息化领导小组第一次会议上的讲话 [N]. 人民日报，2014–02–28（1）.

主义文化发展道路，"推动中华优秀传统文化创造性转化、创新性发展，继承革命文化，发展社会主义先进文化，不忘本来、吸收外来、面向未来，更好构筑中国精神、中国价值、中国力量，为人民提供精神指引"[①]。这就告诉我们，以文化担当提升社会文明水平，既是一个发展的理念问题，也是一个发展的实践课题。

1. 文化担当的实质内涵

文化担当的实质是文化的价值追求问题。

（1）文化与价值之间的关系问题。文化现象与其他任何社会现象一样，也具有一定的价值属性。我们透过古今中外斑驳陆离、错综复杂的文化现象，就会发现各个民族、不同历史时期的文化总是同一定的价值取向和价值观密切联系着的。文化的价值维度体现在两个方面：一方面文化的核心内容是价值观念，另一方面文化本身的发展是受一定价值目标引领的。价值观在文化中的重要地位，决定我们必须把价值观的培育和践行作为文化建设的重中之重。由于价值目标决定着文化发展中的方向性，我们就应当明确并坚持正确的文化发展的价值取向。

（2）文化的价值导向和精神追求问题。文化的价值导向，主要指文化以其科学的价值判断和先进的价值指向，在人和社会实现提升与发展中所具有和所发挥的正确而积极的引导与推动作用。而文化的精神追求，则主要是指文化对先进思想、崇高道德、纯尚情操与懿美心愫的汲取和涵寓及其所产生的巨大而良好的社会效能。一切文化创造、文化形态、文化产品和文化服务，不论其表现什么内容、采取什么方式、具有什么特点、追求什么目标，其在终极效能上都应当和必须具有这样的价值、作用。

（3）文化价值追求的定位问题。文化价值追求是一定主体对文化的普遍价值和崇高境界的追求，也即文化理想、文化目标的实现过程。作为文化主体的人，树立一定的文化理想，设立特定的文化目标，并坚定不移、百折不挠地通过奋斗和努力，期求理想目标的实现，这就是文化价值追求。文化价

---

① 习近平. 决胜全面建成小康社会夺取新时代中国特色社会主义伟大胜利 [M]. 北京：人民出版社，2017：23.

值追求是一种自觉的文化意识、一种开放的文化视野、一种执着的实践行为。一个个体追求道德修为的完善，一个民族追求民族文化的繁荣，一个国家追求文化软实力的强盛，都是文化价值追求的表现。从根本上说，文化价值追求的终极价值是真、善、美。事实上，人类从来没有停止过文化价值追求的脚步。一般来说，主体对于真善美的追寻是分别通过人类的认知活动、评价活动和审美活动来获得的。在认知活动中，主体揭示事物的本质和规律，即"物的外在尺度"，从而实现对于"真"的把握。在评价活动中，主体以自身的需要，即"自身的内在尺度"来看待客体属性对于满足主体需要的意义，从而实现对于"善"的把握。在审美活动中，主体在"他所创造的世界中直观自身"，感受主客体之间的和谐，从而实现对于"美"的把握。人追求真善美，就是通过学问的实践追求"真"，通过道德的实践追求"善"，通过艺术的实践追求"美"来达到的。而真善美又是与时俱进、不断发展的。社会和谐则是真善美的统一。追求社会和谐，是人类的美好愿望；实现社会和谐，是人类孜孜以求的共同理想。

（4）社会主义的文化价值追求集中体现为文明。文明是体现着社会主义先进文化的前进方向，代表着社会主义精神文明的价值目标。从社会主义现代化建设总体布局来讲，文明与富强、民主、和谐、美丽一起，共同构成了社会主义现代化建设的重要价值目标，承载着广大人民群众在精神文化方面的共同价值追求。

2. 文化担当是文化自信的集中体现

文化担当要求我们要切实增强责任感、使命感，以坚定的文化自信，担负新的文化使命。

（1）文化担当与文化使命紧密相联，是当代中国必须主动作为并力求实现的文化愿景和文化目标。立足于文化认同基础上的文化使命，包括丰富内容，从精神层面到实体领域、从公益事业到营销产业、从体制机制到操作行为、从创意制作到服务保护等，涉及众多领域和诸多方面。而从使命、责任、责任担当意义上来看，我们则务必关注那些带有战略性、统摄性、纲领性、持久性的重要内容，那些高居思想层面并给人以思想武装，坚守价值层面并引领价值观念，深及信念层面并促进信念确立，决定着文化建设的大局、整体、方向，关系到文化建设得失成败的重要内容。主要有：处于核心、灵魂地位的马克思主义的坚持与发展；作为源泉、基础的中华优秀传统文化的传承与创新；产生重要、关键作用的社会主义核心价值观的培育与践行；期待提升、突破的文化的对外交流与互鉴，等等。

（2）"在实践创造中进行文化创造，在历史进步中实现文化进步"。[①]

这就要求我们，一方面，不要脱离实践，要在实践中进行文化创造。文化是创造性的工作，也是创造性的成果。但是文化创造不能闭门造车，一定要结合实践、深入实践、研究实践，把创造建立在丰富、生动的实践基础上，才能创造出符合实践情况、满足人民需要、切中社会要害的文化精品。另一方面，不要偏离时代，要在追随时代中实现文化进步。文化是时代的产物，每个时期的文化都深深地打上时代的烙印，并为那个时代服务，在服务时代的过程中实现文化进步。这就是时代与文化的发展逻辑。新时代中国特色社会主义是中国特色社会主义发展的新阶段，是中国特色社会主义发展又一个新的进步。因此，我们的文化必须顺着这个时代前进的足印，合着这个时代前进的节拍，去反映这个时代、讴歌这个时代、推进这个时代，在这个过程中实现文化进步。

在实践创造中进行文化创造，在历史进步中实现文化进步，是实现人民对美好生活向往的必然要求。进入新时代，我国社会主要矛盾已经转化为人民日益增长的美好生活需要和不平衡不充分的发展之间的矛盾。文化需求、精神享受、情感熏陶、艺术生活的丰富多样和品质提升，成为人民过上美好生活的必要条件。衡量人生幸福和生活美好的一个重要标准，就要看人民群众的精神文化生活是否丰富、文化产品供给是否充实、社会风气和文明风尚是否提升。文化是凝聚人心的精神纽带，文化建设是增进民生福祉的关键因素。

---

① 习近平. 决胜全面建成小康社会夺取新时代中国特色社会主义伟大胜利 [M]. 北京：人民出版社，2017：44.

与人民群众对美好生活的需要相比，文化建设既有自身发展不平衡、不充分的问题，也有总体上、结构上、质量上跟不上人民群众美好生活需要的问题。新时代意味着新任务，新方位意味着新要求。紧扣我国社会主要矛盾变化，更好适应人民日益增长的美好生活需要，让人民精神文化生活更丰富，基本文化权益保障更充分，文化获得感、幸福感更充实，事关民生福祉，事关全面小康，是我们必须担负的新的文化使命。

（3）文化担当中需处理好的几个关系。

在文化担当建设中，要处理好多样性与选择性、理想性与现实性、社会性与个体性的关系。

首先，在多样性与选择性的互动中实现其价值认同。任何价值观念都根植于社会实践尤其是现实生活之中。当前，我国经济体制深刻变革，社会结构深刻变动，利益格局深刻调整，思想观念深刻变化。这种空前的社会变革和变化不仅在经济、政治领域出现了一系列新情况、新问题，也在人们身上产生了一系列影响。这些影响既有利于人们树立自强意识、创新意识、成才意识、创业意识，同时也带来一些不容忽视的负面影响。一些人不同程度地存在政治信仰迷茫、理想信念模糊、价值取向扭曲、诚信意识淡薄、社会责任感缺乏、艰苦奋斗精神淡化、团结协作观念较差、心理素质欠佳等问题。特别是随着他们思想活动的独立性、选择性、多样性、差异性的明显增强，在价值观念和价值追求上日益呈现出多样化的趋势。人类社会发展规律表明，社会越是分化，就越需要社会整合。同一社会虽然可以有多个层次和多元并存的思想价值体系，但国家层面的指导思想、理想信念、意识形态应当是共同的、一元的。尤其是在培养社会主义事业的建设者问题上，更要从指导思想的高度和社会核心价值体系的层面对人们进行教育、统领和引导，必须确立一种占主导地位的价值观念，借以统一他们的思想和行为。

其次，在理想性与现实性的结合中夯实其价值基石。马克思、恩格斯在《共产党宣言》中指出："代替那存在着阶级和阶级对立的资产阶级旧社会的，将是这样一个联合体，在那里，每个人的自由发展是一切人的自由发展的条件。"① 从一定意义上说，马克思主义的全部理论都是围绕着如何使人摆脱剥削、压迫和异化，实现人的自由、解放和发展展开的，认为无产阶级和人类奋斗的价值理想、目标就是实现人的自由、解放和全面发展。理想具有扬弃现实、高于现实、超越现实的特征，是感召、激励和鼓舞我们为之奋斗的力量源泉。人是社会的存在物，人要在社会中生活，就必须遵循社会组织为维持一定的社会秩序而建立的各种社会规范。我们在建设中国特色社会主义过程中，只有坚持社会主义核心价值体系，才能以公平正义的原则去解决市场经济带来的矛盾，以对人类未来文明和后人负责的态度去解决人与自然的矛盾，以人的全面、自由发展要求去解决人的生活方式中物质追求与精神追求的矛盾，从而形成社会的文明道德风尚，同心协力地构建社会主义和谐社会。社会主义核心价值体系代表着中国特色社会主义社会的主流价值，提供和谐社会建设所需要的文化认同和价值追求，既强调以马克思主义为指导思想，又强调尊重差异、包容多样、求同存异、团结友爱、和睦相处，具有弘扬正气、凝聚人心，沟通感情、增进融合等功能。

最后，在社会性与个体性的联结中促进其价值实现。作为社会主义核心价值的马克思主义指导思想具有非常丰富的内涵，"以人民为中心"的思想和"人的自由全面发展"的思想是具有极大超越性的。马克思从人的解放意义出发追求人的自由全面发展的思想，传承了自古希腊到文艺复兴以来的世界人文主义精神。"以人民为中心"思想蕴涵着发展为了人民、发展依靠人民、发展成果由人民共享的当代中国人文意识。人的自由全面发展和社会经济的发展是一个既相互促进又相互制约的历史互动过程。从本质上考察，人的自由全面发展的内在超越性并不由于任何外在制度因素限制而被磨灭被消解，恰恰会随着制度历史的曲折发展一再反复被提上人类精神生活的议事日程，并逐渐被人们所理解、所接受而成为人类进步的根本精神动力。在构建社会主义和谐社会的过程中，社会的和谐发展与人的全面发展是联系在一起的。社会的和谐发展，要求人的全面发展，为人的发展创造条件。没有人的全面

---

① 马克思，恩格斯．马克思恩格斯选集：第 1 卷 [M]．北京：人民出版社，2012：422．

发展，就不可能有社会的和谐发展，同时，人的全面发展也只有在和谐发展的社会中才能实现。社会主义核心价值体系突出强调的马克思主义集体主义价值观，从根本上体现了个体性与社会性的统一，也就是将个人利益与集体利益有机结合起来，承认集体和个人的价值主体、利益主体地位，把对人们主体性的肯定和社会性原则统一起来，既要发挥人们的主体性，又要反对人们主体性的极度膨胀；既要大力提倡集体主义，又要反对忽视个人的价值。这就需要我们在教育实践中，只有处理好价值取向上个体性与社会性的统一，树立个人价值与社会价值辩证统一的价值观，才能较好地解决一些人们存在的集体主义与个人主义的价值冲突，从而在两者的相互联结和统一中促进其价值实现。

3. 中国共产党所承载的文化担当

习近平总书记对于文化的重要论述，深刻反映着我们党对文化建设重大意义的清醒认识，体现着我们党自觉肩负文化建设的重大使命的责任感。面对繁重的发展要求和异常激烈的国际竞争格局，增强文化担当，提高文化自信，始终是完成文化使命的重要保证。

（1）在中国共产党的发展进程中，始终具有清醒的文化价值和文化自觉意识。回顾中国共产党走过的历程，目的在于认清历史发展大趋势，把握历史规律，以更好地完成文化使命。整个中国近代史，就是完成五大使命的历史，即救亡图存、奋发图强、启蒙开智、建构现代文明和完成民族复兴。在历史的激荡中，选择文化的突进与创新，正是接受时代挑战的最好回应。中国共产党人，把握住了一个又一个的重大历史机遇，在根本上找准时代的定位，打牢一个优秀先进政党的文化根基，从而为未来的更大发展奠定了良好基础。

（2）习近平总书记对中国共产党人的重大文化使命有着极为清醒和深刻的认识，彰显出强大的精神力量。能否成为历史的文化主角，这是决定一个政党命运的关键，因为文化是构成人类心灵世界的要素，既能够影响人心，也能够把握世界走向，成为社会的核心力量。从历史发展的进程看，中国共产党担负起极为重要的责任和角色，使全民族的文化认同意识逐步加强，从历史奋斗中走过来的中华民族，文化自信正在愈益坚定。从过去的岁月看，由于和西方国家所代表的工业文明有过直接的正面交锋，中华民族遭遇了前所未有的生存挑战和命运危机，但是，在经历了一百多年的持续奋斗，曾经消失了的文化自信，正在逐步完成重建。我们也是在经历了文明交锋之后，在明白现代文明的真正含义之后，才能够进入文化交流和交融的状态，而只有在这样的状态下，文化自信的建构才具备了真实并坚实的力量。正是在这个意义上，文化自信构成民族自信的基础，只有在全面重建文化自信的基础之上，中华民族才能实现伟大复兴。

（3）文化已经成为新的生产力构成要素。文化的发展，使其既作为精神动力发挥重大作用，又成为新的生产力的重要组成部分。文化及相关产业的发展已经成为现阶段经济增长的一大亮点，总量持续快速增长，比重日益上升，在推动经济发展、优化经济结构中展现出越来越重要的作用，正在朝着成为国民经济支柱产业的方向迈出新的步伐。文化对于国家发展的全方位的价值，已在迅速显现。文化除了愈益凸显对于民族精神构成的意义和价值，对于民族凝聚力的意义之外，在今天这样的时代，文化竞争正在成为国家间竞争的主要载体，是决定民族整体的精神气质和观念意识，以及将其转换为行动能力、社会实践的核心动力。从文化的作用和价值来看，从未有过像今天这样显得那样重要和关键。我们正处在国际交流愈益频繁、交流手段和方式更加复杂多样的时代，在这个国家实力消长，决定国家间、区域间的实力构成变化和实力格局改变的关键时期，我们必须认真看待和把握住今天世界文化的发展大势。

（二）网络文化惠民工程中的文化担当

网络文化全方位渗入国家治理和社会生活的方方面面，它绝不只是某个专门领域的问题，而是一个全方位的社会文化系统问题，所提出的也是全方位的系统性考验。互联网空间中的每一个主体——政府、市场、社会，经营者、监管者、用户，都对其运行起着不可或缺的作用。而这些参与因素，正是构成社会健康运转的主体。在网络文化的全面渗透下，这些主体间关系如何，不仅决定着"网络文化空间"变得如何，更决定着"社会文化空间"变得如何，这也就构成了网络文化惠民工程中的文化担当问题。

1. 网络文化惠民要有文化担当

我们需要积极向上的网络文化净化网络空间。社会进步、文明发展，需要主流文化的引领，网络文化也需要建立积极向上的网络主流文化，引领网络文化的健康发展。积极向上的网络文化对于增强文化自信同样十分重要。责任源于自觉，行动体现自觉。有没有强烈的文化担当，反映着一个政党的理想追求和精神面貌，是一个政党是否成熟、是否有生命力的重要标志。我们党作为一个有着崇高追求、肩负历史使命的政党，作为一个迅速崛起的东方大国的执政党，要长期执好政掌好权，带领人民实现中华民族的伟大复兴，就必须高扬自己的文化理想，高举自己的文化旗帜，树立自己的文化形象，切实承担起推动文化繁荣发展的历史责任。具体来说，发挥网络主流文化的社会担当力量，要把握好以下几点。

（1）在网络文化传播中，要树立高度的文化自信心与文化自豪感，更加自觉地承担起传承民族优秀文化的责任。我们要通过网络全面系统地展示中华优秀传统文化，使更多的网民能够体会到中华文化的精华，充分意识到其中的精髓之处，从而树立我们的文化自豪感和自信心。同时，我们要利用网络平台积极弘扬革命文化和社会主义先进文化，要建立与社会主义核心价值观相匹配的网络主流文化，净化网络环境，传播社会正能量，使广大网民在网络主流文化的引领下树立正确的价值观。

（2）要充分发挥主流网络媒体的积极引导作用，更加自觉地承担起用先进文化引领社会进步的责任。高举先进文化旗帜、用先进文化引领社会进步，是党的先进性的重要体现。随着我国经济体制、社会结构、利益关系的深刻变化，人们的思想活动日趋活跃，新的观念、新的意识不断生成，这为社会发展进步注入了活力。同时，一元与多样、传统与现代、先进与落后、本土与外来相互交织、相互影响，社会思想意识更加多元、多样、多变，社会思潮也更加纷繁复杂。在这样的情况下，能不能把握先进文化前进方向、促进主流文化发展壮大，是对我们党领导水平和执政能力的一大考验。必须更加自觉地立于文化的潮头、担当文化的先锋，用先进文化引领社会思潮，构筑精神文化高地，促进和推动社会发展进步。

（3）充分利用互联网的特点，积极传播网络主流文化，更加自觉地承担起满足人民的精神文化需求、保障人民基本文化权益的责任。互联网平台具有互动性强、传播速度快、受众广、信息量大等新特点，要积极发挥互联网传播优势，加强信息的传播互动效果，更加积极有效地传播主流文化，调动广大网民的自主互动性和积极参与性。我们要从国家层面建立互联网传播内容体系，建立国家层面的网络内容平台，强化积极向上的网络内容建设，同时加强对网络文化内容的把关和审核，对一些低俗的网络文化，要坚决加以抵制。只有弘扬积极向上的网络文化，才能在互联网高速发展的今天真正发挥网络文化的社会担当力量，实现网络文化的社会价值。

（4）要积极配合"走出去"的文化战略，更加自觉地承担起提高国家文化软实力、维护国家文化安全的责任。任何一个大国的崛起，不仅伴随经济的强盛，而且伴随文化的昌盛。作为一个执政党，我们不仅要致力于经济发展、国家富强，而且要致力于社会的文明进步，形成强大的文化软实力。而网络文化恰恰是传播速度最快、范围最广，也最容易产生国际影响的文化形态，网络文化的质量直接关乎中国形象的树立和中国文化战略的实现。因此，我们必须有配得上国家整体文化战略的网络主流文化，以此展示中国的良好形象，增强文化传播能力，吸引世界网民对中国的持续关注。

2. 网络媒体的文化缺失与担当

从人的"世界观"来看，是有着经验主义与建构主义区别的。经验主义者认为，我们认识世界是因为我们的感官给予我们通往"客观外在"世界的"途径"，我们只要简单地通过验证和研究，就能理解客观外在世界——因此，经验主义者试图通过遵循或反映现实来建构人们的认识。但建构主义者认为，我们并非是简单、被动地从客观外在世界接受信息，而是作为思维主体积极地建构我们对于世界的认识。人对世界的认知，既是经验的，也是建构的，既要靠个人的经验，也要靠网络媒介的力量——借助网络媒介的视野和框架去认知、理解世界。甚至说，有什么样的网络文化媒介，就会有什么样的世界图景。文字媒介、图像媒介、声音媒介等，各自呈现的世界景观都是不同的。再者，人们从来都不是从纯粹个人化的视野去认识世界的，而是基于某种文化语境设定的视野去认识和理解世界。文化语境规定人们认识世界的共享框架。有什么样的文化语境，就意味着有什么样的意义生产和解读框架，就是说，人们对世界的理解，既是个人的，也是族群的。族群的凝聚和演化，离不开共同体的文化共识。从这个意义上说，人们对世界的认识和理解，一是离不开网络文化媒介；二是离不开意义共同体，即文化族群。网络媒介作为连接个人与社会共同体的不可或缺的传播机制，其影响的强度和性质，对个人和社会共同体都是至关重要的。所有网络媒介化的文化都成为一种回应社会需求和社会想象的机器。传播机制和网络媒介文化还可以从社会性的角度进行精神分析的治疗、意识形态的校正。影响有多大，责任就有多大。因而，网络媒体在社会共同体中的文化担当不可缺位。

现如今，网络媒体责任的文化缺位问题必须引起我们的高度重视。伴随着物质力量的快速增长，文化"缺钙"问题越来越突出。其中一个重要原因在于：我们的网络媒体未能尽其所能地扛起文化责任。改革开放成就了中国的经济崛起，也促成了社会转型和文化代谢。在这个过程中，网络媒体应扮演积极的角色，应成为公平正义的守望者，时代风云的记录者，传播正能量，推动社会的成功转型以及文化的良性发育。但事实上，我们的网络媒体在社会转型过程中，没有及时、有效地向社会传播充满正能量的文化和价值，甚至出现文化迷航乃至价值偏航。网络媒体关乎公共福祉，其价值偏航和文化迷航，势必会影响公众的价值判断和文化方向感，尤其是主流网络媒体，一旦其价值和文化方向出问题，可能会成为公害，造成大面积的精神污染。不少媒体没有意识到这种负面影响，即便意识到，也听之任之。在他们的认知中，市场价值是最要紧的，收视率、点击率、"粉丝"数压倒一切，至于影响背后的价值导向，则是次要的。这种以牺牲社会效益为代价，片面追求市场效益的网络媒体行为，是缺乏社会责任和文化担当的典型表现。

网络媒体是生产和传播意义的重要机制，为社会共同体提供标准化的社会范畴和价值判断，影响个体的认知框架和价值基准。通过议程设置，网络媒体源源不断地向社会共同体输出意义符号和价值资源，为社会共同体提供意义共享系统，为社会个体提供认知世界和理解社会的意义框架。网络媒体在个人和共同体之间架构一个认知通道，借此，个体获得认知、理解社会的知识和意义资源，社会获得连接个体的意识形态。意识形态所提供的一套参照术语限定了人们的思考方式，使"打破"它的设定框架、以另一种不同的方式感知事物变得几乎不可能。意识形态实质上是某种"思想体系"，具有正统共识的特征。在中国社会语境下，媒体要为社会提供"正统共识"，提供正确的认识世界、理解中国的框架。但是，不少网络媒体缺乏这种文化自觉和责任担当，他们往往从自身利益出发，忽视公共利益和文化关怀；也有一些网络媒体，在传播主流价值观时，缺乏责任心，流于形式，致使主流价值观处于"空转"状态，传播效果欠佳，难以实现凝聚集体共识的目标。

在中国社会转型和网络媒体转型的关键时期，社会需要文化支撑，网络媒体需要有文化担当。如今中国社会可能要比任何时期更需要有网络媒体的文化担当，也更考验网络媒体的文化操守。网络媒体的文化担当，可从两个维度用心用力。一是传承。提及文化担当，当下的网络媒体有很多事情可以做，中国有雄厚的文化积淀，这座文化富矿取之不尽用之不竭，但若不采掘、传承，文化则不能自然而然进入芸芸众生的生活日常，不能直接进入国人的精神生活。在这方面，一些主流网络媒体做出了很好的尝试。二是创新。文化传承固然不可或缺，但创新最为关键。"老树着花无丑枝"，文化只有不断创新，才能成为"活水"。文化创新少不了媒体的贡献，但事实上，我们的网络媒体在创新意识和创新能力上面临双重不足。在熙熙攘攘的媒体圈中，真正有新意、有创意的好东西太少，由于媒体过于关注市场占有率和物质回报，很多媒体的目光短浅，视野狭窄，不愿意把功夫和智慧花在文化创新上，他们更愿意投资那些立竿见影的项目，不少网络媒体不愿意做创新"出头鸟"，更愿意复制别人的东西，甚至抄袭别人的成功样本。不可否认，一些网络媒体在技术创新和文化创新方面有强大的优势，但还不足以带动整个网络媒体阵营，更何况，其中有的网络媒体的文化创新局限性较大，受制于狭隘的利益格局，也不能从国家利益和公共利益出发，成就文化大格局。

3. 网络社会中公民意识的缺失与培养

网络社会是指随着互联网技术的发展，建立在当代信息网络技术平台上的人类交往实践活动的共同体。公民意识是一种现代意识，这种意识体现为将自己和他人视为拥有自由权利的人，有尊严、有价值，并且能够勇于维护自己和他人的自由权利、尊严和价值的意识。公民意识是公民素质的重要体现。互联网作为一种新兴的信息传播媒介，极大地改变了人们的生活方式，也深刻地改变了政治生态环境，为民主政治的发展提供了新的方式和渠道，成为培养公民意识的重要途径。作为一种新的信息传播媒介，互联网的迅猛发展将公民意识的展现扩大到了网络空间，网络公共领域正日渐成为公民意识觉醒和增强的一个相当重要的平台。网络公共领域对公民意识有着重要的影响，它有利于公民平等意识、参与意识、权利意识和批判意识的培育，但也容易导致扭曲的权责意识、偏激的批判意识、虚化的法制意识和错位的参与意识。只有加强网络公共领域中的法制规范建设、开展网络公共领域的媒介素养教育等才能使公民意识向着健康积极的方向发展。

网络文化生态要凸显主体意识。习近平总书记在主持召开网络安全和信息化工作会议时强调，"要建设网络良好生态，发挥网络引导舆论、反映民意的作用"①。其实，网络文化良好生态建设，关键要在紧扣"民意"上凸显网民的主体意识。网络，是人心沟通、交流的新桥梁。当前，我国经济发展进入新常态，互联网已成为新常态下经济社会发展的重要动力源，通过互联网和实体经济深度融合发展，以信息流带动技术流、资金流、人才流、物资流，促进资源配置优化，促进全要素生产率提升。习近平总书记指出，"网信事业要发展，必须贯彻以人民为中心的发展思想"②。网络生态的主体必然

① 习近平. 主持召开网络安全和信息化工作座谈会 [N]. 人民日报，2016–04–20（1）.
② 习近平. 主持召开网络安全和信息化工作座谈会 [N]. 人民日报，2016–04–20（1）.

是"人民"，也可以说是特指积极投入网络、主动参与网络建设的7亿多网民，网络生态建设就是要让亿万人民在共享互联网发展成果上有更多获得感。网络空间，是亿万群众共同的精神家园。既然是"共同的"，那么就要形成"精神家园"的利益共同体，提倡网络文化自觉，构筑和强化网络主体共同遵守的价值底线，培育网络公共理性。如果网络空间乌烟瘴气、生态恶化，肯定不符合人民利益，如果构建天朗气清、生态良好的网络空间，这必然成为民心所向。作为每一位网民，就应该自觉约束自我的网络言行，共同维护网络空间的安全和谐，这既是自我享受精神大餐之所需，更是广大网民主体责任之所在。网民，来自普通老百姓。每一位网民，既是网络精神大餐的享受者，也是网络生态建设的参与者。正如投诉箱不会收到表扬信，作为民意渠道的互联网本就是一个负能量集中的地方。网民的主体意识更多的是体现在换位思考上，辩证地看待网络上的"怨气怨言、谬误谣言"，强化理性认同、社会责任、互惠合作、沟通共享、互促共进；要体现在服务于人的态度上，多一些包容和耐心，尽己所能提出一些建设性的意见，廓清模糊认识、发出理性声音，不添乱、不扰民，不恶意围观，不推波助澜。

（三）实现网络文化惠民工程从文化担当走向文化自信

形成共享互联网时代的文化担当表达机制，在共享网络空间共同体中提升民族凝聚力、直面机遇与挑战，以文化担当应对时代发展，以期达到话语沟通层次的互联互通，这也正是网络文化惠民工程从文化担当走向文化自信的历史进程。

1. 网络文化惠民要从"新时期"进入"新时代"

中国特色社会主义进入了新时代，这是党的十九大作出的重大政治判断。新时代有新使命。从改革开放新时期到中国特色社会主义新时代，不仅意味着中国特色社会主义道路越走越宽广，中国特色社会主义事业实现了一个巨大的历史跃升，同时也赋予了党的文化使命以新的时代内涵。

"新时期"解决了国人思想"僵化"的问题，而"新时代"则需要着重解决思想"分化"的问题。改革开放新时期的开启，是以思想解放为肇端的。

冲破了"两个凡是"的束缚，重新确立了"解放思想、实事求是"的思想路线，在理论和实践上，都掀开了社会主义建设的崭新一页。思想僵化的问题得到有效解决，与时俱进成为新时期最突出的标志。进入新时代，随着改革开放的全面深化和社会市场经济的深入发展，人们思想活动的选择性、独立性、多变性、差异性不断增强，社会思想文化呈现出多元、多样、多变的趋势也更加明显，最大限度地凝聚共识成为一个严峻的现实课题。正如十九大报告提出的，"建设具有强大凝聚力和引领力的社会主义意识形态，使全体人民在理想信念、价值理念、道德观念上紧紧团结在一起"[①]。面对思想"分化"带来的挑战，面对分两步走全面建设社会主义现代化强国的新目标，迫切需要我们用习近平新时代中国特色社会主义思想武装头脑，用社会主义核心价值观凝心聚魂，努力使主流意识在多元中立主导、在多样中谋共识、在多变中定方向，从而求得最大公约数、画出最大同心圆、汇集更多同行者、形成广泛正能量。

"新时期"是一个重拾并逐步深化文化"自觉"的时期，而"新时代"则是在高度文化自觉的基础上更加坚定文化"自信"的时代。新时期是从"文化大革命"十年动乱的局面中走来的，党的十二大明确提出，面对日渐凋零的文化事业和"在我们党内相当普遍、相当长期地存在着轻视教育科学文化和歧视知识分子的错误观念"，如何重新认识文化建设的地位和作用成为当务之急，"近几年来，我们努力清除这种错误观念，决心逐步加强文化建设，逐步改变文化同经济发展不相适应的状况"[②]。到党的十六大，则明确指出"文化的力量，深深熔铸在民族的生命力、创造力和凝聚力之中。全党同志要深刻认识文化建设的战略意义，推动社会主义文化的发展繁荣"[③]。再到党的十七大，发出了推动社会主义文化大发展大繁荣，兴起社会主义文化建设新高潮的号召。这期间，对文化建设的认识不断深化，文化自觉的意识不断增强。

① 习近平.决胜全面建成小康社会夺取新时代中国特色社会主义伟大胜利[M].北京：人民出版社，2017：41.

② 胡耀邦.全面开创社会主义现代化新局面——在中国共产党第十二次全国代表大会上的报告[N].人民日报，1982-09-08（1）.

③ 江泽民.在中国共产党第十六次全国代表大会上的报告[N].人民日报，2002-11-18（1）.

进入新时代，则鲜明提出文化自信是一个国家、一个民族发展史中更基本、更深沉、更持久的力量。没有高度的文化自信，没有文化的繁荣兴盛，就没有中华民族伟大复兴。如何把坚定文化自信与坚定道路自信、理论自信和制度自信有机统一于中国特色社会主义伟大实践，这是新时代共产党人的神圣文化使命。

　　"新时期"的根本任务是为满足人民日益增长的物质文化需要而提供丰富的文化"生活"，"新时代"则更多的是为满足人民日益增长的美好生活需要而创造良好的文化"生态"。改革开放不仅打开了人们的思想"闸门"，同时也带来了经济持续快速增长，实现了由"站起来"到"富起来"的飞跃。在物质需要得到基本满足后，人们的精神文化需求出现"井喷"，大众文化消费蓬勃兴起。提供更多更好的文化产品和服务来丰富人们文化生活，成为新时期的工作重心。进入新时代，人民美好生活需要日益广泛，不仅对物质文化生活提出了更高要求，而且在民主、法治、公平、正义、安全、环境等方面的要求日益增长。为此，我们不能仅停留在文化生活层面，而要立足于文化生态这个更高层面来思考和解决问题。文化生态建设是一个比自然生态建设更为复杂的系统，它既包括提高人的思想道德素质，也包括提高人的科学文化素质；既有文化产品硬件生产的任务，也有塑造美好心灵的软环境建设的任务；既面临历史文化的传承发展，又面临应对外来文化的冲击不断进行文化创新的重要课题；既包括文化自身各子系统的有序健康运转，也包括其与物质文明、政治文明、社会文明、生态文明的互动、互促、互进。人类的生存发展离不开良好的自然生态，同样也离不开良好的文化生态。

　　"新时期"在"西强我弱"的国际舆论格局中我国的国际形象很大程度上是被"他塑"，"新时代"伴随着我国日益走近世界舞台中央迫切需要提高"自塑"能力。落后就要挨打，贫穷就要挨饿，失语就要挨骂。改革开放以来，我国综合国力和国际地位不断提升，国际社会对我国的关注前所未有，但中国在世界上的形象很大程度上仍是"他塑"而非"自塑"，存在着"三差"：信息流进流出的"逆差"、中国真实形象和西方主观印象的"反差"、软实力和硬实力的"落差"。西方一些媒体戴着有色眼镜，抹黑、丑化、妖魔化中国，而我们在国际上有时还处于有理说不出、说了传不开的境地，因此被动"挨骂"的问题还没有得到根本解决。进入新时代，与我国日益走近世界舞台中央的国际地位相匹配，必须进一步提升国际影响力、感召力和塑造力。在全球化背景下、国际传播格局中，如何实现这一要求？这就需要增强对外传播的"自塑"能力，通过自身国际传播能力的提升，塑造好中国形象，表达好中国声音，展现真实、立体、全面的中国。随着中国人越来越多地走出去、世界越来越关注中国，中国话题、中国故事正在成为世界性的议题。增强对外传播的"自塑"能力，自己讲好，才能引导别人讲好，让中国的发展为世界所认同，让中国智慧为世界发展做出贡献。

2. 网络文化惠民必须掌握政治文明视野中的网络话语权

我们所说的话语是指在特定的环境中，由特定的言说主体，针对特定的问题，为着特定的目的，以特定的形式和手段说出或写出的言语。当一种话语形成之后，便拥有了自己的意义世界，形成自己特定的规范和概念，构建自己的场域，对其他话语形成排斥。话语的形成是一个产生和扩散的历史过程，既包含着相关的认知过程，又包含着特定的社会关系和思想形式，尤其是包含着围绕话语的一系列社会力量的冲突和竞争、相互影响或者支配，这就是我们要探讨的话语权。

（1）网络话语权具有非常丰富的内涵。

在互联网迅速发展和普及的背景下，话语权已经冲破了传统的限制，在网络这一崭新平台上获得空前的展示空间，形成互联网所特有的网络话语权。与传统话语权相比，网络话语权凸显了社会性的特质。这可以从以下几方面来理解。

首先，网络话语权具有权利和权力的双重属性。网络话语权首先表现为一种主体的权利，也就是资格或者叫自由。基于网络的开放性、广容性、互动性、匿名性的特点，互联网提供给人们一种意志自由表达的权利，为个人意见的表达与传播创造更多的可能，能够使个人或群体说出自己想说的话。

它赋予人们平等的话语权，使意见的表达自由给与每一个能够接入互联网的主体。网络话语权还具有权力的属性，这种权力直接表现为话语主体的意志表达可以通过网络形成强大的影响力，从而对社会行为主体形成压力。马克斯·韦伯曾说过，权力意味着"一个人或很多人在某一种共同体行动中哪怕遇到其他参加者的反抗也能贯彻自己的意志的机会"①。虽然网络话语权通常并未获得政治共同体所赋予的强制性，但由于话语权行使的主体往往是"很多人"，于是这很多人的共同意志的表达可以形成一种"场域"，不同的声音往往会被淹没，而相同的声音则会通过网络得以放大，产生传统话语表达所不能产生的影响。

其次，网络言论具有非常明显的自由化和多元化倾向。这也正是网络话语权与传统话语权的不同之处。虽然网络话语权也有政府控制的因素，但我们不得不承认，网络话语权为人们提供了谁都可以通过网络"放大"自己的声音的可能性。网络话语一般都是自发性的，没有经过精心的组织，绝大部分是通过 E-mail、ICQ、BBS、BLOG 等个人与个人或个人与群体或群体与群体之间的传播而扩散开来。而且网络话语不像传统话语那样有明确的舆论导向，大多是由你一言、我一语的帖子组成的，由无数个网民个人观点汇集而成。正因为这样，网络话语才为我们提供了"最真实""最自然"的社会话语真相。

最后，网络话语权主体呈现为平民化。在传统社会中，往往只有那些"权力精英"们具有话语权，广大的公众只是扮演受众的角色。而网络话语权的出现，使得话语传播回归人际性，话语权已经从"权力精英"的手中分散到普通民众的手中。网络话语权的主体削弱了现实中的相互关系及其等级界限，消解了专家、权威对现存社会、生活领域的主导权。对于受众来说，更容易接受来自与自身同等身份的主体所传播的信息。他们并不看重某种话语的表达是否来自权威，而是更看重话语中的观点、态度，对现存的任何权威、结论等都持普遍的怀疑态度，主体的平民化思维意识极其鲜明。也正是网络话语权的这种"草根"情结，使它的社会性特征彰显无疑。

---

① 韦伯. 经济与社会：下卷 [M]. 林荣远，译. 北京：商务印书馆，1998：246.

（2）网络话语权对政治文明建设的影响。

首先，从对政治制度文明的影响看。其一，有利于政治权力结构从集权到多元化、从高集权向合理分权的过渡。所谓政治权力结构，指的是国家横向权力和纵向权力的构成及其相互关系。网络话语权的出现，加速促进了政治权力结构从一元到多元、从集权到分权的变化进程。网络话语权所具有的社会性的本质特征，决定其具有权力分散的性质。更为重要的是，网络话语权的传递并非是等级式的，处于话语网络中的每个人都是制作者和参与者，回馈不断在每个人之间循环地进行，不管是最初的建构，还是而后的维护都不依赖于强权的支持，只是每一个参与者主动表达的结果。网络话语权的传输，也会因为个人与他人的关系以及个人创造的社群和他们所最终维护的文化间的互动本质，而各有不同的情境。这就使得网络话语权有了空前繁多的权力核心和不计其数的流通节点，权力关系在其中得以维系和支撑，从而散播于四处。在这种情形下，一元化、集权式的传统权力结构就被消解，国家政治权力延扩为日常生活的权力网络，促进权力与权力对抗的制约机制以及纠错补偏的权利救济机制的形成与完善。其二，有利于缓解民主制度的本质与形式的矛盾，使得直接民主成为可能。现阶段，社会主义民主的实现方式还不尽完备，出现民主的本质与形式的二元矛盾倾向。社会主义民主在本质层次上是人类历史上的最高类型，在形式层次上则起步时间不长，还缺少对民主实证性或实事求是的考察。网络话语权的兴起，为这一问题的解决以及我国民主制度的发展提供了新的契机。从操作层面看，网络话语权更加可行，人民利益更易实现。网络技术的即时性、网络空间的无疆界性、网络通信的廉价性，打破了地理的限制、参与形式的限制、信息的限制，使网民在作为政治参与者时变得前所未有的积极与主动。从少数与多数转换机制的形成与发展看，网民会站在自己的立场上，根据自己的利益需求来参与感兴趣的讨论，其言论的蝴蝶效应得到了极大的增强，形成"少数"有机会通过反复的争取而成为"多数"的情形，不仅能够维护"少数人"的权利，还能提供修正"多数人"选择错误的保障。从制度层面看，网民直接参与所带来的大量信息的交流与反馈，能够弥补间接民主信息不完整、不及时的缺点，只要不违反网络的基本法规，公民无须授权和中介即可自由进行言论，表达自己的政治主张，意愿得到直接的表达，避免歪曲与延时，其话语的分量也能得到显著提高，增强决策的科学性。其三，对社会的政治稳定也存在一定的负面影响。在利益分化和多元化的基础上，出现利益要求的多样化，引发各种矛盾和冲突。网民都是站在自己的立场上，为自己的利益所服务而行使网络话语权的，这种言论的自由化和多元化以及网络话语权日益强大的现实影响力，很有可能助长这些矛盾与冲突，甚至对现有的政治制度造成冲击，影响到社会政治的稳定。网络话语权的平民化和平等性，固然能够促进民主的发展，但也很难在网络中产生真正的权威，缺乏制度性规范；民众的直接参与尽管能够缓解信息不足的问题，但也可能带来信息过剩使决策者无所适从的情形；网络话语权所依赖的信息技术不平衡的发展，使得那些掌握核心技术和强大网络资源的人能够拥有比别人更多的话语权，这会在一定程度上阻碍民主的进程，甚至危害社会政治的稳定。

其次，从对政治意识文明的影响看。其一，有利于参与型政治意识对服从型政治意识的取代。在社会经济和文化教育事业的发展中，我国人民的参与型政治意识明显提高，网络话语权能够使其得到进一步的发展。网络话语权使得政治参与空间无比广阔，人们的地位都是自由和平等的，培育人们平等、自由、竞争的文化精神。在网络话语权的运用中，人们都是从维护自身利益的角度来影响决策过程的，更加关注政府的公共政策，人们的政治参与意识在网络话语权的运用中得以觉醒。其二，有利于宽容型政治意识对斗争型政治意识的取代。新中国成立以后的一定时间内奉行以阶级斗争为纲的政治意识，随着改革开放以来以经济建设为中心和增强综合国力为目标的选择，需要的是合作与宽容的政治意识。网络话语权具有包容性的特点，使其主体的宽容意识得到加强，而且网络话语权本身就是一个"观点的自由市场"，允许不同的意识并存、碰撞和融合，在碰撞与比较中求得发展。网络的匿名性、隐蔽性的特点，也使得网络话语权的主体实际上具有一定免责权。其三，主导政治意识与非主导政治意识之间冲突的倾向。从主导政治意识来讲，是对规范社会政治生活起主导作用的意识，社会主义政治意识是在我国占主导地位的意识，它以社会主义政治价值观为核心，规范、制约着政治制度和政治行为。人们的思维方式、价值观念、政治倾向等在改革开放以来都发生了重大变化，产生非主导政治意识对主导政治意识的挑战问题，网络话语权的运用使得这一问题更为突出，严重地冲击着人们的思想意识领域。

最后，从对政治行为文明的影响看。其一，有利于从动员型政治参与方式转变为以公民自主政治参与方式。在改革开放以前，与以阶级斗争为基本内涵的政治参与相适应的是，政治动员型的公民政治参与方式。网络话语权的出现提出公民自主政治参与方式的现实需求，在网民独立自主地表达自己的意见、提出政策建议、对官员进行批评和建议，进而参与政治的行为过程中，网民自我管理、自我教育、自我服务，公民自主政治参与得到生动的体现。其二，政治参与非制度和非规范情形的出现。在社会转型时期，政治体制的不完善、传统习惯的影响等，会带来公民政治参与的非制度和非规范的情形。如集体上访、聚众闹事、围堵政府机关等现象影响了正常的公共秩序。网络话语权主体的虚拟身份，使网络话语更具有随意性，表现出感性化和情绪化特点，甚至会带来某种情绪的宣泄，而情绪化的话语更具有感染力，这种情绪可以更快地在网络上散布开来，引起网民的高度关注。如果现实中不能有效疏导这种情绪，就会在一定程度上产生网络话语权的"不可控性"和"无政府主义"状态，对现实社会政治生活产生负面的影响。

（3）促进网络话语权的健康发展。

首先，要促进互联网话语权的健康发展，就必须坚持正确的社会主义方向。社会主义制度是我国的根本制度，是建设国家的基础。它对中国社会和政治生活的各个方面进行了规范、制约和指导。在互联网上说话的权利是我们无法控制的。在互联网上，信息自由流动，互联网话语以多元化和自由化为特征，破坏了统一的舆论，并以各种价值观和意识形态来填补。如果我们所行使的网络话语权，不坚持社会主义的方向，必然会对现实社会产生巨大影响，影响现存制度，动摇国家的根本，这对政治建设非常不利。只有坚持社会主义的方向，才能在复杂的网络世界中指出网络话语权的正确路径，才能为政治文明的建设服务，有利于缓解民主制度性质与形式之间的矛盾，使直接民主成为可能，真正做到人民当家做主。

其次，要促进互联网话语权的健康发展，就必须进行合法、规范的管理。2000年10月8日，信息产业部发布的《互联网电子通告服务管理条例》成为中国明确规定网络话语管理的规范性文件。但是，我们也必须注意到，这些规定或范围过于狭窄或过于笼统，对网络话语权的管理还很薄弱。它涉及技术和内容的诸多方面，需要权威部门的领导，组织各相关部门共同制定一个较为系统的规范，最终形成相关立法。同时，网络运营商也有必要建立相应的行业法规。目前，一些网络运营商已经认识到，为了使这一业务得以发展，有必要进行行业自律。因此，他们有意识地为用户制定了必要的规范，并建立了一个专门的管理员版主。特别是要加强主持人的规章制度建设，如何提高主持人的素质，规范主持人的任职资格，是一个亟待解决的问题。

最后，要促进网络话语权的健康发展，就必须重视对网络话语权的正确引导和运用。其一是政府。作为国家的管理者，政府的态度在人们心目中发挥着不可替代的作用，是网络话语权控制的重要力量。政府可以利用自己的网页，及时在互联网上发布权威信息，接受公众咨询，征求公众意见，积极推进和实践政府的互联网工程，积极正确地利用网络话语权为人民服务，正确引导人民发展。其二是媒体。经济属性决定了网络文化产业的经营者必须获得利润，追求最大的经济效益。媒体除了利用自身的专业能力来收集和处理信息，为公众提供权威信息外，还必须通过自己的网站建设，特别是网站话语权的建设，建立自己的话语中心。特别是在紧急情况发生时，一般人仍然处于混乱状态。专业媒体的观点能给人们留下特别深刻的印象。网络通信比传统的大众通信要快得多。一旦网络话语的权威性建立起来，人们就会变得习惯了，当他们第一次看到媒体的意见时，人们网站上的强大论坛可以被视为媒体正确使用互联网上的发言权的典范。其三是专家和专业组织。与政府一样，这一领域的专家和专业组织的权威也对他们发表的言论给予了一些指导。使网络话语权有序地通过网络进行，有效地组织起来，是一个重要的手段。专家和专业机构的引进无疑将对在互联网上发言的权利产生有效的指导作用。其四是公共方面。网络是一个开放的话语环境，是各种意识形态并存的霸权地位，各种力量并存，相互碰撞。所以，面对所谓的信息以及各种意见和见解的真假，网络时代的普通人，只有提高自己的知识和修养以及独立思考和识别它们的能力，对真假信息和目的有一个基本的判断，所以他们不能盲目轻信和利用自己。

3. 在发挥网络文化产业正能量中实现文化担当

网络技术的发展使网络文化产业给人们提供了越来越多的文化产品，不断丰富人们的精神文化生活。然而也有一些网络文化产业经营者过于注重经济效益，甚至不惜以传播网络低俗信息获取利润，忽视网络文化产业发展中的文化责任，严重污染网络文化生态。要打造清朗的网络空间，就必须形成科学的网络文化产业经营管控机制，确保网络空间的天朗气清。

我们建设文化强国和网络强国，必须把发展健康向上的网络文化作为社会主义文化建设的重要任务，既要支持和鼓励网络文化产业的发展，又要对其加强引导和监管。网络文化产业作为现代文化产业的重要组成部分，既有经济属性，又有文化属性。经济属性决定了网络文化产业经营者获取利润，追求最大的经济效益；文化属性决定了网络文化产业经营者对其传播内容应承担相应的文化责任。换言之，作为一个产业，网络文化产业具有增强国家硬实力的功能，作为一种文化，它还具有增强国家软实力的功能。正确运用这两种职能，有利于国家硬实力和软实力的同时提升；如果两种职能处理不当，尤其是忘记文化责任，就会不利于经济的长远发展，造成严重的经济损失。我们要让互联网文化产业能够最大限度地发挥积极的正能量传播作用，就要从以下3个方面着力。

（1）主动承担文化责任应当成为网络文化产业经营者的基本经营理念。网络文化产业经营者应当认识到网络文化产业传播的是精神产品，是直接关系到社会风尚和精神文明建设的问题，经营中必须增强道德自律，远离"三俗"，正确处理"叫座"和"叫好"的关系，当好网络精神家园的"守门员"、优良风尚的"领跑者"，摆脱"一切向钱看"的经营理念，正确处理经济效益与社会效益的关系，遇到经济效益与社会效益相矛盾时，应当自觉做到企业的经济利益让步于社会整体利益。网络文化产业兴起的时间还不是太长，相关的法律法规还有待于进一步健全和完善，在一些领域甚至还存在法律空白的情形。针对这种情况，网络文化产业经营者更要讲究自律，绝不能钻法律的空子。

（2）加强对网络文化产业的监管应当成为政府部门的重要职责。我国的网络文化产业处在快速发展的特定历史阶段，呈现出准入门槛较低、从业人员素质良莠不齐等情形，这就更加需要政府部门对网络文化产品和文化服务特别是网络视频技术等实行严格的监管。加快完善相关领域的法律法规是严格监管的基本要求。网络文化产业作为新兴产业，新的传播手段和新的服务方式不断出现，我们的法律法规建设必须跟得上网络文化产业快速发展的节奏，让违法经营者无空子可钻。依法严厉打击利用网络技术传播色情暴力等不良信息的犯罪行为是严格监管的必然要求。经营者利用网络视听技术传播不良信息谋利，毒化社会风气、破坏伦理道德，既有悖道德良知又违反法律法规，必须依法进行严厉打击。重视网络文化产业监管队伍建设是严格监管的重要保障，只有打造出一支忠于职守、业务精良，敢管、会管、善管的监管队伍，才能做到"魔高一尺，道高一丈"，不断提高监管水平。

（3）形成抵制网络不良信息的"防火墙"应当成为全社会的重要责任。网络文化产品直接面向的是社会公众，网络文化经营者是否存在违法经营的现象，受众最先知道、最有发言权。网络文化产业的监管必须依靠群众、发动群众，我们应当健全群众举报体系，构建严密的社会监督网络，引导和教育广大网民增强鉴别能力，在形形色色的网络文化产品面前能够保持头脑清醒，不受骗上当，不误入歧途，通过多种途径提高网民自身的道德修养，从思想上打造铜墙铁壁，从而自觉地抵制通过网络传播的不良信息。

第五章 推进惠民工程建设的路径

在中国特色社会主义日益强大的新时代，人们对精神文化的需求日益增加，对美好生活的向往和追求也越来越重要。文化建设的任务越来越突出和重要，通过网络文化惠民工程增强全民族高度的文化自信，成为摆在我们面前的重大历史任务。

一、文化惠民的实质是全民族的文化自信

归根结底，文化自信是民族的自强自信。文化自信不仅仅是一种文化现象，它既包括对传统优秀文化、革命文化、社会主义先进文化的自信，也包含对我国未来与发展的信心。作为民族自强自信的文化自信构成网络文化惠民的实质内涵。

（一）坚持以人民为中心的发展战略

在推进中国特色社会主义伟大实践中，以人民为中心的发展思想是贯穿始终的一条红线。坚持人民的主体地位，是习近平总书记治国理政的核心理念。在建设社会主义文化强国的战略部署中，贯穿其中的一条主线就是始终不渝地坚持以人民为中心的文化发展战略思想。网络文化惠民正是以坚持以人民为中心的文化建设思想来展示其历史价值的。

1.我国社会主要矛盾的转化凸显了网络文化惠民的以人民为中心的时代特点

以人民为中心的发展思想是贯穿于党对我国社会主要矛盾转化的内涵判断之中的，它渗透到党在新时代处理和解决这一矛盾的理论与实践过程中。

党的十九大报告明确提出："中国特色社会主义进入新时代，我国社会主要矛盾已经转化为人民日益增长的美好生活需要和不平衡不充分的发展之间的矛盾。"[①]这一政治判断体现着辩证唯物主义、历史唯物主义的世界观和方法论。我国社会主要矛盾的转变是关系全局的历史变迁，这不仅是改革开放的必然结果，更是中国特色社会主义进入新时代的鲜明标志。尊重人民群众的主体地位，是我国社会主要矛盾转化的重大政治判断的哲学依据。政党或历史人物只有尊重人民主体地位才能代表人民的根本利益，从而站在时代发展前列，把握历史发展总趋势，揭示社会发展的规律，在国家的命运和历史进步中发挥重要作用。党的十八大以来，以习近平同志为核心的党中央，围绕坚持和发展中国特色社会主义，坚守"为中国人民谋幸福，为中华民族谋复兴"的初心和使命，以尊重人民主体地位为根本，集中反映出坚持以人民为中心与处理我国社会主要矛盾之间的历史逻辑、理论逻辑和实践逻辑。

整个人类社会的一切活动，从根本上、总体上来说，都是与需要和供给及其关系有关的，需要和供给及其关系状况，则从总体上、根本上体现出整个时代发展、社会发展的状况。因此，认识和把握时代发展、社会发展的总体状况和根本状况，必须从人们的需要与供给之间的矛盾关系状况入手才行。既要看人们的需要状况，也要看整个社会的供给状况，还要看整个社会供给满足人们需要的状况。搞清楚了这些状况，那么，整个时代发展、社会发展状况也就都搞清楚了，从而认清各种社会矛盾。在社会主义建设的伟大历史进程中，党始终把人民生活与生产力发展紧密地联系起来。人民生活构成生产力发展的出发点和落脚点，生产力发展则构成发展好人民的根本利益和长远利益、提高人民群众生活水平的物质基础，二者表现为目的与手段的统一。习近平总书记指出："党的一切工作，必须以最广大人民根本利益为最高标准。检验我们一切工作的成效，最终都要看人民是否真正得到了实惠，人民生活是否真正得到了改善，人民权益是否真正得到了保障。"[②]民生问题与生产力

---

① 习近平 . 决胜全面建成小康社会夺取新时代中国特色社会主义伟大胜利 [M]. 北京：人民出版社，2017：11.

② 习近平 . 在纪念毛泽东同志诞辰 120 周年座谈会上的讲话 [N]. 人民日报，2013–12–27（1）.

的发展问题，构成我国社会主要矛盾中有机统一的两个主要方面。

我国社会主要矛盾的转化表现在文化上，就是人们对日益发展的精神文化需求与现实文化发展不平衡不充分的供给之间的矛盾。所谓文化发展的不平衡性，指的是城乡发展不平衡、区域发展不平衡、投入产出不平衡以及经济效益与社会效益不平衡等方面的不平衡表现，它要求我们在文化发展上应当更平等、更协调、更公平。所谓文化发展的不充分性，指的是文化生产的结构性过剩和结构性不足同时并存，文化生产有数量欠质量等情形，并不是说文化生产难以满足人民的基本需要，它要求我们在文化发展上应当更快、更好、更有效率。这表明，要解决新时代的文化矛盾，关键就是要以满足人民群众多样化、多层次、多方面的精神文化需求为方向，努力改革创新，强化自主创造，不断推动文化事业和文化产业的繁荣发展，这也成为习近平以人民为中心的文化发展思想的战略重点。这就构成了网络文化惠民的基本支撑点。

2. 网络文化惠民是尊重人民、依靠人民、发挥人民主体作用和首创精神的文化路径

发挥人民群众在文化建设中的主体作用，构成党的文化建设思想的重要内容和显著特点。中国特色社会主义文化的根本任务，就是要培育有理想、有道德、有文化、有纪律的社会主义公民，不断提高整个中华民族的思想道德素质和科学文化素质，从而建设民族的、科学的、大众的社会主义文化。这种目标的实现只能取决于人民群众。社会主义文化建设包括思想道德建设和教育科学文化建设两个主要方面。作为发展社会主义文化重要内容和中心环节的思想道德建设，构成整个民族的精神支柱和精神动力，集中体现着社会主义文化建设的性质和方向。作为文化建设基础性工程的教育科学文化建设，包括教育、科学、文学艺术、新闻出版、广播电视、卫生、体育等各项文化卫生事业和人民群众知识水平的提高，也内含健康、愉快、生动活泼、丰富多彩的群众性娱乐活动，它能够为整个民族的科学文化素质和社会主义现代化建设提供智力支持。做好这项工作必须充分发挥人民群众的主体作用，

文化建设体现群众实践的硬要求，文化必须代表群众的利益和声音，满足群众的需要和喜爱，满足群众的审美习惯和价值。充分发挥人民在文化建设中的主体作用，就是要从根本上认识到文化必须植根于人民的土壤。艺术源于生活，文化源于人民。文化源于人类最初的劳动实践，古希腊人通过对生活的丰富想象，创造了口耳相传的神话故事。只有汲取人民群众智慧和养分的文化才具有生命力，才能更贴近现实生活，更能丰富人们的精神生活。一旦文化远离人民，就没有生命力和创造力。人类优秀文化应以追求真善美为目的，只有以人民需求为创作导向的作品才受群众欢迎，注重人文精神，弘扬先进文化的力量，成为网络文化惠民的基本要求。

全国各地的网络文化惠民工程已搭建起了村居民浏览学习、互动交流的平台，实现了网络社会与现实社会的良性互动，在创新社会管理、加强村居建设、实现群众自治、丰富群众精神文化生活等方面发挥了积极作用。今后要在提升拓展功能上，进一步将服务社区（村居）的阵地从 PC 端单一平台拓展到 PC 端、手机端两个平台。更好地传递党和政府主张、传播社会主义核心价值观，打通服务群众"最后一公里"，引领科技要素进基层。一是深化服务群众这条"宗旨线"。根据基层居民群众的生产、生活、文化、个人发展的切实需要，认真研究内容设置，增强实用性，提供更加人性化的优质服务，不断满足基层群众日益增长的获取知识需要、信息服务需要、沟通联络需要和民主参与需要。二是深化促进基层群众民主参与这条"民主线"。精心策划网站、网页、活动，加强舆情汇集分析，搭建网络参与、网络互动平台，做到下情上传、上情下达，增进群众和政府之间的相互了解和沟通。发挥人民群众在文化建设中的主体作用，是以激发全民族文化创造活力为中心环节的题中应有之义。在文化强国的建设过程中，只有广大人民群众积极参与和创造，社会主义文化建设才能取得辉煌的成就。始终相信并依靠人民群众进行文化建设，善于激发人民群众的积极性和创造性，发挥人民群众的首创精神，使人民群众投入创造社会主义文化的伟大事业中来，成为我们推进网络文化惠民工程要把握的基本点。我们应鼓励和引导人民群众自发的文化创新活动，融合多元化的大众文化，引领网络文化，支持草根文化，保护传统文化，培育城市文化等，从而在根本上更好地满足人民最基本和多样的文化需要。

3. 网络文化惠民以培养担当民族复兴大任的时代新人为着眼点

精神文明的建设和传承，文化自信、文化自觉以及文化挖掘，经济的建设、环境的保护、生态的巩固、旅游的开发、法治的推进，以人民为中心是不变的主题和方向。坚持以人民为中心的发展思想，需要以坚持社会主义核心价值观为引领，因为这是让精神文明创建工作和中华优秀传统文化传承发展等工作提高到新水平的重要保障。中国是一个有着13多亿人口、56个民族的大国，怎样确立反映全国各族人民共有的最大共同价值标准，使全体人民团结一致，共同前进，直接关系到国家的未来和命运，关系到人民的福祉。

当今世界正处于大发展、大变革、大调整时期，我们要立足中国独特的文化传统、历史命运、基本国情，坚守根植于中华文化深厚沃土又具有中国特色的社会主义价值观，铸好民族之魂。价值观说到底是一种"德"，指向的是人的思想道德，新时代我国思想道德建设就是要以培养担当民族复兴大任的时代新人为着眼点，通过加强教育指导、舆论宣传、文化影响、实践修养和制度保障，有效地将马克思主义指导下的社会主义核心价值观融入社会生活的各个方面，并转化为人们的情感认同、道德情操和行为习惯。党和政府要做的工作很多。一是深化丰富群众文化生活这条"文化线"。加强网络文化品牌建设，用正确的导向、健康的内容、一流的质量、先进的技术，推动群众享受网络文化的层次与品位。同时加强公共网络文化服务建设，积极拓宽网上公共文化资源传播渠道，把电脑屏、电视屏、手机屏打造成文化惠民新平台。加大电商服务平台建设，打造"电商 + 文化"服务模式，为基层群众提供丰富便捷、适销对路的网络文化产品和服务，让群众共享公共文化服务建设成果。二是深化提高群众素质这条"文明线"。加大网上舆论引导，在加强信息服务中开展思想教育，在同网民交流互动中传递主流价值。加大道德建设宣传力度，大力宣传道德模范、身边好人、时代典范的感人事迹和崇高精神，弘扬社会正气，倡树崇德向善的良好风尚。三是深化促进社会和谐这条"社会线"。借助网络资源，搞好网络社会与现实社会的有机结合，注重运用新技术新应用，通过开辟"网上议事厅""民生在线""政务微博""留言板"等网络渠道，让更多的基层群众参与其中，真正做好网络文化惠民的品牌项目和精品工程。

核心价值观建设，是人的思想建设、灵魂建设，根本目的是培养造就具有正确世界观、人生观、价值观的社会主义建设者。我们必须用习近平新时代中国特色社会主义思想武装人们的头脑，不断强化人们对中国特色社会主义的道路自信、理论自信、制度自信和文化自信，特别是要用新媒体灵活、多样、新颖的宣传方式和手段，真正使社会主义核心价值观入心入脑，共同推动建设这一"凝魂聚气、强基固本的基础工程"。在这个过程中，要注重发挥新时代的榜样力量，广大党员干部必须带头学习和发扬社会主义核心价值观，用自己的模范行为和高尚人格感召群众、带动群众，把社会主义核心价值观的要求融入各种精神文明创建活动之中。只有这样，才能为塑造时代新人提供坚实的思想基础，不断提升社会主义意识形态的强大凝聚力和引领力，更好实现以文化建设构筑中国精神、中国价值、中国力量，为人民提供强大的精神指引。

（二）坚持文化"惠民＋共享"的发展理念

文化共享是党中央关于制定国民经济和社会发展第十三个五年计划的重要组成部分。网络文化惠民和文化成果共享是共享发展观的重要体现，有必要增强其文化共享理念。共享是中国特色社会主义文化发展的必然要求。没有共享，就不能体现社会主义的优越性。在网络文化发展中贯彻共享、惠民的理念，就是要促进每个人都参与到网络文化的发展中来，人人尽力、人人享有。

1.文化共享构成中国特色社会主义文化发展的目标要求

文化共享是实现共同发展的一个重要方面，是人们精神文化水平共同发展的体现。随着社会的发展，人们不再局限于物质上的满足，而是追求精神上的丰富和愉悦，"物质生活的生产方式制约着整个社会生活、政治生活和精神生活的过程"①，反过来，精神生活的繁荣也将促进物质生活生产方式的转变。因此，实现文化的共同发展有着深刻的理论基础。在物质生产过程中，人们逐渐产生其精神性产品，如思想、观念、意识等精神事物，并开展文化生产；人们还利用生产过程中产生的先进文化来逆转物质生产过程，促进生产方式的转变，创造更多的物质财富。在知识经济和经济文化时代，经济与文化的辩证关系更加突出。因此，我们需要强调现实中的文化共享。

在资本主义社会，文化发展反映了资产阶级的意志和利益，文化发展只能是"少数人"的文化独享，并不能为共享文化的发展奠定基础。在社会主义社会，人民群众成为文化生产的主人，文化生产的过程体现着人民群众自身的价值诉求，"文化共享"有了现实的实践土壤。在马克思关于未来社会的描述中指出，"共产主义并不是人的发展目标，并不是人的社会形式"②，实现人的自由全面发展是未来社会发展的最终目标，文化共享的实现也是实现人的自由全面发展的价值追求。文化共享的概念在中国特色社会主义实践中有着不断发展的理论和实践探索的过程，大力发展社会主义先进文化的理论与实践，创造了实现"文化共享"的充分条件，为实现人的自由全面发展打下坚实的基础。

马克思主义不仅反映了社会主义生产力与生产关系的优越性，还批判了资本主义生产社会化与私人占有生产资料的根本矛盾，通过批判资本主义文化只体现资产阶级的利益，"资本主义只把文化给了少数人"③，来体现以无产阶级利益为代表的社会主义文化，能够保护广大人民群众的文化权益，将文化独享转化为社会共享的优越性，为社会主义国家实现文化共享提出了现实要求和理论基础。第一，只有社会主义才能实现文化共享。恩格斯在《论住宅问题》中写道："正是由于这种工业革命，人的劳动生产力才达到了这样高的水平，以致在人类历史上破天荒第一次创造了这样的可能性：在所有

① 马克思，恩格斯. 马克思恩格斯文集：第 2 卷 [M]. 北京：人民出版社，2009：591.
② 马克思，恩格斯. 马克思恩格斯文集：第 2 卷 [M]. 北京：人民出版社，2009：591.
③ 张华. 历史地系统地把握马克思主义文化理论 [J]. 马克思主义研究，2007（10）.

的人实行合理分工的条件下，不仅进行大规模生产以充分满足全体社会成员丰裕的消费和造成充实的储备，而且使每个人都有充分的闲暇时间从历史上遗留下来的文化——科学、艺术、交际方式等中间承受一切真正有价值的东西；并且不仅是承受，而且还要把这一切从统治阶级的独占品变成全社会的共同财富和促使它进一步发展"。① 从中可以看出，恩格斯明确提出，在共产主义运动中，除了分享经济财富外，还必须实现文化的社会共享，成为文化共享的最直接的理论渊源，揭示出社会主义社会与资本主义社会的不同与优越。

第二，只有社会主义才能解决全民文化共享。列宁提出在建设社会主义国家的过程中要进行社会主义文化革命，指出"在一个文盲的国家内是不能建成共产主义社会的"②，"必须取得资本主义遗留下来的全部文化，必须取得全部科学、技术、知识和艺术。没有这些，我们就不可能建设共产主义社会的生活"③。列宁这一论述明确了要实现哪些方面的文化共享，不是个别的，而是全部的，指出了文化共享的范围和内容。同时，列宁还特别重视包括农民在内的基层民众文化水平的提高，"完全合作化这一条件本身就包含有农民（正是人数众多的农民）的文化水平的问题"。④ 列宁的这一论述深刻地阐释了如何保护基层人民的文化权益，如何实现全国范围内文化共享的最大限度和全部内容的理论实质，论证了只有社会主义才能实现的优越性。

2. 文化共享时代的文化自信

如何在文化共享时代牢固树立文化意识，增强文化自信心，是传承优良传统文化必须解决的重要命题之一。在全面建成小康社会的冲刺阶段，应当进一步明确文化发展的内在逻辑要求，实现文化共享。文化共享的重要使命是促进社会主义核心价值观的落地，把文化共享实践作为贯彻和弘扬社会主义核心价值观的重要途径，引导人们追求价值发展的社会主义定位，弘扬积极的社会活力和主体意识。文化共享的最终目的是实现人民群众精神文化素质的普遍提升，不断提高人们在各种文化共享中的思想道德素质和科学文化

① 马克思，恩格斯. 马克思恩格斯全集：第 18 卷 [M]. 北京：人民出版社，1964：246.
② 列宁. 列宁全集：第 31 卷 [M]. 北京：人民出版社，1985：263.
③ 列宁. 列宁全集：第 36 卷 [M]. 北京：人民出版社，1985：48.
④ 列宁. 列宁全集：第 4 卷 [M]. 北京：人民出版社，1984：773.

素质，提高人民群众的综合素质。马克思主义关于"文化共享"的理论本质体现了社会主义的优越性，指出共产主义的最终目标是实现人的自由全面发展。这也界定了文化共享的理想目标——实现人的自由全面发展。

首先，共享文化的主体是现实的人和实践的人，而不是抽象的人。从现实的人及其活动出发，关注人的现实世界和人的发展需要，可以看出人是文化的创造主体，一切文化都直接或间接地来源于人民群众，文化也应该由广大人民群众共同享有。

其次，"文化共享"的目的是人的真正的"自由全面"发展。关于这一问题，恩格斯在《反杜林论》中曾经明确指出："文化上的每一个进步，都是迈向自由的一步"①"异化劳动使人自己的身体，同样使在他之外的自然界，使他的精神本质，他的人的本质同人相异化"②。马克思主义关于人的自由全面发展的思想，不单是指在物质上对人的异化的自我扬弃和自由解放，更是在精神层面上对人的异化的积极扬弃和自由解放，是"通过人并且为了人而对人的本质的真正占有"，是"人向自身、向社会的（即人的）人的复归，这种复归是完全的、自觉的而且是保存了以往发展的全部财富的"③。

最后，"自由全面发展"也包括共享主体的全面性。马克思主义认为无产阶级只有通过阶级革命推翻了资产阶级，才能使占社会大多数的无产阶级在经济和政治上发生翻天覆地的变化，只有当他们能够分享文化共享的机会，才能保护他们的文化权利。可以看出，一方面，社会财富极大丰富和共同富裕的实现是一个不断发展的历史进行，社会财富极大丰富和追求共同富裕，将成为人类不懈努力的目标和方向。另一方面，我们不应该因为物质财富没有累积到"极大丰富"的程度，忽视对人民群众精神和文化生活的关心，也不应该把共产主义理想局限于物质上的共同富裕，而应该包括在人的自由全面发展中精神文化的共同享有。

① 马克思，恩格斯.马克思恩格斯全集：第3卷[M].北京：人民出版社，1995：456.

② 马克思，恩格斯.马克思恩格斯选集：第1卷[M].北京：人民出版社，1995：47.

③ 马克思，恩格斯.马克思恩格斯全集：第42卷[M].北京：人民出版社，1979：120.

3.知识共享构成网络文化惠民的坚实基础

文化共享的基本体现是知识共享。中国作为一个文化大国，自古以来就崇尚和鼓励人们对知识的追求。历史上凿壁偷光、囊萤映雪的故事广为流传，彰显了人们对求知的渴望与包容。现代社会，随着计算机的普及和互联网的快速发展，对求知的文化传承被人们创造性地转化为一种新的经济形式——知识共享。这种知识共享，指的是人们通过共享知识及文化资源，有效提高人的素质、推动社会知识文化的传播及发展。免费的互联网媒体、视频网站、音乐平台等百花齐放，让人们能第一时间共享最新的文化资讯。在知识文化传播方面，人们通过各种网络百科平台、问答社区及论坛里共享学习资源，使获取知识变得更加便捷。尤其是这10多年来，许多人在无意识中享受着知识共享带来的福利，知识共享对中国经济快速发展做出的贡献是非常巨大的。

知识共享的高效性和普惠性特点，使之成为共享经济的高级形式，这是对中国特色社会主义发展新理念的贯彻实施。知识共享与物质共享是有着本质不同的，一般来说，物质共享是闲置资源的充分利用，在物质的总量上是没有变化的，只是使用效率得到提高而已。知识共享则是使1个人的知识能够传授给10个人、100个人，使每个人都能获得一份知识，知识总量增加了10倍、100倍。同时人与人之间的互动及交流，更是提高了创造新知识的可能性。知识共享的实现，会对人们文化素质的提升、科技文化的创新发展起着不可估量的作用。

目前，知识产权越来越受重视，"知识变现"逐渐被接受。近年来，市场占有率较高的知识文化共享平台的共享模式逐渐由免费转向付费。虽然从表面上看这一现象是无可厚非的，因为知识是有价的，应该尊重知识创作者的版权。但是认真分析后你就会发现，实际上国内知识文化共享完全是走进了一个怪圈：获取知识需要向知识共享平台缴费，而绝大多数知识的原创者并没有得到任何收入。这种情形大大背离了知识产权保护的初衷，作为零边际成本的网络平台收获丰厚，却并没有鼓励原创者的创作热情，也不利于知识的更好传播。这显然不利于知识共享的发展。那么，怎样更好地开展知识共享，提高全民素质呢？一方面，政府应支持与鼓励知识共享的发展。在科技创新内生增长模型中，知识的传播十分重要。在我国数十年的高速发展中，知识共享对提高全民素质的作用不容忽视。政府部门应当不遗余力加大对知识共享的支持，既要从态度上支持和鼓励知识文化共享，又要采取相应的文化体制改革措施，以社会效益为第一追求，遵循社会效益和经济效益相统一的原则，推动社会主义文化建设。另一方面，必须加强对知识文化共享平台的监管。各类知识文化共享平台数量之大难以想象，良莠不齐的情况非常突出，要更好地发展知识共享，必须认真对待其发展过程中出现的问题，严格监管"知识变现"是我们面对的基本问题。知识变现主要是变现给原创者，而对于平台利用无版权资料进行收费的行为则应予以限制。

（三）坚持文化"网络＋惠民"的载体建设

在信息化时代，网络是传播先进文化、引导舆论方向和意识形态教育的重要载体。我国要由网络大国发展成为网络强国，对社会主义核心价值观的坚守和升华至关重要。应立足于以科学和正确的精神价值取向主导、引领网络文化发展，努力把网络打造成为宣传社会主义核心价值观、传承中华民族优秀文化、增进社会主义先进文化认同的重要平台。

1. 网络文化在建设文化强国和网络强国中担负重大责任

"互联网＋"文化，或者说网络文化，已经成为主流文化的重要组成部分。网络已经成为当前社会重要的基础设施，产生出了新的文化产业和传播方式，孕育出新的文化样式和业态，并深刻地影响着人们的生活方式、思维方式和价值观念。网络文化已经成为树立文化自信、讲好中国故事的重要载体。在网络时代，要讲好中国故事，必须依靠互联网进一步激发文化创造的活力，这就要把握住3个关键点：一是让创新要素高效流动。主要是指要让包括创意者、资本等在内的要素，能够依靠市场，通过互联网等新技术，实现更加有效的配置。二是让监管权力适应技术变革。主要是指在互联网文化产品的大爆炸时代沿用传统的"政府为主，事前审查"已经越来越不适应发展的需要，需要创新管理方式，企业和个人不仅是管理对象，也应成为管理的主体，实现政府、协会、企业、网民的共治。三是让人向上向善。主要是指要让核心价值观渗透到人心，外化到行动，更加自觉地以核心价值观指导和激发组织和个人的创造力。在实现以上要求方面，网络文化企业与传统文化企业相比，在技术、资金、制度、机制等方面都有很大的优势：一方面，互联网极大地降低了文化生产和接受的门槛，解放了公众的文化创造力，扩大了公民的文化选择权，促进了文化民主；另一方面，网络也为文化作品的传播和商业化提供了更加广阔的空间。网络文化企业讲好中国故事也就必须成为企业的自觉。

意识形态是一项极其重要的工作，关系到人民群众的信仰、社会的稳定和国家的安全。网络文化建设必须始终不渝地坚持社会主义核心价值观的指导地位。网络媒体的固有缺陷决定了网络文化不可避免地会受到复杂多样的因素的影响。在经济社会转型时期，一些人的思想观念、价值取向出现西化、淡化、庸俗化的情形，其主要原因是网络文化的多样性，中国思想建设面临的挑战也更多地表现为网络文化传播中落后价值观念的影响。这就要求我们必须完善网络文化评价与评估机制，树立全球视野，追求包容性概念，引导和整合多元文化，确认、发展和促进先进网络文化，抨击和根除网络文化中存在的腐朽因素。在坚持社会主义核心价值观的基础上，通过网络中不同的思想文化交流和交融对抗，形成思想认同，达成社会共识，凝聚人们的心智，坚持正确的舆论定位，唱响网络思想文化的主旋律。

网络宣传要始终坚持正面宣传的主导方向，弘扬时代精神，传播先进文化，扩大正面能量，用科学理论和准确事实诠释国家政策，说明社会热点，澄清是非，以舆论引导加强思想控制，弘扬主流舆论和时代强音，高举马克思主义旗帜，巩固和扩大社会主义思想认同，增强文化自觉和文化自信。要充分发挥网络超时空、虚拟自然、迅捷、互动的特点，开放和拓宽官民之间的沟通渠道，创新网络治理和网络问政的途径，构建立体化、动态性、多方位、宽领域的新型模式，以社会主义核心价值观引领网络文化的发展，增强社会主义核心价值观对网络文化的吸引力、领导力和感染力。同时，要构建科学的网络文化生态，维护人民的文化权益，满足人民的精神文化需要。积极推进网络技术创新，增强网络文化安全，加强网络思想舆论阵地建设，做大做强网络文化平台。

值得注意的是，以全球文化资源为网络文化配置对象的网络文化，是一种超越地区和国家生产要素的，以社会主义核心价值观为龙头的网络文化建设应该有长远的思维和全球视野。在推进文化自觉和文化自信的历史进程中，使中国特色社会主义先进文化和中华民族优秀文化走出国门，融入世界，通过增强对外传播能力，培育先进文化产品，提高中国文化在国际上的知名度和国际舆论的竞争力，以网络传播为载体，以文化为平台，向全世界展示中国的良好形象，在国际舞台上释放中国时代的强大声音。

2. 文化自信寓于网络文化建设之中

网络文化是中国文化建设的重要组成部分。互联网不仅是一场技术革命，而且深刻地改变了人类文明。互联网是一把双刃剑，它给这个时代带来了革命性的影响，这是每个人都不能忽视的现实。我们应当重新认识网络媒体的新闻传播功能，审视网络媒体在媒体新格局中的重要地位。我们必须看到，网络文化建设更容易赢得青年、代表青年、依靠青年，应当通过建设网络文化，为人民提供更多更好的精神食粮。如果说文化是本，那么网络就是用。现代社会，没有文化，网络传播便无所用；没有网络，文化也将行之不远。怎样把中国文化精神深挖出来，然后通过网络这种现代化的手段更广泛地进行传播和弘扬，使之春风化雨，潜移默化，随风潜入夜，润物细无声，实现其相辅相成，已经成为摆在我们面前的重要文化建设任务。

对于网络媒体来说，要实现新的跨越和繁荣，其核心就是让我们成为真正意义上的主流媒体。网络文化的主流价值必须是我们的社会主义核心价值体系，我们要具有更高的认识，担负起促进网络文化繁荣和发展的历史使命，用更坚定的信心把握网络文化难得的发展机遇。网络新技术、新业态的发展，网络信息传播制高点的占据，是发展健康向上的网络文化的支撑。在信息技术日新月异的今天，我们必须紧跟前沿，大胆改革创新，造就出强有力的网络文化的"体"，来支撑网络文化的"魂"，增强其传播力和影响力。但发展健康向上的网络文化的核心还是内容建设，我们要以社会主义核心价值体系为指导，保持崇高的精神价值和精神追求，牢牢把握网络文化发展的正确方向，以服务群众为宗旨，开展面向基层、围绕群众的网络文化活动，更好地满足人民群众对网络文化的新期待。

网络文化传播是文化传播以互联网为媒体，将文化信息传递给接受者，是文化传播者、网民和网络平台之间高度互动的过程。现阶段，网络文化发展的新特点频现，新趋势难以把握，多元文化在网络空间的交流与融合也急剧加快起来。进一步探索增强中华优秀文化网络传播力、影响力的有效路径，挖掘网络文化建设的深刻内涵，更好地体现互联网创新、包容的特性，显得尤为必要和突出。从中央到地方，都高度重视加强网络文化建设和网络空间正能量的传递，网络文化传播面临着非常难得的时代机遇。在文化大发展、大繁荣的背景之下，聚焦网络时代的文化自信，深入探讨网络中国文化软实力的实现方式，引导我国网络文化健康发展，进一步增强民族文化自信，促进中华优秀传统文化的网络传播、弘扬和培育社会主义核心价值观，对于网络文化自身建设来说，具有十分重要的意义。

我们所讲的文化自信是指中国文化的自信，是传统文化的现代化，马克思主义的中国化，当代文化的健康化，中国文化的国际化，世界文化的交融化。互联网时代的文化自信，我们应当注重其3个方面的特点：一是文化自信与文化焦虑并存。面对各种思想文化愈加频繁的交流、交融、交锋，谁占据了文化发展制高点谁就能更好地在激烈的国际竞争中掌握主动权。二是道德经济与"互联网+"共生。要让社会主义核心价值观接地气，对准人们的思想共鸣点，要让道德经济成为市场经济的正能量。三是网络传播必须把根留住。中国网络文化传播正在不断探索、锻造、历练、扩展，要以"互联网+"的独特功能和倍加效应，为市场经济形成正效应、正能量。

3. 网络文化交流共享平台成为世界文化的"中继站"

互联网文化交流与共享平台至少包括三大判断。第一，互联网是传播优秀人类文化、促进积极活力的重要载体。网络既是正能量的阵地，亦是软实力的"沙场"。第二，互联网带来了不同文化之间的距离拉近。我们应该努力追求把世界最先进的文明成果与中国最悠久的文化交流相结合，把现代信息文明与传统历史文明相融合的价值目标实现。第三，牢固确立网络文化意识，增强互联网文化的自信心，使我们不致在交流和分享中失去自我。互联网的力量必然不可避免地包含强大的网络文化国家的含义。面对更加多元化和多样化的网络文化，只有坚持和弘扬核心价值观，才能增强我们的规则意识和底线意识，使我们不会陷入文化虚无主义的泥潭。建立网上文化交流与共享平台，我们要让各国人民了解中国优秀文化，也能够使中国人民了解各国优秀文化，共同促进网络文化的繁荣发展，从而丰富人民的精神世界，推动人类文明的进步。不难预测，在网络的命运共同体的共识下，互联网必将成为世界文化的中继站，摒弃偏见，增加共识，开创全球文化发展的新局面、新繁荣。

"一带一路"战略的提出和推进，极大地促进着我国与沿线国家和地区之间文化交流与合作的广度和深度。"一带一路"文化共享的内容主要体现为物质文化遗产、非物质文化遗产、当代文化艺术产品和文献资料。"一带一路"文化共享的主体主要是平台建设者、资源生产者和文化消费者。平台建设者指的是由文化系统相关单位牵头进行文化共享平台顶层设计，相关地方的图书馆、博物馆、文化馆、文化类社会组织和企业按照统一技术接口，与主系统相对接。在国际上，我国倡议相关国家的文化机构共建本土化的文化共享平台服务和应用。资源生产者指的是资源建设的机构或个人，按照资源建设去中心化、人人皆中心的原则，能够发挥创造、设计、加工等主观能动，把文化资源成果按照相关标准规范，整合汇聚到统一的技术支撑平台之中。文化消费者指的是包括相关国家的各种机构、群体和个人，他们消费的实质内容是公共文化服务或者文化产品。"一带一路"文化共享，使文化消费者同时也能够成为文化生产者。

"一带一路"文化共享的范围主要有：第一，国内与国际的文化共享。

在文化资源和平台服务等方面，应当充分考虑各国各地区文化共质性和异质性。第二，公共与个体的文化共享。在公共资源服务与个体之间的共享中，一方面要考虑个体的参与程度，另一方面又要考虑在公共资源相关服务上不同国家与地区的特点。第三，文化事业与文化产业的文化共享。应注重深入发掘融合各国各地区资源与积极创造融合资源。第四，虚拟与现实的文化共享。注重现实空间中的文化资源与服务、数字化虚拟的文化资源与服务的共享，建立文化资源的数字化处理、知识产权、安全等方面的实现机制。第五，文化共享机制的可持续发展。它应包括平台建设者、资源生产者、服务消费者等多个主体的相应权利和义务，实现长期有效的资源建设和服务管理。

二、网络文化惠民工程是文化自信的系统工程

网络文化惠民不仅具有丰富的内容，形式多样，而且具有广泛的社会性和强烈的时代感，它必须满足人们对网络文化的期望和渴求。通过网络文化建设、网络文化的创造、网络文化的生产和网络文化的服务，吸引和激发人们参与的积极性和主动性，不断创造新的网络文化，并在吸收文化的过程中营养文化，享受文化成就和文化熏陶，增强文化品位。网络文化惠民项目作为一种文化自信心的系统工程，在实践中被分为不同的层次，主要有：满足人民群众文化生活需要的网络文化惠民工程，建立在国家治理现代化层面的网络文化惠民工程，实现中华民族伟大复兴目标定位的网络文化惠民工程等。我们应当围绕着以上层次进一步思考其推进问题。

（一）满足人民群众不断增长的文化生活需要

不断满足人民群众日益增长的文化生活需要是网络文化惠民工程的基本功能。只有坚持以广大的人民群众为本位，以人民群众的文化需求为出发点，才能使网络文化惠民工程真正起到"让人民享有健康丰富的精神文化生活"之目的。

1. 牢固确立网络文化民生理念

以网络文化民生为文化建设的基本理念，促进网络文化造福人民，已经

成为全面建成小康社会的基本要求。民生不再仅仅是服装、食品、住宅等方面的物质层面，而是更多地表现为精神上的追求。获得心灵的安宁，精神的动力和智力的支持，教育（包括终身教育），享受体育和医疗服务，消费书籍和视频，旅行和休闲，并参与各种文化活动和展览，都属于精神层面的民生。

网络文化民生所要解决的首要问题，是人民群众的精神生命的安顿问题。社会主义核心价值体系所呈现的基本内容，社会主义精神文明建设所倡导的思想道德等，是网络文化民生的精神生命所在，构成当今社会的精神支柱。在网络文化民生的解决和发展过程中，我们应该注重采用更加生活化、更加人文化的方式，来传播先进文化的安身立命之道。在建立和指导人们的精神文化生活时，我们应该从日常生活的角度，明确网络文化民生的背景，能够让人民群众浸润在健康的网络文化氛围之中，处处感受到网络文化生活的便捷和美好。

在精神的方向上，要解决网络文化中的民生问题，首先必须具有现代公民意识、公民文化权利意识。网络文化所创造的权利包括网络文化选择权（接受）、网络文化消费权、网络文化休闲权、网络文化传播权、网络文化批判权等。人民群众是人类文化创造的主体，不同年龄，不同文化水平的人对网络文化产品和网络文化成果有不同的选择。网络文化消费权与网络文化休闲权是网上文化和民生的又一重要方面。逐步提高人民群众消费的合理性，反对奢侈消费，倡导高尚典雅的消费，是我们应该坚持和值得关注的方向。在引导公民网络文化消费和网络文化休闲的方向上，一般情况下，不能采取强制性的行政措施，更不能采取更加直接的干预措施，只能使用明智的指导。否则，公民的相关文化权利将受到干扰，甚至被剥夺。

网络文化传播权和网络文化批判权是网络文化民生的重要方面。文化交流不仅仅是政府的问题，也不仅仅是媒体的责任。应清醒地认识到，现代公民在网络文化传播和网络文化批判方面具有不容置疑的权利。通过各种现代工具如互联网、手机、电话等方式，也包括使用传统方式，人们对众多的不良社会文化现象的严厉批评，表现出公民权利意识的增强和实现网络文化民生的自觉。只有充分重视公民的文化权利，才能真正建设网络文化民生。

2. 不断提升公共网络文化服务体系

公共网络文化服务体系建设构成网络文化建设的核心内容，关系到文明传承和民生福祉。公共网络文化是政府举办的，具有公益的性质，不以营利为目的，追求全体人民共享网络文化产品和服务的社会效益，体现政府的人文关怀。公共网络文化具有均等性，其服务体系的内涵十分丰富，包括维护公民的文化自由、维护文化权利的公平性，鼓励公民的文化参与，提供基本的公共网络文化服务，弘扬社会主义核心价值观，提高公共网络文化服务效率，推动公共网络文化服务体制机制创新，尤其是创新管理体制、创新服务方式等。

满足人民的文化需要是社会主义文化建设的根本任务。公益文化事业的发展和公共网络文化服务体系的建立、完善，是满足人民文化需要的支点。我们所讲的现代公共网络文化服务体系是具有中国特色公共网络文化服务保障体制机制的总称，具有时代性、创新性和开放性。现代公共网络文化服务体系的构建，应当满足公共性、公民性、公平性和多样性的特征。因此，政府提供的公共网络文化服务必须以社会各成员的共同利益为基础，以公共文化权益的普遍实现为指导，追求社会利益最大化，多样化、多层面和多层次的发展，在法律制度、政策保障、财政投入和运作机制层面上，能够让所有公民都享有平等权利、平等资源和获得基本公共网络文化服务的平等机会。在现代公共网络文化服务体系的构建中，坚持政府主导作用的发挥，以公共财政为支撑，注重公益性文化单位的骨干力量，定位服务全体人民群众，把保障广大人民群众的基本文化权益作为主要内容，在建立和完善覆盖城乡、功能健全、结构合理、实用高效的公共网络文化服务体系上下力气。进一步深化政府的职能转变，承担起确保基本、促进公平、把握正确方向的责任。营造宽松的市场氛围，为文化创作活动提供充分的社会空间，并且通过改革创新，逐步形成政府、市场、社会共同参与的格局。

满足人民的文化需要是一个渐进的过程，还是一个不断发展和变化的过程、不断建设和不断积累的过程，更是一个持之以恒和可持续发展的过程。

要实现这一目标，我们必须立足于当前，循序渐进，夯实网络文化发展的基础。随着计算机技术、网络技术和信息技术的飞速发展，人们的需求也发生了很大的变化，如何将创新思维和技术整合到公共网络文化服务工作中，如何给群众一种全新的服务享受，如何才能让网络文化更加亲近平民百姓，并与其产生互动而不是以往那种被动的参与，都给我们提出了一些新的课题，需要用创新进取的精神去破解。2015年1月，中办国办联合下发了《关于加快构建现代公共文化服务体系建设的意见》，2016年12月全国人大通过了《中华人民共和国公共文化服务保障法》，并于2017年3月1日开始实施。这两个文件尤其是后者的颁布与实施，奠定了公共网络文化服务领域重要的制度与法律基础，体现了全面依法治国在文化领域的重大突破，意义深远。近年来，一些省（区、市）围绕立法和制定政策文件开展了大量富有成效的工作。

3. 准确把握人民群众精神文化需求

随着经济社会的全面发展以及物质生活水平的提高，人们的精神文化需求空前强大。网络文化惠民为了更好地满足人民群众的精神文化需求，必须了解人民群众的精神文化新需要。

（1）科学地描述新时代人们对于多元化网络文化日益增长的需求。在社会的快速发展过程中，社会意识形态出现新的变化，各种精神文化不断丰富和完善，并呈现出多元化的发展趋势。与此同时，人民群众的精神文化需求也在不断增加，呈现出新的特点和变化。一是新时代人民精神文化需求呈现出多层次、多样化、多方面的特征。尤为突出的是人民群众需要更多思想性、艺术性、观赏性相统一的优秀文化作品。伴随着物质生活水平的提高，人民群众的精神文化需求日益呈现"井喷"之势，文化生活水平已经成为衡量人民幸福指数的重要指标。二是制约我国满足人民群众精神文化需要的因素众多。首先，我国文化发展同经济社会发展和人民日益增长的精神文化需求还不完全适应。其次，精神文化的享受不均衡。在社会进步中，由于受到地理和经济条件的影响，城乡差距仍然存在，社会对文化的关注程度也呈现不同的情形，导致乡镇文化活动的内容、形式和支持以及配套设施都远远低于城市的标准，文化结构出现了断层，致使人们的文化需求接受度出现巨大的差距。最后，社会不良风气制约着精神文化需求的满足。受传统封建思想的限制，多数人虽然接受了现代的教育思想，但是在潜意识里还多少保留着一些落后的思想，容易使腐朽的危险文化乘虚而入，致使人们花费了重金买回来的是上当受骗；同时在社会发展的过程中，也有一些不良的社会风气逐渐渗透到人民群众的生活当中，出现思想政治素质低，盲目攀比炫富，甚至沉迷于各种赌博类活动，影响了国家的安定。三是满足人民群众精神文化需求的有利条件和挑战并存。经济建设持续健康快速发展，物质生活水平的提高，为人民群众享有健康丰富的文化生活奠定了日益雄厚的物质基础，转变经济发展方式，为文化产业的发展提供了前所未有的广阔空间，便于满足人们精神文化需求的多元化。但也面临着一些挑战。例如，公共文化服务体系不健全，城乡和区域文化发展不平衡，文化产业规模不大，结构不合理，文化生产力发展的制度机制还不到位等。这就要求我们必须准确把握网络文化发展新趋势和经济社会发展的新要求。

（2）在人民不断涌现的新的精神文化需要中实现人民的利益。人民的精神文化需求已经发生，并将继续经历一系列新的变化。在网络文化中造福人民的关键是通过各种努力来满足人们的需求。根据公益性、基本性、平等性和便利性的要求，必须加大文化基础设施建设，完善公共文化服务网络，让人民享受免费或优惠的基本公共文化服务。随着人民生活水平的提高，人们对文化产品的质量、品位和风格的需求，都是越来越高的，而现实中以充沛的激情、生动的笔触、优美的旋律、感人的形象，能够为大众喜闻乐见的优秀作品数量还不多，满足不了人民群众高层次的文化需求。为了满足这一需求，我们必须做好文化建设这篇大文章，通过文化领域的供给侧结构改革，增加社会的精神文化财富：一方面，促进基本公共网络文化服务的规范化、均衡化、完善化；另一方面，在加快发展网络化视听、手机多媒体、数字出版、动漫游戏等新兴产业方面作出新的探索，促进文化业态创新，大力发展创意文化产业，促进文化融合。

（3）强化网络文化的正向发展。首先，网络文化的正向发展，需要政府积极主导，互联网企业担负起应有的社会责任。网络世界是全球文化博弈的舞台，面对西方文化的强势渗透，如何排斥腐朽落后的文化思潮，防止民粹主义的肆意泛滥，都需要政府部门发挥主导作用，进行有效的引导和规范。而互联网企业也必须要以为社会负责任的态度去创造经济价值，追求经济效益，同时也要有所担当，为自己的行为负责，确保自身底线不被随意突破践踏，维护健康的网络文化风气。其次，网络文化的正向发展，需要从网络文化产品入手，确保传播正确的价值观。网络文化产品集中地体现了网络文化所具有的种种特质，以开放性的生产方式和快速的升级模式，引领网络文化的社交化传播，时常能够引爆热点，引发网络狂欢。但必须认识到，网络文化产品具有两面性，既能发挥公众的文化创造力、满足多样化的文化需求，也能带来群体间的文化隔阂和群体性的文化迷失。网络文化的核心问题是价值观问题，要正向引领，要把握网络文化产品的发展状况，实现网络文化从宣泄到内省、从破坏到建设、从娱乐至上到价值塑造的转变。最后，网络文化的正向发展，需要更新理念、方式和手段，探索科学有效的引导方式。网络文化的发展有其特殊性，需要正确分辨什么是具有创新特征的青少年亚文化，什么是具有危害性的文化乱象。为网络文化正方向，一方面要有秉承包容的心态，因势利导维护文化的多样性；另一方面要坚持依法治网，杜绝不良网络文化带来的种种危害。要尽快为网络文化的治理建章立制，用规范化治理方式为网络文化的向上向善发展把握方向。

（4）不断提升网络文化惠民的精准度。网络文化惠民工程建设的关键是要找准路子、建好机制，注重在精准施策上下功夫，在增强吸引力上有实招，在政府主导和社会参与方面求实效，创新公共文化服务运行机制和政府向社会购买公共文化服务模式，形成多层次、多方式的公共网络文化服务供给体系，紧紧围绕培育和践行社会主义核心价值观这一"主心骨"，依据人民群众文化需求的新变化，在坚持思想性原则的基础上，精准提供文化服务，创新供给方式和载体，使文化产品和服务能够更接地气。坚持文以载道、以文化人，不断提高社会文明程度。

4. 切实加强网络制度文化建设

网络制度文化是一种规范互联网行为的文化。它是网络媒体健康发展和功能实现的保障，包括制约网络媒体活动的政治、经济、法律规则。网络制度文化是网络物质文化与网络精神文化的中介层面，其主要内容包括网络技术规范、网络运行以及各种规则、政策、法规和道德标准的运用。文化是一种社会交往，只有被认同和学习时才显示出自身的意义，这种认同和学习的实现，要求我们必须依靠一套相关的制度规则。在这个制度文化中，文化和制度得以有机统一。制度体现为规则，就必然反映文化的价值、文化的精神、文化的理念；文化体现为规则，就必然采取风俗、习惯或制度的形式。这就形成没有文化价值的制度不可能存在，而没有制度形式的文化也不可能存在。马林诺夫斯基在文化的基本定义中，把文化作为一个有机整体，包括物质、群众和精神3个方面，这就意味着人们之间，以及人与自然或人与环境的特定物理部分之间，是存在确定关系的。根据自身目的或传统要求，在其群体的具体规范和控制下的物质设备的使用，人类共同行动以满足其某些愿望，同时也影响其环境。在整个文化结构中，作为有组织的或制度化的群体，按照共同价值观的文化特性，遵循制度规范，共同行动。此时的文化是由观念、价值观、思想、习俗以及制度和物质组成的。这些规范既有正式的，也有非正式的。正式的规范通常是以法律的形式确定的，形成对违反者的特定惩罚。非正式的规范是能够被社会成员普遍理解的不成文的。社会中绝大多数人公认的规范是与价值观相联系的。价值观与规范虽然是紧密相关的两个概念，但它们之间并不能混淆。规范是特殊的和具体的，受到特定情况的限制，通常被认为是行动的准则。

作为精神文化与物质文化工具的产物，制度文化一方面构成人类行为的习俗与规范，另一方面约束或主导着精神文化与物质文化的变迁。文化的变迁也可以看作是制度文化的一种变化，文化进化式的传播过程首先表现为制度变迁的形式，无论是以发明的形式，还是在行动中的传播，新的技术手段都会逐步对原有制度产生全部的重塑。技术、知识或信仰的新装置应适合于文化过程或某种制度。制度或制度文化的变革能成为我们理解和把握文化变革的具体形式，成为我们观察和理解人类行为与活动的钥匙或模式。对于文化变迁和文化发展而言，制度文化的变化与发展是最重要的。

加强文化建设，让人们享受健康丰富的文化生活，离不开公共网络文化制度建设。有利于公共网络文化发展和公共网络文化服务体系完善的制度构成公共网络文化制度体系。公共网络文化服务体系的完善程度是衡量一个国家社会文明进步的重要标志之一，同时也反映了人们的幸福指数。享受文化不仅是一个人的基本权利，也是一个人的需要。公共网络文化服务体系中的制度建设，致力于建立服务于公众文化权益、实现社会效益最大化的规则体系。我们要建立的良好的公共网络文化制度，能够在最大范围内提高公众的生活质量和文化福利，并且尽可能公平分配社会文化资源，从而限制侵害公共文化利益的行为。

5. 培育良好的网络文化心态

形成健康的国民心态是促进个人、社会和国家发展进步的重要心理基础。社会心态的健康与否，更是直接影响着社会关系的和谐和社会局势的稳定，也影响着一个国家经济社会发展的大局。而文化心态是一种具有较强普遍性、稳定性的思想观念和心理状态，以及由此而对某一特定文化表现出的价值取向、情感态度。它是由一定地域、阶级、阶层的人们在长期共同生活交往中所形成的。社会心态、国民心态的情感色彩和非理性色彩更为集中，且表面易变。而文化心态和文化心理是相对理性的，在时间和历史的积累、沉淀和考验下难以改变。现阶段，我国正处在经济社会转型的特定历史时期，经济结构发生深刻变革，社会结构发生深刻变动，利益格局发生深刻调整，思想观念发生深刻变化。与之相伴随，文化态度、社会意识和社会态度也各不相同。因此，培育健康的文化心态、社会心态、维护社会的和谐稳定显得尤为重要。

作为心态文化层面的网络文化，包括人们对网络的认识、情感和意图，对象主要是人们对网络中的思想观念、思维方式，是与网络文化主体和客体相关联的内在精神因素的综合。心态文化层面的网络文化，处于网络文化的灵魂和核心位置，是一种深深植根于人脑的网络意识。作为人们行为的先导，它是研究网络文化内涵的关键。在网络和信息时代，网络宜疏不宜堵，封锁消息不但不可能，也不现实，常常会适得其反，其副作用更是不可估量。我们只有在全社会倡导积极的网络文化心态，才能真正成为网络的使用者和受益者。

加强网络心理文化建设是培育良好的网络文化心态的基础性工程。网络心理文化，是在网络活动中人们所表现出来的思想、情感的总称，主要体现为网络精神文化，具体来讲包括网络精神成果和网络精神意识。在网络中以声音、文字、图像等形态存在的各种精神性的文化成果构成网络精神成果，在网络影响下的人们的思想观念如人的主体意识、心理状态、知识结构、思维方式、价值观念、道德修养、审美情趣和行为方式等形成网络精神意识。作为精神层面的网络文化，集中表现为个体和群体的网络意识、情感和素养，其中一部分会在一定阶段外化或物化为网络的基本原则、网络道德规范与网络法规等基本法规与制度，另一部分则内化成网络思维方式、思想、情感和价值观念等文化心理结构。

（二）建立文化传播领域的国家治理体系

国家治理现代化是国家现代化的历史过程，具有高度的治理共识构成国家治理现代化的前提和基础。人类在政治文明建设过程中所选择的处理不同关系的政治方式与政治形态，始终都是与制度文明结合在一起的。文化是制度文明的根脉和纽带，文化共识、价值认同成为制度实施、有效治理的基础。只有从这一视角来思考网络文化惠民工程，才能真正发挥其社会历史作用。

1. 网络文化传播意义的传递与接受

传播力决定影响力。文化传播是政府这类传播组织通过报纸、书刊、电影、电视、广播、网络等多种文化载体形式对受众所进行的信息传播活动，它借助于书刊、报纸、广播、影视尤其是网络等多种文化载体形式才能现实地展开。

（1）文化传播以意义的传递为实质内涵。从符号学视角来看，文化世界诸多要素最终又能够抽象为符号，它"是人类的意义世界之一部分"①。丰富多彩的符号构成了种种文化的景观，人正是由于学习和掌握了符号的使用，才成为真正意义上的人。在当代社会，无所不在的信息载体——图书、杂志、广播、电影、电视以及网络等上面的信息，都被看作是一个个复杂的符号。符号"是以词构成的观念"②，语言形式的符号交往是文化的基础。语言符号由能指和所指组成，能指即表达面，它属于符号的形式，是关于对象（某物）的词；所指即意义面，它属于符号的内容，是关于对象的实际形象，"二者的关系就好比是一张纸的两个不可分离的面"。③语言符号的意指作用（记号过程）就是"一种把能指和所指结成一体的行为"④，可以说，符号实际上是由能指和所指构成的符号系统。进而言之，文化传播的基础是符号的传播，是通过符号形式传递符号内容或意义。也就是说，符号背后的意义构成了文化本身，文化符号传播的实质内涵正是意义。"符号的魅力并不在于符号本身，而在于它的意义。一个符号具有其自身以外的隐喻的意义，并被用来产生一个由相互关联的意义构成的系统，因此符号的重要性恰恰在于它在文化中所构成的意义。"⑤这种意义存在于文化创造的意识形态和交往主体中，通过其符号的创造和运用，使意义客体成为象征形式，即对象化于报纸、书刊、广播、电视、网络等文化载体的形式。

（2）意义传递实现于受众对意义的接受过程。从文化传播的实质来看，意义的传递效果首先取决于传播主体能否生产出承载意义内涵的一套符号系统。作为一种符号系统，传播主体所传播的文化载体包含两个方面的内容：一方面是由文化创作者编制符码时赋予之并被传播主体所赞同的意义；另一方面是受众对这些被编制的文化符号或符码读出的其他含义，即对这些产品的解读或对于编码的解码。生产、制作方对意义载体进行编码，消费、享用方对意义载体进行解码，二者缺一不可。正是由于后者对编码的独特解读，

---

① 卡西尔. 论人是符号的动物 [M]. 石磊，译. 北京：中国商业出版社，2016：36.

② 怀特. 文化科学——人和文明的研究 [M]. 杭州：浙江人民出版社，1988：45.

③ 章建刚. 艺术的起源 [M]. 昆明：云南大学出版社，1996：50.

④ 巴尔特. 符号学原理 [M]. 李幼蒸，译. 北京：中国人民大学出版社，2008：34.

⑤ 萧俊明. 文化转向的由来 [M]. 北京：社会科学文献出版社，2004：40–41.

这种符号象征意义才能够"激活"受众那片共鸣的内心空间，从而满足人们的普遍性精神需要。文化传播的受众对文化载体承载意义的接受，是文化产品得以传播、符号意义能够传递的一个必要步骤。特定社会想象空间的形成，是由文化创作、传播主体的想象空间向受众想象空间转化的过程。特定社会现实中人类的生存意义、感受及其发展状况，首先由创作、传播主体洞见并将之上升到理论概括的高度，将无意识的形式提升为一定的意识形式，这意味着，创作、传播主体将具体物——其所处的具体语境——同相关的抽象概念相连接而产生符号、形成一定的象征意义，以此表征该主体的具体语境。当这种表现形式得到普遍认可时，这种关系在社会上得到了广泛的接受，并且特定的语境被成功地翻译并推广到一套符号系统，它的象征意义得到了认可，符号得到了观众的认可和广泛使用。随着创作、传播主体的想象空间在更大范围内得到推广，能够被更多的受众所接受，创作、传播主体的个性化想象空间也就能够转换为普遍共性的社会想象空间，与此相应的符号、象征意义也就形成或产生了。显然，这是由文化创作、传播者个性化的概念空间、情感世界等向社会推广转化的过程，前者必须为社会大众或受众普遍认同和接受。当然，认同和接受的方式因人而异、因时而异，也会因情而生、因景而定。

（3）意义传递与接受的内在统一。意义传递与接受是由文化创作、传播者与享用、接受者之间在各自特定社会文化背景中形成的、处于无意识"界面"上的隐秘情感被那些符号所激发的过程。意义的构建和传播必须以适合受众趣味、与受众惯有的社会想象空间相吻合的形式或方式来展开，也就是说这二者之间能够共享与共建符号的意义，并且是互为主体性的。这一共享—共建的意义缘于意义创作、传播主体与受众面临的共同生活环境，并表现为共通的社会想象空间。这使得双方有着某种"通验"，表现为对于某种客观对象或物化形式的共通感受，后者始终存在于一定的社会之中，且往往被某种象征形式所表达，这种形式是客观对象的表征。作为政府组织等传播主体，必须传播主流意识形态和主流价值观念信息。传播主体与受众之间的相互影响与作用过程，实际上是传播主体向受众提供符合其审美趣味的载体、传递的意义，能够被受众自愿或者是在不知不觉间接受的过程。这种过程也就实现了传播主体与受众对于载体形式承载的意义、表达内容解读的内在统一。

（4）对网络文化有效传播的现实启示。针对意义传递的实现是受制于受众对传播主体所传递意义的解读，文化有效传播应更加重视受众对意义的阐释，努力实现意义转移与接受的内在统一。其一，对于各级各类的文化传播组织的文化管理工作者来说，应牢固树立和不断强化服务对象意识，进一步提高其思想政治理论等综合素质，要使受众的内心诉求得到理性而充分的表达，注重引导受众不论是在情感上还是在理性上，都能对于创作和传播主体所提供的文化作品形成同自身一致的意义解读。其二，要形成传播主体与受众之间的对话与交流的和谐氛围，使文化传播主体观念意识的更新及其方式方法的改善，能够与受众自觉性及素质的提高，成为同时并进的一个过程的两个方面。从传播主体方面讲，文化管理工作者要真正去了解、接近受众，能够系统地跟踪调研并掌握现实性文化传播的实际效果。从受众方面讲，要提高人们的现代知识水平和文明素质，确立新的现代金钱观或财富观。其三，文化生产者、传播者，必须富有创新意识和创新精神，注重培养、提升自身的创新能力，真正创作出贴近受众生产生活的文化产品。

2. 网络文化惠民的运行保障点是彰显网络文化批判精神

营造积极的社会文化氛围，打造健康时尚的网络文化环境，培养良好的互联网文化理念，培育新型文化批判意识，是净化网络文化的必要条件。

对网络文化的"品味"，可以在各种基础上参与评论。但无论怎样解读"品味"，最核心的还是一个文化价值判断问题，这就要求我们要以强烈的文化批判精神应对网络文化。这个网络确实需要规范的规章制度，但它也要求网络运营商成为网络文化道德的"守夜人"和"守门人"。网络经营者、网民均应持有文化情操，恪守文化正义，尤其是要求网络运营商增强文化意识和文化批判意识。如果网络经营者、网民双方都能从文化批评的角度去理解网络文化，来诠释新的媒体文化，那它将对提高整个社会的文化品位发挥出巨大的促进作用。在网络文化中，"文化快餐"的普及并不意味着深刻的思想可以从历史舞台上被抽离，也不意味着精英文化可以被解构。现实中却恰恰表现为，社会发展得越快，思想认识就越深刻，文化内涵就越丰富，人们的社会生活就越丰盛，对社会的反思也就越深刻。因此，当人们需要"文化快餐"时，文化宴席被忽视或抛弃总是不可取的。人们对"文化快餐"的意蕴不在于有一种浓重的文化可以搁置，浅文化的内涵及其存在更不应限制网民对生活、理想、社会进行深刻反思。要实现这种文化超越，文化批判精神建设的重要性无须进一步论证。在众多网络认识中，也有人认为网络文化是一种理性的文化，但即使我们在实践中不批判网络文化的负面影响，也很难从网络文化的娱乐性、发泄性、感官性等方面去激发网络文化的发展。

网络文明需要规则制度等系统的硬件支持，也需要道德、文明力量的支持。网络文明建设不是空谈，社会需要网络文明，更期盼文明的网络。文明的网络需要一个健康的网络文化和文化氛围，网络需要一个健康的文化。互联网要成为促进高雅文化的主要前沿阵地，就必须遏止网络文化的退化、世俗化和混乱。互联网既是文化的载体，又是文化的传播者。什么样的文化传播，如何传播文化，是一个不可能避开的问题。加强对互联网的管理，既需要法律法规的健全，更要注重通过全社会的努力，不断提升大众的文化素质，使得公众能够保持健全的文化反思和批判意识。人们对网络文化负面效应已经有了一定程度的认知，然而，这些认知并未形成气候，从实际意义上来说，对网络文化的批判并没有得到足够的重视。从任何角度来看，注重网络文化的负面影响和对网络文化批判意识建设的重视，都应该得到有效的解决。毋庸置疑，互联网的虚拟性是一个不争的事实，但人永远不是虚拟的，他们永远是互联网的主人。现代信息技术虽然覆盖了人的真实身份，但是他们的主体性没有改变。既然是人们创造了一种消极的文化甚至精神上的垃圾，那么清理这些垃圾也只能由人们自己来完成。我们要最大限度地消除这些网络文化的负面影响，就需要大批有文化批判意识的人，这个责任主要是落到网络运营商和各个社会层面的网民身上。

从文化批判的角度思考网络文化的负面影响有着更深层次的意义。利用网络进行文化侵略和文化殖民已经成为"进行时"，并且带有强烈的攻击性，或者直接灌输给互联网用户，或者以微妙的方式向互联网用户传播各种不良和有害的文化价值观、伦理思想，特别是对那些涉世未深的青少年网民的身心损害已经引起社会各界的高度关注。所以，网络安全是一个长期的话题，一方面，我们要通过不断升级的技术防范过滤出各种文化垃圾；另一方面，我们也更加需要不断提高网民的文化抵抗力，提升人们对文化批评的认知程度。众所周知，网络文化目前还不能被称为一个完善的文化体系。我们同意对网络文化进行"过滤"的说法，但这种过滤本身实际上包括了文化批判意识。也就是说，如果没有文化批判意识，过滤器的作用就不可能实现。

3. 网络文化惠民的现实着力点是强化网络文化的治理现代化功能

习近平总书记指出："随着互联网特别是移动互联网发展，社会治理模式正在从单向管理转向双向互动，从线下转向线上线下融合，从单纯的政府监管向更加注重社会协同治理转变。我们要深刻认识互联网在国家管理和社会治理中的作用，以推行电子政务、建设新型智慧城市等为抓手，以数据集中和共享为途径，建设全国一体化的国家大数据中心，推进技术融合、业务融合、数据融合，实现跨层级、跨地域、跨系统、跨部门、跨业务的协同管理和服务。要强化互联网思维，利用互联网扁平化、交互式、快捷性优势，推进政府决策科学化、社会治理精准化、公共服务高效化，用信息化手段更好感知社会态势、畅通沟通渠道、辅助决策施政。"[①]互联网时代是每个人参与公共事务和促进合作的时代。面对复杂多元的网络社会，公共治理正面临着严峻的考验。习近平总书记强调要学会通过网络走群众路线，促进执政能力现代化。党的群众工作的本质要求不能改变，但具体的方式和方法应时时改变。交互性是互联网的突出技术特征之一。先进的大数据技术提高了政府决策服务能力，也让群众参与公共治理之中。实践证明，社会活力只有在社

---

① 习近平. 加快推进网络信息技术自主创新，朝着建设网络强国目标不懈努力 [N]. 人民日报，2016–10–10（1）.

会公共精神的基础上才能发挥出来。从全国的经验看，人民群众不仅关心自己的利益，而且对公众事务的参与也有很高的热情。要促进国家治理体制和治理能力的现代化，就必须推进社会治理现代化，社会治理现代化需要社会治理的完善，在改善社会治理、促进社会进步的诸多因素中，网络文化的社会治理功能是一个非常重要的治理因素。

（1）网络文化的社会治理功能。

文化既是人类行为和思想的产物，又反过来塑造着人类行为和思想。文化具有社会治理功能，某种文化都是一定社会政治经济的反映，其理想信念、价值取向和道德规范始终影响着社会成员的情感世界和价值观念。文化对人们的影响力有着直接影响和间接影响之分，无论是直接的还是间接的，都在导向上与社会治理具有趋同性。它不仅解决了社会治理对人的行为外部控制的局限性，而且增加了社会和谐因素。这是最节俭和最有效的社会治理方式。在社会中，它支配着主体和社会治理的多样化。作为一个民族长期的精神积淀，中国文化始终倡导中国精神，传递着特有的中国能量，在引领社会思潮、凝聚社会共识方面发挥了重要作用。在共同文化的影响下，使得政府、社会组织和公民等多个行为主体，能够发挥各自优势，实现社会的合作治理。

任何社会形态的文化都是现实中的无形统治者。在发展中国特色社会主义的背景下，公民的个人奉献、工作和社会责任必然受到无形的社会主流文化、自尊和实践的启迪，从而成为其能够持续努力工作，激情创造，快乐奉献的力量源泉。因此，一个健康、振奋的文化能够激发人们的主动性，诱导人们的积极性，使其在发挥主动性、积极性和创造性之中，努力实现社会追求的价值目标。文化凝聚着社会共识，其所倡导的价值观，如民主法治、公平正义、诚实友爱，可以引导人们对解决社会矛盾形成新的认识，找到处理社会关系的新途径。

网络时代，社会治理的创新与加强，离不开文化层面的沟通、交流和对话。社会学家吉登斯有个"脱域"理论。他指出："所谓脱域（disembeding），我指的是社会关系从彼此互动的地域关联中，从通过对不确定的时间的无限穿越而被重构的关联中'脱离出来'。"①到目前为止，吉登斯在当时讨论的社会非本土化问题已经多次增加。此外，新媒体推动社区的本土化已经形成了一种在社区物理领域的信息网络领域。除去共同体利益外，这些网络共同体的情感加强，往往以共同志趣为纽带。网民对网络文化的期望，不止于愉悦身心。网络文化惠民，更加重要的是通过多项网络文化活动，实现有效的网络交流，营造和谐稳定的社会关系。通过大规模调集媒体的力量、网民的力量，将网络文化渗透到道德风化、文化推广、社会规范乃至创业创新等多个社会领域，以实现由精神文化交流带动社会治理的创新实践。

（2）网络文化社会治理功能的实现路径。

网络文化的发展不应被视为一种新技术的应用，但应该明确认识到网络媒体的新技术促进了一种新的社会形态的诞生，这种新的社会形态并不依赖于在工业社会和农业社会中，但在两者的存在中占有不可替代的主导地位。这就要求我们改变把社会成员看成是单纯的控制对象的社会管理模式。因此，论网络文化时代的社会治理不仅需要关注社会成员物质生活的需要和问题，而且要注意思想观念和价值观中存在的矛盾、问题、社会成员的信仰，通过灵活的手段实现社会心理或精神价值。从某种意义上讲，网络对话和网络传播应该成为社会治理的基本形式。

用互联网思维方式提升社会治理能力。随着改革的深入和供给结构调整的深化，党和政府应深入探索、研究社会治理能力和社会治理制度的现代化，以提高党和政府的社会治理能力。各级领导干部要提高互联网思维能力，不仅是信息社会客观现实环境的要求，也是突破传统思想囚禁，信息手段综合运用，实践解决的需要。一是要树立"全心全意为人民服务"的思想。在互联网的特征中，要有极端的思维、快速的反复和发散的思维，这些思维方式对社会治理的影响可以统一为服务人民的思想。全心全意为人民服务是我党执政的基础和根本宗旨。我们应该采取各种方法和渠道，进入人民的生活，倾听人们生活中的困难、工作和学习，以及需要解决的问题然后采取各种手

---

① 吉登斯．现代性的后果 [M]．田禾，译．南京：译林出版社，2000：18.

段和方法。充分利用自身媒体的手段，充分发挥微博、微信、客户和政府网站的功能，发布更多需要的信息，及时回答用户的咨询，尽快完善在线工具。二是创新思维。在社会治理过程中，绝大多数党员干部必须充分认识现有工作的现状，要多动手动脑，充分利用现有的信息工具，创新工作方法和方式，增加工作效率。三是开放治理思维。搞好社会治理，就必须采取公开治理的思路。四是大数据思维。大数据思维被西方学者吹捧为解决除全能上帝之外的第三眼。人类社会发展的历史实际上是一部数据发展的历史，随着数据采集、存储和使用规模的发展，人们可以充分了解数据的采集和存储。大数据思维也是精简机构，提升政府服务水平，深化行政改革，有效改变政府职能，提高政府工作效率，实施大规模系统的有力工具。

发挥网络文化的社会治理功能，需要着力推进社会大众文化发展。网络文化的社会治理功能不仅需要主流文化的发展，还需要面向基层的群众文化发展，服务群众，丰富社会成员的精神文化生活，使人们不断提高水准。一是整合各种文化资源。二是积极发展文化产业。三是关注农村文化发展。

发挥网络文化的社会治理功能，还需要关注职业群体的特殊作用。职业群体是社会生活的主要群体。从定量的角度来看，职业群体是社会成员的主要组成部分。从社会活动能量和社会空间发展的角度来看，认识职业群体作为社会群体的地位更为重要。一般而言，当涉及专业团体时，人们主要关注办公室里的专业活动，很少谈论他们在工作场所之外的社会活动。事实上，工作场所以外的专业群体的社会活动远远大于非专业群体，具有社会生活水平。作为一个社会群体的专业群体，他们的社会活动不仅给社会增添了无限的色彩和活力，而且由于其活动范围的广泛性和复杂性，也产生了不可预知的结果。特别是社会活动越活跃，专业群体的社会活动越活跃，社会问题的可能性越大，社会矛盾就越大甚至爆发。从这个角度来看，社会治理以解决社会矛盾和促进社会和谐为主要任务，应该把职业群体及其社会活动纳入工作范围。专业群体作为互联网用户的主体，不仅以其积极的网络社会行为成为网络治理的对象，更重要的是，他们必将成为网络社会的主体。他们将积极利用微信、微博等网络渠道，到达社会生活的各个角落，进行网络传播、网络评估和网络推广。

（三）以民族伟大复兴目标定位网络综合传播体系

近代以来我们所企盼的中华民族伟大复兴是项浩大工程。文化携领这一个民族的价值，是深刻影响着每一个中国人的精神内核。面对当今时代的挑战，显然民族文化的复兴离不开与科学技术的结合，离不开中国人对未来中国梦的期许。网络文化惠民工程对于先进文化的聚合融通功能，集中体现为现实的文化牵引力、文化竞争力、文化辐射力、文化影响力等，是文化软实力的综合形态，能够为中华民族伟大复兴的中国梦源源不断地提供其理论支撑、价值内核、思想先导和精神动力。

1. 把网络文化惠民工程植根于中华民族伟大复兴的现实土壤之中

网络文化惠民工程是具有目标、标准的工程，目标、标准来源于中华民族文化，也来源于网络技术的应用，同样来源于当代中国的历史使命。

（1）在增强政治意识和加强网络主流舆论阵地建设中，巩固以社会主义核心价值观为主导的文化自信基础。在市场经济与科学技术的迅猛发展下，政治显现出不断弱化的迹象，其实不然，政治是渗透在人类社会中方方面面的元素，脱离了政治，国将不国。当今社会，政治参与的成本变低，政治更加离不开人们的生活了。互联网的高速发展及其对信息传播的巨大优势，已经使其事实上成为非常重要的思想文化阵地。科学运用网络舆论的导向作用，来巩固马克思主义在意识形态领域的指导地位，并且通过不断增强网络舆论的引导权、主动权和控制权，让网络能够释放出更多的"正能量"，已经成为推进社会主义文化强国建设和增强我国意识形态安全控制力的内生要求。但是从现实来看，情况并不十分乐观。我国众多的大型新闻门户网站并没有担当起宣扬民族自信、传播社会主义核心价值观的重任，甚至有些观点相悖于马克思主义，这说明督导、监督力度还不够，以及缺乏一批专业知识与专业精神过硬的学者参与到这项工作中。网络阵地已经是马克思主义理论的新战场，需要用马克思主义的科学品质和内在精神去感染网民、吸引网民，切实提高网络媒体的传播功效，不断夯实以社会主义核心价值观为主导的文化自信基础，从而真正增强社会公众的文化自信。

（2）发挥制度建设的根本性作用，用制度来保障核心价值理念的网络传播。制度的建立并非一朝一夕可以完成的工作，而是在实践中不断检验真知而得来的经验、规律汇总。所以说，制度的建设永远不得停歇。对于核心价值观的传播不力，也证实出保障制度存在许多不足。这就促使我们必须落实好3个方面的监管：一是确立领导制度。领导是一个部门的管理者，是从整体上对部门及工作成果进行把关的人员。坚守网络阵地的核心价值体系宣传需要从上到下的携领，需要各级各层的协调配合，才能顺利完成这项重任。二是建立与网络平台对话的制度。网络平台的工作人员因为专业的限制可能存在理论不够扎实，可能存在对新的国家政策解读不够充分的状况，这就要求要有专业的工作人员定时与网络平台进行对话、解读。三是完善网络监管体系。网络领域是开放的，这种开放性一方面是网络最大的吸引力，另一方面也是网络存在危害的可能性，如果网络被不法分子利用，造成的破坏和影响将是不可估量的，所以这就要求一定要不断完善网络监管制度，拒绝黄赌毒，保证网民拥有一个良好的网络环境。

（3）在整合网络资源和创新传播方式中，增强中华民族优秀文化的认同。中华民族文化自信的基准和能源，是来源于中华民族人类文明的华丽丰厚，以及对世界文化进步所作出的硕大奉献。然而，对于一些网民来说，如果这只是通过纯粹的书面阐释来加以认识，就很难形成足够的吸引力和认同感。在互联网时代，中华民族优秀文化的传播应充分发挥网络传播的特有作用，建立网络综合传播体系，真正增强中华民族优秀文化的凝聚力和感染力。在符合社会主义核心价值观要求的前提下，应充分展现现代网络信息技术的优势，把中国优秀传统文化、社会主义先进文化与现代媒体高度融合起来，建立全方位、立体化的传播体系，把网络技术生动、形象的方式融入人的深层心理结构，不断增强中华民族优秀文化的亲和力、感召力和认同感。我们应在广泛、深层次、有力等方面作出新的努力，实现中华民族优秀文化的高度社会共识。文化自信是每个民族恪守的信条，是社会主义核心价值观的形成和社会主义文化力量建设的永恒命题。互联网的强大影响已深刻而不断地改变着文化建设环境和意识形态安全格局。在网络时代，构建社会主义核心价值体系，继承和发展中国优秀传统文化，增强社会主义文化力，形成和加强文化自信必须是第一位的。文化自信是构成培育、提升中华民族伟大复兴驱动力和思想安全保障力的基础性力量。

2. 在网络文化惠民工程中弘扬中华文化体系

文化对人有塑造人格的职能。瑞士心理学家荣格认为，"一切文化都沉淀为人格，不是歌德创造了浮士德，而是浮士德创造了歌德"①。正如此言，文化在塑造人格时，也塑造了一个民族的信仰与精神。中国梦的产生，正是应对当代而提出的伟大民族精神，这是中华民族的复兴"梦"，寄托于我们每个人之上。它的实现离不开当下、时代的主题，网络技术的应用已经切实地改变了我们的生活，自然而然的，中华民族的伟大复兴也离不开网络文化的滋养。中国是一个历史悠久的文明古国，拥有辉煌的过去是我们每个炎黄子孙值得自豪的地方，可继往开来谈何容易。俗话说得好，一个人将来的成就取决于他回望得有多远，所以中华文化的传承既是我们的责任，也是我们前进的动力。然而，网络文化的信息量是巨大的，如何使得中华文化抢占高地，是时代给我们提出的一个重大挑战。

在这个时代课题中，应当解决好"中""西""马"之间的关系问题。中国的路没有任何一个国家尝试过，所以中国的路需要靠我们自己来摸索。有的学者认为，应该以马克思主义为"体"，以西方文化为"用"。笔者认为这也不无道理，但是中华传统文化是我们的根，没有了根，再肥沃的土壤也长不出粮食，所以中华传统文化是我们首先需要保持传承的。在确立这个问题上，如何去做也有了方向，在不断探索中，中国人必将给这个问题交上一份令人满意的答卷。

在这个时代课题中，还应当处理好网络与文化的关系，否则容易形成网

---

① 荣格. 荣格自传——回忆、梦、思考 [M]. 刘国彬，译. 上海：三联书店，2009：25.

络、文化"两张皮"的现象，从而形成水乳不融的状态。网络首先是一种技术，技术在人的应用下才产生的现在概念理解上的"网络"，而文化则是伴随人类文明而来的产物，特别是对于中国这个历史悠久的国家来说，中国优秀的传统文化博大精深，相较于网络而言，则晚产生了许久，如何将二者结合在一起，需要依靠人民的力量，在运用技术的同时，保证传统文化的根深蒂固是不可忽视的问题。

优秀传统文化的传承须发挥"微时代"年青一代的主力军作用。优秀的传统文化是需要传承的。虽然从某种角度来说，传统文化的存在形式一直在发生改变，可都改变不了传统文化必须存活下去的现实。当年青一代接过传统文化时，也接过身为中国人的历史使命。在面对网络技术时，年青一代拥有着天时地利的优势，应当主动担起这份大任。

要讲好中国故事、构建中国话语体系，提升中国软实力。最古老的文明总是产生于历史史诗中，这是最古老生存权利的象征。自古以来，中国有许多好故事，并通过媒体不断传播至今，以至于了解一下当今传媒的内容，就能了解当代人民生活的写实。网络技术的应用使得信息传播的成本降低，这正是中国好故事的契机，在技术的应用下汇集成中国文化的软实力，是今后网络文化的主色调。

只有将优秀传统文化与互联网规则结合起来，才能高效传播中国文化，并赢得广大人民群众的喜爱。传统文化在历史的长河中，并非是"毫发无损"，相反，先进的文明和思想在不停地洗刷着本民族的传统文化，在历史的驱动下，优秀的传统文化将脱颖而出，当然也不能否认，有一些依旧落后的思想与传统也逃过了这些洗礼。而网络的发展，成为再一次文化洗礼的契机，各种网络技术应用随即产生，"互联网＋"的出现，使传统文化与网络技术有机地结合在一起，优秀的中华传统文化脱颖而出，这将大大提高中国文化的传播效率，无论是对内还是对外，都将成为强有力的话语。

3. 在网络文化惠民工程中实现中国特色社会主义文化自信

对于走向现代化的中国来说，文化自信既是文化理念又是指导思想。文化自信是基于当代中国发展的现实而提出来的，同时又是对古往今来的中华文明深切的价值关切，包含着对我们民族文化传统的自信、对中国现实发展道路的自信以及对中国未来发展前景的自信。这就为网络文化惠民工程明确了价值参照。

（1）对民族文化传统的自信。坚定对中华优秀传统文化的自信，这是我们的文化得以繁荣兴盛的根基。优秀传统文化是一个民族、一个国家传承、发展和创新的基础，也是最深厚的文化软实力。从历史维度看，中华传统文化如大河奔流、绵延不绝，尽管曾经历过种种挫折与冲击，但仍以其强大的精神韧性和包容吸收外来文明的弹性，蓬勃发展至今，对于形成和维护中国多民族统一局面有着至为关键的作用。从世界维度看，中华优秀传统文化是中华民族的独特标识和突出优势，提供了西方传统之外的哲学路径，提供了寻求人类文明更好未来的机会，不仅是中华民族精神大厦的牢固根基，而且成为 21 世纪普惠人类整体的重要精神资源。优秀传统文化是过去中华民族奋斗历程的见证，更是今天中华民族固本创新的精神动力。不忘本来才能开辟未来，善于继承才能更好创新。

（2）对中国现实发展道路的自信。道路自信内在于文化自信，坚持文化自信就是坚持对中国特色社会主义的自信。首先，中国特色社会主义道路，是从中国独特的文化传统、独特的历史命运、独特的基本国情中开辟出来的。它经过历史的淘漉、人民的选择、实践的检验，与中国优秀的文化传统紧紧捆绑在一起。其次，中国特色社会主义道路，将中华优秀传统文化、革命文化和社会主义先进文化形成了统一的叙事。在中国革命、建设和改革长期实践中，中国共产党人将马克思主义的普遍原理与中国现实发展相结合，成功走出了一条中国特色社会主义发展之路，同时极大地推进了中国文化现代化的进程，将传统与现代在文化上连成一脉。这三种文化资源依托中国特色社会主义而形成了统一叙事，也为当代中国的道路自信提供了保障和底气。

（3）对中国未来发展前景的自信。任何一个民族都要从自己的文化中了解过去，把握现在，前瞻未来。从过去和现在的文化发展进程中预见本民族文化未来的发展前景，即本民族文化发展的未来性，这是民族、国家自信的底气所在。有创造力的文化都是向未来敞开的，实现中华民族伟大复兴，更为重要的是坚定对文化未来发展前景的自信。我们的文化自信，就是肯定中国智慧的开放性、平等性和包容性，坚信中国文化在人类现代化历史进程中的独特价值。每个国家和民族都需要在自己的文化实践中，一方面坚守自身文化发展方向和独特价值，一方面在文化的交流互鉴中实现对自身文化特殊性的超越，贡献有利于人类未来和平发展的文化智慧。中国文化正是在把握这两方面的张力上，有着明显的优势。我们有理由相信，随着中国向世界舞台中心的稳健迈进，文化自信的价值必将日益彰显出来，既在多种文化互鉴中博采众长又始终挺立民族文化主体性的中华现代文化实践，一定会让古老的中华文明在世界舞台上大放异彩。

三、推进网络文化惠民工程应注意的问题

在当今的中国，一切是为人民而服务的，无论技术也好，政策也罢，都只有这一个切入点，"网络文化惠民"亦是如此。而技术的研发是相对死板的，如何真正的惠民于生活则是一个更加复杂的问题，更是一项不断推进的伟大工程。推进网络文化惠民工程，要认真对待以下问题。

（一）增强网络文化惠民的文化性

文化性是指在网络中引入文化的元素，表现出特有的文化内涵。文化性也有高低优劣之分，与网络主体的阅历、感悟、经验、体会都有关系，好的文化性不是简单地只是为了表现文化，而是把文明的精华与时代发展特点结合起来，为时代的生活服务。文化性可以引导生活方式可消费潮流，从某种角度来讲，文化性也是一种武器，可以帮助我们赢得民心。网络文化惠民必须致力于"文化性"的提升，而不是简单地只是借用网络渠道去"惠民"。

1. 促进优秀网络文化的不断生成

网络技术随着人工智能理念的运用，形成了一个抽象、虚拟的世界，网络中的人们产生一种与现实世界分离的假象，网络文化由此丰富异常，难免

泥沙俱下。当众多人投入其中时，网络的丰富程度可以直接媲拟人的精神想象，在这里，再复杂的构建，也只不过是换算成0、1代码。信息交流量呈几何倍速率增长，文化传播于网络中时，文化活动的效率高到令人惊叹，以至于文化本身对网络的依赖程度大大提高，这就是网络文化中非常重要的一部分。抛开内容的分门别类，网络文化最大的联系则来源于我们自身——人类。人与人的关系是个十分庞大的话题，从生产关系到所有上层建筑，规划出了整个人类社会的模样。而网络这种科学技术切切实实地在推动人类社会的生产力，创造出这个时代所独有的史诗。不仅如此，网络技术也在改变我们人类自身，甚至从理论上讲，人类完全可以编出一段复杂的程序，具有我们自身精神上全部的特质加上网络中的特殊权力，来代替我们"生活"在网络当中。由此可见，优秀网络文化的产生离不开人的努力。如何运用网络技术，形成独特维度，展现人类文明的真善美，是一个应该不断探索的新题目。网络文化惠民工程的使命，就在于通过网络平台，增强优秀文化的惠民功效。

2. 围绕"由人化文、以文化人"展开工作

文化就是"作为人类物质生产实践的结果的'对于自由的精神生活的追求和享受'。正是这种实质内容表达了人类共同具有的、最基本和最深刻的精神旨趣——通过最大限度地发挥自己的'生存意志'和'自由意志'，追求和享受精神上的自由"。[①] 人类社会发展经历了数个阶段，每个阶段的情况各不相同，一方面可以看出来文化的对规定性而言，是十分宽泛的，但是都脱离不了人们将文化与某种具体的人类生活模式结合在一起。另一方面，网络文化也可以这样去理解，就是人们在网络的虚拟生活中所生产、产生出来的文化。不可否认的是，这已经成为社会管理的范畴之内，社会或者说人们再也离不开网络这个虚拟的环境而生活下去。

"由人化文，以文化人"，这里的人的概念应该是指文化中所说的人，即历史记载上的人，而非基于生物学等探讨的人。由人化文，强调的是文化的特性——文化是人创造的，从来不是固有的，也就是说，人创造了文化；

---

① 霍桂桓. 全球化背景下的文化哲学研究初探（上）[J]. 哲学动态，2002（4）：23-27.

当然可能还有一种含义，就是在狭义的文化意义上，用人的实践活动来丰富文化的内涵，以人的行动体现优秀文化品质；"以文化人"的意思，就是用讲道理的方法来感化别人。以文化人，强调的是文化对人的影响，就是用优秀的文化来影响人、塑造人。两者其实是一个统一的命题。"人化"和"化人"的关系是一种双向生成、双向展开的辩证运动，它们实际上是同时的，是一回事。只是在我们的想象和叙述中，要做到把它们当"一回事"同时说出来很困难，所以才不得不分开来说"一方面""另一方面"等。人通过实践改变自然界和自身，使自然和人自己走向"人化"的过程，是以人在自然界的产生开始的，而人的产生，则又以造就或形成了人所特有的生存发展形态——文化为标志。"劳动创造了人"是我们大家都熟悉的一个科学结论。而劳动创造人的含义，显然不能理解为先有一个东西叫"劳动"，是它像上帝一样创造了人。而是说，有一种自然界的高级动物——类人猿（还不是人），是它在某种情况下不得不改变自己的生存活动方式，通过改变自己的活动方式（最初还不是劳动）以适应环境，包括同时用这种新的活动方式（逐渐发展成为劳动）去改变环境，以使之适合于自己（这时也就逐渐使自己变成了人）。经过一个实际上非常漫长的演化过程，一部分类人猿变成了一种以劳动为自己生存活动方式的新型物种——人。如果说，进化中的类人猿是人的最初形态，那么劳动就是人类文化的最初表现形态，并且后来是人类文化最本质、最重要、最基本的表现形态。"从类人猿到人"与"从最初的劳动到发展起来的劳动"之间，就是人与文化之间、"人化"和"化人"之间关系的最好证明。这一双向生成、双向展开的辩证运动，就是如此开始、如此发生的。"如何开始"的问题弄明白了，以后的情况就比较容易想象了。实际上，"人化"和"化人"之间始终是同一问题的两个方面。

在互联网出现之前，人们的交流、生存方式只存在于不同的文本之上，这种储存性能十分有限，对物质的依赖程度非常高。而当互联网产生之后，原本对于物质的依赖程度转化为对于某种能量的需求，能量的供应展现出超越文本的储存性能，而且进一步使得人类的智慧得以延伸到网络世界。网络世界是虚拟出来的，当然也可以理解为除了时间、空间外的另一个维度。在这个维度中，人们可以与以往都不同的方式而存活。这种虚拟化的空间为人类提供了充足释放自我的可能性，由此机器与人类关联在一起，成为现代人生活中的一个重要部分。所以从某些意义上说，文化也成了网络寄托于人的最重要的标志，脱离了人则失去了意义的存在。在卡西尔的文化表述当中，文化是由人类的符号活动生成的。符号活动的"这种自发性和创造性就是一切人类活动的核心所在。它是人的最高力量，同时也标示了我们人类世界与自然界的天然分界线。在语言、宗教、艺术、科学中，人所能做的不过是建造他自己的宇宙——一个使人类经验能够被他所理解和解释、联结和组织、综合化和普遍化的符号的宇宙"。①从策略的角度出发，可以发现，网络是寄生于人的，人类的语言通过代码生成，但是文化却不能，文化是人类独特的产物，是"象征"的具体展现。

网络文化建设的多主体协同视角认为：互联网使生活工具的内在规定性发生了革命性变化，人类生存方式借此由实然存在转型为虚实兼在。在人与互联网共生的嵌合结构中，网络文化作为人类在虚拟实践基础上对精神生活的追求和享受，将借人—机交互、人—人共生等网络化非线性过程构建起"我们化"的社会机制。②

3. 以惠民的"文化性"体现文化的先进性

所谓的"先进文化"其实可以看作是一场没有硝烟的战争，往往被给予"先进文化"标签的代表，都是在当代可以引领世界文化发展方向的。历史证明，一个个在新思潮的涌现，为世界变革提供了最根本的力量，从而伴随着科学技术的进步与发展，不断又涌现出新的思潮。所以，从某种程度上讲，先进的文化也是社会发展的主要动力之一，判断文化的先进与落后与否，直接能影响到一个民族时代的兴衰。"先进文化"是一个抽象的概念，大多时候是在比较中存在的相对说法，而如何去衡量一个文化是否先进，这个问题确实是一个需要标准的提问。如果没有一定的价值尺度，则不可能去制订出明确

① 卡西尔. 人论 [M]. 甘阳，译. 上海：上海译文出版社，1985：279-280.
② 何明升，白淑英. 我国网络文化建设的多主体协同发展战略 [J]. 学术交流，2014（1）.

的标准。这就要求我们必须坚持理性尺度、历史尺度、物质尺度、价值尺度的具体的、辩证的统一。

先进文化从来都是通过历史去体现的，换句话说，文化先进与否，就看在历史长河中是否被淘汰。淘汰、消失掉的就是落后的文化，而存活下来的就是先进文化。文化不存在对错，在不同的历史时期和条件下，文化的命运可能是截然不同的，正因为如此，一个文化如果是一成不变的，终究会被淘汰，而寻找到正确方向，不断变革的文化才有可能应对历史与时代带来的挑战。

在众多的文化尺度当中，物质尺度是文化是否具有先进性的根本尺度。马克思主义坚持物质是事物的第一性，也就是说，任何事物都必须寄托于客观的物质之上。文化也是一样的，文化并非总是无形的，恰恰相反，文化源于社会，社会也是文化的具体写照。社会中的物质尺度也成为文化的度量衡，文化不先进，就不存在先进的物质使用，反过来说，拥有使用先进物质基础的条件，不会依托于落后的文化做基础。

价值的尺度可以有很多种，但是归根结底是看为谁服务。中国共产党所倡导的文化是属于人民群众的文化，这是源于马克思主义理论的指引。人民群众是历史的创造者，从物质财富到精神财富都应该属于最广大人民群众，相应的文化也是大众的。江泽民同志《在庆祝中国共产党成立八十周年大会上的讲话》中指出："不断发展先进生产力和先进文化，归根到底都是为了满足人民群众日益增长的物质文化生活需要，不断实现最广大人民的根本利益"[1]，最终达到人的全面而自由的发展。文化是先进的还是落后的，乍一看似乎只有通过历史去验证，实则不然。因为，先进的文化总是在引领历史的潮流，而落后的文化会在历史的洪流中被淹没。所以，应该是文化的先进去验证历史，而非历史去判定文化。然而历史并不会将答案早早告诉人们，换句话说，人们需要通过不断提升文化内涵，保持文化活力，促使本文化存在，由此可见，历史是文化的存在史，并非是后验的结果。

我们判断先进文化的价值标准，应该是看一种文化对社会发展和人的发

---

① 江泽民.江泽民文选：第 3 卷 [M].北京：人民出版社，2006：281.

展能否具有积极意义，也就是说看这种文化是进步的还是腐朽的。能够积极推动社会进步和人的发展的文化，构成先进文化；阻碍社会进步和人的发展的文化，属于腐朽没落的文化。我们对于文化的价值判断就必然会带来其价值选择，这种价值选择就是根据人民群众的利益之所在，批判、摒弃腐朽没落的落后文化，承继、吸收积极进步的先进文化。我们在文化的价值判断中，必须坚持以人民为中心的价值导向，坚持文化发展为了人民、文化发展依靠人民、文化成果共建共享，注重文化熏陶和实践养成，要使真、善、美的文化理念转化为人们的精神追求和行为习惯，在不断增强人民群众的文化参与感、获得感和认同感中，形成积极向上、始终充满正能量的社会风尚。

中国当代的先进文化是以马克思主义为指导的，能够积极吸收古今中外优秀文化的合理因素，在其价值取向上是有利于满足广大人民群众的精神文化生活需求并且能够提升人们的思想境界，有利于促进人的自由全面发展及自由个性的形成，有利于人们的家庭幸福和社会进步，有利于我们的民族团结和国家强盛。因此，我们要在文化自觉的基础上，牢牢把握住社会主义先进文化的前进方向，始终坚持中国特色社会主义文化发展道路，着眼于巩固全党全国人民团结奋斗的共同思想基础，大力弘扬社会主义核心价值观，立足于培育民族精神和时代精神，不断解决现实问题，助推社会发展。在人类历史发展的历程中，文化的存在与发展是复杂的过程，在任何一个民族、国家的社会生活中，其文化都是多种多样的，都是先进文化与落后文化并存的。虽然有时候它们会出现此消彼长的状态，但从总的发展趋势上来看，先进文化终将以其巨大的内在力量来改造落后文化，抵制腐朽文化，并且正是在这样一个过程中，使得自己能够不断得到丰富和升华。也正是从这个视角来说，承认社会历史的进步性，也就承认了文化的先进性和进步性——这是我们坚持马克思主义观点的必然结论。

（二）推进网络文化惠民的创新性

网络文化惠民，贵在不断创新。创新是一切工作的动力和源泉，没有创新就没有进步。网络文化虽是基于新兴互联网而生的新理念、新事物，但这并不意味着可以停滞不前，而应与时俱进、不断加快创新。创新创造是网络文化惠民发展的根本动力。

1. 激发积极的网络文化创新创造活力

激发全民族文化创新创造活力，这是进入中国特色社会主义新时代后，中国特色社会主义文化发展向我们所提出的新使命、新要求。

（1）新时代中国社会主要矛盾变化呼唤文化创新创造。激发全民族文化创新创造的活力，构成文化自信的根基和发展目标，同时，也只有不断激发全民族文化创新创造的活力，才能为人民群众奉上最好的精神食粮，从而破解文化发展的不平衡性和不充分性。在人民群众的美好生活需要当中，文化的需要在现实当中显得尤为重要。随着文化供给的体量不断增加，质量不断提升，由不平衡不充分的发展带来的矛盾，在文化发展的方方面面均有体现及日益突出，并且成为制约满足人民群众美好文化需求的关键因素。这种矛盾具体体现为人民群众日益增长的多元化的文化需求，与因文化产业工作者缺乏创新意识而导致的文化产品供给不足之间的矛盾。我们重视文化产品的数量却忽视了文化产品的质量，强调重视保护传统文化，却忽视了对传统文化进行创造性转化和创新性发展。虽然我们在"引进来"的过程中已经学习吸收了部分外来文化的精华，但总的来讲，这种学习在深度和系统化方面还存在着明显的欠缺。

（2）激发全民族文化创新创造活力要立足于以文创理念提升文化软实力。文创理念，是立足于文化的产物，创新则代表着文化的转变形式的多样化。文创理念是真真切切探查一个民族的文化底蕴到底有多深厚的测量仪，将文化转化为产品更好地推销出去不仅仅依靠方式方法，大多时候是受到客观条件限制的，而真正无止境的是一个民族的文化底蕴和千千万万文化工作者的创造能力。我国是一个多民族国家，中华文化也是多民族的文化精髓，每个民族都有自己独特的地带，化作文化的形式被传承下来，这就为我国的文创提供了最好的基础。文创理念是对于文化传承、传播具有革新的性质。在当今的科技引领下，各种形式的文化产品是中国文化软实力的具体展现。

（3）科技支撑是激发全民族文化创新创造活力的关键环节。我们要激发全民族文化创新活力，首先应当做到文化与高科技的深度融合。现实中，3D、VR、AR、人工智能、大数据等技术已经在极大地改变着我们的生活，并且还将产生更加深远而重大的影响。我们所处的互联网时代，文化创意与科技创新就好似一枚硬币的两面，犹如一体两翼，跨界腾飞，在相辅相成中实现其共同发展。文化创意与科技创新又是跨行业、跨领域产品创新的两大动力。一方面，科技进步促进文化大胆创新，艺术的发展离不开技术的进步，新技术的革新迭代丰富了艺术的表现形式，同时科技作为一种表现形式，也会为文化产品赋予新的内涵。另一方面，文创理念又促进科技进步，推动文化产业发展，以"文创+"来提升各传统产业经济活力，从而推动经济结构调整和经济发展转型。

2.遵循网络文化惠民中的文化创新规则

（1）所谓没有规矩不成方圆。新时代的网络文化惠民中的文化创新也需要一定的规矩。规矩可以理解为一种约束，但更是一种发展轨迹的描述。

（2）我们的文化理念和思想。新的伟大的实践必然产生新的伟大的理论，新的伟大的理论又必将指导新的伟大的实践，新时代中国特色社会主义文化创新需要新的指导思想。只有坚持党的领导，才能更好地迎接文化领域所要面临的各种挑战。作为新时代我国文化创新发展的指导思想，习近平新时代中国特色社会主义文化思想，体现了鲜明的民族性、深厚的人民性、时代的先进性与历史的传承性，契合当今中国的国情，符合最广大人民的根本利益，具有极强的凝聚力与引领力。作为马克思主义中国化最新的理论成果，习近平新时代中国特色社会主义文化思想，科学回答了新时代坚持和发展什么样的中国特色社会主义文化、怎样坚持与发展中国特色社会主义文化的重大时代课题，开辟了中国特色社会主义文化的新视野。

（3）文化继承与创新的努力方向和目标。目标就是方向，有方向才有凝聚力与动力，新时代中国特色社会主义文化创新需要有新的奋斗目标。"文化中国梦"是新时代中国特色社会主义文化的奋斗目标。实现中国梦必须弘扬社会主义核心价值观，"文化中国梦"承载着中华民族、中国人民的价值追求，意味着每一个人都能在为中国梦的奋斗中实现自己的梦想。同时，"文化中国梦"体现了以马克思主义为指导，坚守中华文化立场，立足当代中国现实，走中国特色社会主义文化发展之路；体现着文化的"三个面向"，即面向现代化、面向世界、面向未来，实现文化创新性的时代转换，增强中华文化的国际影响力；体现了民族的、科学的、大众的文化特征，具有动员全民族为之坚毅持守、慷慨趋赴的强大感召力。历史地看，"文化中国梦"是近代以来中国先进分子所追求的文化强国之梦。在新时代，"文化中国梦"将为伟大民族复兴提供巨大推动力，将为提升文化自信、实现中国梦提供理论根基与精神支柱，将为进一步提高文化软实力、增强中华文明国际话语权提供有效指引。

（4）新时代文化建设的基本任务。中国是一个历史悠久的文明古国，拥有博大精深的文化底蕴，自成一脉，是东方主流思想的发源地。而现代中国的发展，接受了最先进的西方思想，这势必会造成某种程度上的思想混乱，加上国际上各种思潮的影响，文化建设成为尤为重要的一个课题。在这样的基础上，中国共产党人奋发图强，秉承优秀的传统文化，在先进的马克思主义理论引导下，形成了中国特色社会主义理论体系，这是适应中国的特有国情所取得的重大理论成就。而我们现在还只是处在社会主义的初级阶段，这就好比种子需要在肥沃的土壤中慢慢生根发芽，中国特色社会主义理论也需要在新的实践中一步步的推进、发展。这就要求我们必须解决好文化发展新问题。矛盾是普遍存在的，不同时代有不同的矛盾出现，矛盾在社会发展中不断变化，新时代中国特色社会主义文化创新需要解决新的文化矛盾问题。认清中国的国情是认清一切问题的关键，我国社会主要矛盾的变化是关系全局的历史性变化，不充分不平衡的发展是制约人民美好生活实现的主要障碍。在当今的世界局势下，各种思想文化相互激荡更加频繁，意识形态领域斗争依然复杂，国家文化安全面临新情况。为此，我们必须坚持在不同民族文化相互尊重的基础上，促进和而不同、兼收并蓄的文明交流，必须创造全面、立体、多元的文化交流方式，才能更广泛、更深层次地推动世界文明繁荣发展，构建和谐美好的人类命运共同体。

（5）文化发展目标已经确立，指导思想已经明确，能否顺利实现，关键要看是否有正确而有力的文化发展举措。新时代中国特色社会主义文化创新需要新的文化发展举措来全面推动。意识形态决定文化前进方向和发展道路，我们必须坚持习近平新时代中国特色社会主义思想的指导地位，在实践中发挥强大凝聚力和引领力，紧紧将全体人民的理想信念、价值理念、道德观念团结在一起。这就要求我们，在落实意识形态工作责任制上，加强阵地建设和管理，重点抓好各级组织与领导干部的学习与践行。在社会思想道德建设方面，我们必须把践行社会主义核心价值观融入制度建设和治理工作中，要真正发挥社会主义核心价值观的引领作用，并将其转化为人民的情感认同和行为习惯；要广泛开展理想信念教育，提高人民道德水准，加强人民文明素养，实现经济与社会文明同步发展。在文艺创新发展方面，文艺是民族精神的火炬，最能代表民族的风貌与时代的风气，除要加强社会主义文艺人才队伍的建设之外，还要坚持为人民服务、为中国特色社会主义服务的"二为"方向。我们的艺术家、文艺工作者要深入生活，扎根人民，加强现实题材创作，提升文艺原创力，不断推出讴歌时代的精品力作。同时必须加快深化文化体制改革，完善公共文化服务体系，深入实施网络文化惠民工程；在健全现代文化产业体系和市场体系基础上，培育新型文化业态，生成国民经济支柱性产业。

（6）推进文化创新的保障。中国共产党的领导是中国特色社会主义最本质的特征，是中国特色社会主义制度的最大优势，新时代中国特色社会主义文化创新需要有党的领导来提供更加坚强有力的保障。党的十八大以来，以习近平同志为核心的党中央牢牢把握中国特色社会主义文化这一主题，持续书写新时代中国特色社会主义文化新篇章，显现出强大的文化自信。中国近代以来的历史发展实践表明，中国共产党是最有能力引导实现中华民族复兴的政党。我们党强大的文化领导力，就在于强大的文化创新力，就在于能够解决不同时代的思想文化问题并引领时代发展。中国共产党强大的文化领导力，是由自身的政治属性与创新实践能力决定的。作为中国工人阶级的先锋队，同时是中国人民和中华民族先锋队的中国共产党，代表中国先进文化的前进方向，始终坚持依规治党、标本兼治，并在各种复杂情况下不断通过对自身理论的实践进行中国特色社会主义文化创新，为新时代中国特色社会主义文化创新提供了切实可行的保障。

3. 新时代网络文化惠民中文化创新的战略着力点

文化创新不是口号，是真真切切、踏踏实实干出来的事业，而所有事情都不用蛮劲，也要讲究方式、方法，以及策略、谋略、战略。在新时代的引领下，网络文化惠民要落到实处，将文化创造切实地回报于人民群众，需要明确战略着力点。

（1）提高理论文化创新战略指导力。理论是系统的科学，是一切方式方法的剧本，是行动的指引者。理论是属于文化的一部分，学会善用理论的力量，是我国多年以来的宝贵经验。理论并非一成不变的，一成不变的理论终究会因为条件的改变而失效，所以理论需要不断创新，理论文化得到拓展是应对新问题、新环境时，不可缺少的动能源泉。

（2）建设理想凝聚力。一个民族不仅仅是通过地理的因素聚集在一起的，相反的，正是因为先有了地理因素的制约，生存在其中的人们才开始产生内在的凝聚力。这种凝聚力不仅通过血脉相传，而且可以通过理想、信念上趋向一致而存在、表现。在新的时代，中国通过对社会主义的建设，使得一代又一代的接班人秉承同一个理想，在一起做实事，共同建设国家，最终成为理想的凝聚力。

（3）建设道德教化力。社会的安定是通过两个层面的保障来实现的。第一个层面是法律。在法治社会，法律制约着人们工作、学习、生活的最底线。但是法律也不是万能的，在生活中很多细节上，人们的选择、态度取决人们所受教养的影响。第二个层面就是依靠道德和社会的道德教化力。人不是生来文明的，而是通过后天的学习，已经不断积累在生活中的经验来形成的，相较于法律，道德更贴近人的内心世界，能更有效地抑制有违价值的事情发生，这种价值就是全社会的期望。

（4）建设舆论导向力。科技发展带来的社会变革不仅仅在于推动生产，或者是人们便利生活。任何事物总是两面的，便利的通信技术使得舆论成本变得十分低，舆论成为任何人都可以操纵的东西。正是如此，才需要国家政府层面来对舆论进行引导，如果不加适当的管制，就会从舆论开始一直蔓延到社会，导致社会的不稳定，特别是如果被不法分子利用，将会造成不可挽回的损失。我国是一个人口众多、多民族聚集的国家，正所谓，人言可畏，或者是三人成虎，总之，舆论导向力是一个国家对于社会管理能力的体现，将人们的关注放在如何建设我们的国家上，是大家共同的心愿。

（5）建设改革文化牵引力。改革往往代表着一个国家、民族时代性的变革，改革是一种精神，在不断求证、不断推新的道路上没有终点。经验告诉我们，改革是一刻不能停止的，因为当今中国能有这番成就，多是仰仗改革开放的实惠。事实告诉我们，在改革这条长征路上，我们已经不是新手，更应该放开胆子、大跨步地向前走，有更加辉煌的成就在等待着改革中的中国人。

4. 以创新文化促进文化创新

创新文化起源于科学共同体，形成于全社会。创新文化是指引导和激励创新的文化，包括三个层次，即内隐的精神文化，如科技价值观、科学精神、科学伦理、科学道德；中间层的制度文化，如学术规范、规章制度等；外显的器物文化，如科学活动、行为习惯等。其中科学精神和科技价值观内隐于核心，恒定于制度，外显于行为，渗透于器物载体，是创新文化的本质所在。形成于科学共同体的局域创新文化是科学共同体的集体意识，但不是社会意识。科学共同体的创新文化从内部、局域向外辐射、扩散演化成社会整体的创新文化，与社会创新生态环境互动作用辩证发展。科学精神和科技价值观提升公众的科技理性和批判性思维能力，引导社会崇尚创新，勇于创新，求真务实；科技规章制度增强公众的创新法律意识和知识产权保护意识，保护创新人的权益不受侵害。科学活动推动公众积极参与创新科普，增强科技认知能力，提升科学素养。创新文化是科技创新的灵魂，科技创新是创新文化的客观基础。创新文化不是无中生有，也不是朝夕所建，更不能全部借鉴。不能国外倡导什么样的文化价值观，我们就跟踪、模仿甚或移植，要有自己的特色。建设新时代中国特色的创新文化，要采取"非对称"战略，增强创新文化自信。

（1）建设弘扬科学共同体的先进创新文化。大力弘扬科学精神、科学理念和科技价值观，从科学共同体内部辐射到全社会，形成社会广泛接受的科技价值观和科学精神，增强公众科学理性、科学判断能力和科技认知能力。加强科学共同体的科学理想信念体系建设，从抽象的科技价值观和科学精神到具体的科技制度、科学伦理道德，再到更加具体的科学文化活动。坚持科学制度规范体系与科研诚信体系建设并行发展的原则，强化监督，对科研失信、不端行为加大查处和曝光力度。大力开展科学活动，增强科学共同体与公众的沟通对话交流。建设良好的信任关系和科学共同体的整体社会形象，提高公民素养，抵制伪科学和虚假科学。大力开展科学家的先进典型事迹的宣传，用创新与文艺嫁接的方式，采用公众易于接受的途径宣传科学家和科学精神，形成尊重劳动、尊重知识、尊重创新的良好社会风尚。

（2）坚持构建以人民为中心的创新文化。创新归根到底是为了民生，民生是创新科技的出发点和落脚点。我们所倡导的坚持以人民为中心的创新文化，就是要能够想人民所想，急人民所急，引导更多的科研人员投身民生科技研究，加强创新成果的转移转化，不断提升人民的福祉，创新成果惠及人民，使人民享受"科技离我们如此之近"的福利。引导科学共同体强化责任感和使命感，让创新科技、服务国家、造福人民成为科学共同体的价值风向标。坚持创新依靠人民，推动万众创新。针对人民需求的热点，开展对话交流和科学普及、科技舆情引导，加强创新创业教育，在全社会形成鼓励创造、追求卓越的价值导向，从而让创新能够成为全民的思想自觉和行为习惯。营造良好的创新文化生态环境，通过外部的创新生态环境向科学共同体内部渗透，相互作用，形成良性发展。

（3）创新文化对创新和文化具有能动作用。倡导和建设创新文化旨在发挥先进的创新文化的作用。先进的创新文化以创新价值观指导创新行为，是激发人们的创新热情，不断挖掘人们的创新潜能，提升人们创新能力，推动全社会形成"苟日新，日日新，又日新"的创新价值观。创新文化的建设与发展为文化创新下好先手棋，丰富文化创新的内涵，提供创新文化的先进经验。创新文化应该成为新时代中国特色社会主义文化的重要组成部分，引领创新文化在全社会蔚然成风。

（三）强化网络文化惠民的世界性

在这个创意至上的时代，信息的传播手段日新月异，文化的推广也应顺应时代需要，不断拓宽思路、创新理念。随着科学技术的发展，网络已经成为当今世界的主题，甚至可以说这是除了人类情感以外，另一种可能超越时间、空间限制的载体。中华文化自古以来源远流长、博大精深，同样地在这个时代也应有一番出色的表现，网络文化惠民正是动员全体社会人民群众都参加到这项伟大的工程中来，将中华文化通过网络推广到世界中去。

1. 中华文化走向世界是网络文化惠民的应有之意

（1）推动中华文化"走出去"是一项重大战略任务。世界大同一直是我们中华文化中的重要理念，中华文化从自身根本上讲就是要"走出去"的文化。习近平总书记曾经明确提出，中华文化积淀着中华民族最深沉的精神追求，包含着中华民族最根本的精神基因，代表着中华民族独特的精神标识，要努力展示中华文化独特魅力，塑造我国的国家形象。这充分表明，弘扬中华文化是中华民族伟大复兴进程中的必经之路，在科技发达的今天，更是要利用好一切便利，大力推进这项伟大战略任务。

（2）推动中华文化"走出去"，增强国家文化软实力，赢得主动权。一个国家强大不强大，不仅仅体现在社会中的某一个部分，而是社会整体的进步，看为人类文明带来怎样的益处。强大的文化软实力会促使一个经济发达、军事先进、外交通达的国家成长。

（3）推动中华文化"走出去"，构成营造良好外部环境、塑造良好国家形象。文化自古以来就是一种区分人群、种族的重要标准。一个政权的国际合法性也是通过文化来衡量的，只有得到国际上其他国家，或者其他文化的尊重、认可，才使得这些同一文化的人群具有了合法的地位，这既是国际关系的法则，同样也是文化群体生存的准则，丧失文化，等同于丧失掉生存的权利。

（4）推动中华文化"走出去"，促进各国文化交流互鉴、维护人类文明多样性。文化总是多样的，并不代表文化间的关系总是和睦的，相反，文化间存在冲突、碰撞，从某种程度上讲，可以将人类社会的历史视为一部文化间相互较量的历史剧。中华文化崇尚求同存异，这种高容忍、包容的文化成为众多文化中的清流，正是在中华文化的作用下，才有了古代世界历史上的许多佳话，比如，郑和下西洋、丝绸之路等。文化的力量是巨大的，文化间的良性互动促使各文化碰撞出新的火花，就比如"China"在英语中代表"中国"，同样也是"瓷器"的意思。人们总是将更多充满象征的意义附加于事物本身属性之上，而这正是人类文明的象征。

2. 在突出思想内涵和价值观念中推动中华文化"走出去"

文化是具有约束力的，这种约束性不仅体现在文化的内涵上，并且文化本身就是约束。同文化与异文化之间的差异，从某种意义上讲，是不可以被逾越的，也就是说，只有坚持本文化的思想内涵与价值，才是本文化的现实存在。

（1）积极对外宣传阐释中国梦。国家梦想并非中国的发明，甚至不属于任何一个国家，这是历史的产物，是通过一个民族、一个国家努力奋发，在一定阶段自然而然会出现的精神引领。一个国家的强盛需要精神的携领，不仅是在国家内部成为主流意识，更重要的是对外部传达一个雄起国家勇气的宣言。

（2）大力传播当代中国价值观念。历史上，中国人民跨越了"卡夫丁峡谷"，从一个落后的农业国成为一个先进的发展中国家，这是有目共睹的事实。同时，我们也存在着很多问题。新时期的中国勇于应对这些问题，并取得了许多伟大的成就，一方面归功于党的领导与崇高的理想，另一方面则仰仗中华文化阔达的价值观与博大精深的文化底蕴，才使得中华民族在经历骤风暴雨之后仍然屹立不倒。卓越的理念、价值观需要被传播，造福于全人类也是中华价值的本真。

（3）充分展示优秀传统文化独特魅力。中华优秀的传统文化是我们民族取之不尽用之不竭的源泉，在过去的几千年里，我们的祖先通过一辈辈的积累，为我们留下了宝贵的经验，甚至不管遇见任何的问题，都可以从传统文化中找到解决的办法与灵感。而这种宝贵的财富是不可以通过金钱、权力或者其他方式来换取的，是每个中国人天生就值得骄傲的本钱。而文化不是故步自封的，只有通过交流、传承、传播才能够保持其活力，中华民族向来都是将宝贵的财富贡献于全世界、全人类，并且永远不会停滞。

3. 多路径全方位探讨文化"走出去"

推动中华文化"走出去"，是我们所面临的一项复杂的系统工程，需要方方面面的共同努力。我们已不能忽视互联网对于时代的影响，谁占领了互联网这个阵地谁就取得了传播的胜利。如何利用网络文化传播，展示中国文化，讲好中国故事，传播中国理念，弘扬中国精神，营造于我有利的网络文化舆论环境显得尤为重要、尤为迫切。互联网的世界是一个现实社会的缩影，而其自由的特点还使得我们在互联网上能得到更加真实的声音，这样的言论自由的环境更加有利于中外文化的交流。

（1）广泛开展对外文化交流与传播。《论语》中说："远人不服，则修文德以来之。"自古以来，中国早已有对外关系的文化策略。这显现出我国对外关系的策略，但更重要的是，通过对外文化交流与传播来解决对外关系的问题彰显出了我国的文化特质。优秀的中国传统文化中处处都渗透着和谐思想的渊源，对待异文化的态度亦是如此，而如何才能使内外文化呈现出一片和谐的色彩呢，虽然形式、方式、方法可以是多种多样的，但是绝对离不开广泛的文化交流与传播，也只有这样，异文化之间才能够相得益彰、齐头并进。由于现代社会的发展，使得文化交流、传播的内容和形式比以往任何时候都要丰富，我们不再只能依靠各国间使臣的来往，还能通过国际贸易、海外教育与文化宣传活动、信息网络等，这就对文化交流、传播的广泛程度提出了更高的要求。

（2）大力发展对外文化贸易与投资。2014 年 3 月，国务院印发的《关于加快发展对外文化贸易的意见》指出，"文化"作为交易商品被投放到市场中，是势在必行的时代趋势。文化可以通过各种"包装"形式出现在人们面前，将经济效益化作外在驱动，将文化底蕴凝聚为内在动能，使文化产品成为一种时尚变得尤为重要。一方面，要求在文化产品的开发、创造上投入更多的资本；另一方面，需要更多饱学之士与技艺高超的工匠进入这个领域中来。比如台湾地区，在自然资源相对有限的条件下，选择将地方经济的重头投放在旅游业与文化产品的开发上，既能有效地解决经济问题，又能作为文化贸易的策略，抢先占有更大的市场。

（3）科学运用大众传播、群体传播、人际传播等多种传播方式。从某种程度上讲，越是到了现代，社会中各个方面越是体现出人民群众的力量。特别是传媒方面，科学技术的进步使得传媒领域在短短的几十年中经历了好几个阶段，从公共领域主导的传媒到自媒体时代，信息的总量翻了 n 倍。中国有中国社会独有的社会关系流通方式，其中最具代表特色的就是人际，人际关系的影响是非常大的，很多时候是左右人的判断的直接标准。中国人的信任体系，反映在生活中的方方面面。科学技术的发展，使得中国的人际系统变幻出更多的形态，一些强关系的群体随即产生，相对独立的文化专属成为这些群体的身份评估标准。中国是一个人口众多的国家，对于文化发展，是优势所在。更有众多华人、华裔、海外同胞，使得文化传播的影响力更加深远。这就要求我们必须利用好自身优势，加大文化宣传力度，通过多层次文化宣传网络，对内、对外都充分展现中华文化的灿烂光辉。

（4）积极创新文化"走出去"的方法手段。所谓"条条大路通罗马"，殊途同归。方式、方法是个不断创新的过程，某种方法在实践中的新发现，正是人的主观能动性的展现。任何僵化的思维方式，最终只会走向灭亡。特别是在新时代新技术的发明与应用，文化"走出去"的新方式、新方法可能远超当下的想象。我们需要接受新事物、掌握新本领，走在时代浪头之先。

参考文献

[1] 亨廷顿 . 文明的冲突与世界秩序的重建 [M]. 周琪，等，译 . 北京：新华出版社，2002.

[2] 胡锦涛 . 坚定不移沿着中国特色社会主义道路前进为全面建成小康社会而奋斗 [N]. 人民日报，2012–11–18（1）.

[3] 李鹏程 . 当代文化哲学的沉思 [M]. 北京：人民出版社，1994.

[4] 马克思，恩格斯 . 马克思恩格斯文集：第 10 卷 [M]. 北京：人民出版社，2009.

[5] 霍克海默，阿多诺 . 启蒙辩证法 [M]. 洪佩郁，译 . 重庆：重庆出版社，1990.

[6] 康德 . 历史理性批判文集 [M]. 北京：商务印书馆，1990.

[7] 格里芬 . 超越解构：建设性后现代哲学的奠基者 [M]. 北京：中央编译出版社，2002.

[8] 康德 . 纯粹理性批判 [M]. 邓晓芒，译 . 北京：人民出版社，2004.

[9] 葛兰西 . 狱中札记 [M]. 曹雷雨，等，译 . 北京：中国社会科学出版社，2000.

[10] 卡西尔 . 人论 [M]. 甘阳，译 . 上海：上海译文出版社，2003.

[11] 刘同舫，马克思人类解放理论的演进逻辑 [M]. 北京：人民出版社，2011.

[12] 韩庆祥，亢安毅 . 马克思开辟的道路——人的全面发展研究 [M]. 北京：人民出版社，2005.

[13] 冯天瑜 . 中华文化辞典 [M]. 武汉：武汉大学出版社，2001.

[14] 费孝通 . 关于"文化自觉"的一些自白 [J]. 学术研究，2003（7）.

[15] 黄金华 . "文化自觉"概念的辨析 [J]. 陕西职业技术学院学报，2008（12）.

[16] 列宁 . 列宁全集：第 55 卷 [M]. 北京：人民出版社，1990.

[17] 马克思，恩格斯 . 马克思恩格斯全集：第 23 卷 [M]. 北京：人民出版社，1971.

[18] 费尔巴哈哲学著作选集：下卷 [M]. 荣震华，等，译 . 北京：商务印书馆，1984.

[19] 马克思，恩格斯 . 马克思恩格斯全集：第 3 卷 [M]. 北京：人民出版社，1960.

[20] 马克思 .1844 年经济学哲学手稿 [M]. 北京：人民出版社，2000.

[21] 鲁迅 . 鲁迅全集：第 6 卷 [M]. 北京：人民文学出版社，2005.

[22] 胡耀邦.全面开创社会主义现代化新局面——在中国共产党第十二次全国代表大会上的报告 [N].人民日报,1982-09-08(1).

[23] 江泽民.在中国共产党第十六次全国代表大会上的报告 [N].人民日报,2002-11-18(1).

[24] 张华.历史地系统地把握马克思主义文化理论 [J].马克思主义研究,2007(10).

[25] 马克思,恩格斯.马克思恩格斯文集:第 2 卷 [M].北京:人民出版社,2009.

[26] 卡西尔.论人是符号的动物 [M].石磊,译.北京:中国商业出版社,2016.

[27] 怀特.文化科学——人和文明的研究 [M].杭州:浙江人民出版社,1988.

[28] 马克思,恩格斯.马克思恩格斯文集:第 8 卷 [M].北京:人民出版社,2009.

[29] 马克思,恩格斯.马克思恩格斯文集:第 9 卷 [M].北京:人民出版社,2009.

[30] 巴尔特.符号学原理 [M].李幼蒸,译.北京:中国人民大学出版社,2008.

[31] 马克思,恩格斯.马克思恩格斯选集:第 3 卷 [M].北京:人民出版社,1995.

[32] 马克思,恩格斯.马克思恩格斯选集:第 1 卷 [M].北京:人民出版社,1995.

[33] 霍桂桓.全球化背景下的文化哲学研究初探(上)[J].哲学动态,2002(4).

[34] 马克思,恩格斯.马克思恩格斯选集:第 1 卷 [M].北京:人民出版社,2012.

[35] 马林诺斯基.文化论 [M].北京:华夏出版社,2002.

[36] 毛志成.中国"反文化"概论 [J].文史哲,1996(4).

[37] 默顿.技术与社会 [M].成都:四川人民出版社,1986.

[38] 人民日报评论员.筑牢中华民族共同体的思想基础 [N].人民日报,2014-10-10(1).

[39] 萨义德.东方学 [M].王宇根,译.北京:生活·读书·新知三联书店,1999.

[40] 萨义德.文化与帝国主义 [M].李琨,译.北京:三联书店,2003.

[41] 十三经注疏 [M].北京:中华书局,1979.

[42] 斯道雷.文化理论与通俗文化导论 [M].杨竹山,等,译.南京:南京大学出版社,2001.

[43] 斯考伯,伊斯雷尔.即将到来的场景时代 [M].赵乾坤,周宝曜,译.北京:北京联合出版公司,2014.

[44] 汤一介.儒学的现代意义 [N].光明日报,2006-12-14(1).

[45] 韦伯.经济与社会:上卷 [M].林荣远,译.北京:商务印书馆,1997.

[46] 韦伯.韦伯政治著作选 [M].阎克文,译.北京:东方出版社,2009.

[47] 习近平.毫不动摇坚持和发展中国特色社会主义,在实践中不断有所发现有所创造有所前进 [N].人民日报,2013-01-06(1).

[48] 习近平.加快推进网络信息技术自主创新,朝着建设网络强国目标不懈努力 [N].人民

日报，2016-10-10（1）.

[49] 习近平.建设社会主义文化强国，着力提高国家文化软实力 [N]. 人民日报，2014-01-02（1）.

[50] 习近平.决胜全面建成小康社会夺取新时代中国特色社会主义伟大胜利 [M].北京：人民出版社，2017.

[51] 习近平.努力把我国建设成为网络强国 [N]. 人民日报，2014-04-28（1）.

[52] 习近平.青年要自觉践行社会主义核心价值观——在北京大学师生座谈会上的讲话 [N]. 人民日报，2014-05-05（1）.

[53] 习近平.人民对美好生活的向往就是我们的奋斗目标 [N]. 人民日报，2012-11-16（1）.

[54] 习近平.习近平谈治国理政 [M].北京：外文出版社，2014.

[55] 习近平.在庆祝中国共产党成立 95 周年大会上的讲话 [N]. 人民日报，2016-07-02（1）.

[56] 习近平.在中央网络安全和信息化领导小组第一次会议上的讲话 [N]. 人民日报，2014-02-28（1）.

[57] 习近平.主持召开网络安全和信息化工作座谈会 [N]. 人民日报，2016-04-20（1）

[58] 萧俊明.文化转向的由来 [M].北京：社会科学文献出版社，2004.

[59] 荀子.荀子 [M].方勇，李波，译注.北京：中华书局，2011.

[60] 杨伯峻.孟子译注 [M].北京：中华书局，1960.

[61] 杨伯峻.孟子译注 [M].北京：中华书局，2008.

[62] 杨建华.二律和合文化精神下的中国现代化 [J].探索与争鸣，2008（8）.

[63] 伊格尔顿.历史中的政治、哲学、爱欲 [M].马海亮，译.北京：中国社会科学出版社，1999.

[64] 张岱年.张岱年全集：第 7 卷 [M].石家庄：河北人民出版社，1996.

[65] 张筱强.十七大精神深度解读——文化建设篇 [M].北京：人民出版社，2008.

[66] 张载.张载集 [M].北京：中华书局，1978.

[67] 章建刚.艺术的起源 [M].昆明：云南大学出版社，1996.

[68] 中共中央关于深化文化体制改革推动社会主义文化大发展大繁荣若干重大问题的决定 [C]//《人民日报重要报道汇编》编辑组.学习贯彻十七届六中全会精神：人民日报重要报道汇编.北京：人民日报出版社，2011.

[69] 朱熹.四书章句集注 [M].北京：中华书局，1983.

[70] 朱云汉，高思云.中国兴起与全球秩序重组 [M].北京：中国人民大学出版社，2015.

后　记

本项目立项和写作,缘起于2014年3月27日参加"齐鲁网理论专家走基层"系列活动。"齐鲁网理论专家走基层"系列活动由中共山东省委宣传部、山东省互联网信息办公室指导,山东广播电视台齐鲁网主办。通过"专家走基层"方式,组织权威专家团队,深入基层第一线,对省内各地市、各部门、各行业发展中实际问题、难点问题,展开深层次研究,提出解决问题的思路和方法,为加快当地经济社会发展献计献策。本人参加的"齐鲁网理论专家走基层"第一期活动,重点是调研泰安网络文化惠民工程情况。本人作为前期调研组组长,带领调研组提前进驻;在研讨会上,根据调研情况,围绕推进网络文化建设,完善提升"泰山幸福e家园"网络文化惠民品牌,作了调研报告的交流,并通过理论视角进行分析和总结,为"泰山幸福E家园"网络文化惠民发展问诊把脉、建言献策。通过调研我发现,网络文化惠民工程所蕴含的重要意义,决意进行深入研究。2014年申报了山东省齐鲁文化名家项目并获立项。通过多次深入实地的契入式观察和研究,认为"泰山幸福e家园"网络文化惠民工程,在网络、文化、惠民三组概念上都有所突破,是主体、客体、载体,多媒体和新媒体、全媒体的全面整合。下一步还要在信息服务、组织健全上进一步提升,进一步调整政府、群众、精英和媒体的关系,让网络文化在深层次、高层次上拓展,为百姓解决更多实质性问题。通过网络进一步激发社区基层组织的活力,并通过网络文化惠民实现文化网络建设,通过网络为"文化泰安"和"文化山东"的建设做出积极贡献,让网络文化"惠民"升级为"民惠",

使老百姓得到真正的实惠。①

为了更好地扎根实地、"解剖麻雀",本人结合部门工作,于2017年6月开始,把部门的教研基地设在泰安,与泰安市党校系统同行强强联手,针对网络文化惠民工作进展情况,进行跟踪调查,并发放问卷。团队成员由10多人扩展到"省市县三级联动"的40多人,开展了多次团队活动,并长期进驻社区,近距离观察参与,产生一的批科研成果调查报告进入领导决策,产生积极作用。本人在组织和推动这些调研活动中,与小组成员一起积极拓展,深入挖掘,形成本成果。

每一项成果,都是站在前人肩膀上的再出发。写作过程中我们参考引用了诸多专家学者的思想成果,在此表达衷心的敬意。书中所引网站资料,都是公开发表的和来自政府政务网的内容,故未每每做注,如有不妥,敬请谅解和批评指正。文化自信与网络文化惠民工程是一个需要长期研究的重大理论和现实问题,应当随着实践的发展不断深化对这一问题的认识,更好地把握文化自信与网络文化惠民工程的发展规律。我们也期待着各位专家和学者的批评指导。

感谢中共山东省委宣传部对本项目的支持。

2018年5月于泉城

---

① 郑保军,王迅,杨树峥.齐鲁网理论专家支招"泰山幸福e家园"网络惠民工程 重视品牌品质提升[N].(2014–03–28)[2018–07–21].http://news.iqilu.com/shandong/yuanchuang/2014/0327/1929260.shtml.